인간관계론

강유정 · 장기덕 · 신연희 · 최성열

창지사

머리말

우리는 삶의 시작, 즉 태어나면서부터 인간관계를 맺게 된다. 가장 근원적인 인간관계의 시작은 부모와 자식 간의 관계이며, 점차 나이가 들어가면서 삶의 공간의 확대와 함께 자연스럽게 폭넓은 인간관계로 연결된다.

좋은 사람 곁에 있으면 시간이 어떻게 흘러갔는지, 가는 시간이 너무나 아쉬워 멈추고 싶은 마음이 드는 반면에 자신과 맞지 않는 사람과는 시간 흐름의 멈춤을 경험하게 되고 좋은 음식, 분위기 등도 서로 간에 어색하고 무색하게 만들게 된다.

의사이자 사회학자인 Nicholas Christakis와 정치학자인 James Fowler의 저서 『행복은 전염된다(*Connected*)』에서는 사람들은 광대한 '소셜 네트워크'로 서로 연결되어 있으며, 다양한 감정 등에도 영향을 준다고 하였다. 예를 들어, '3단계 영향 법칙'을 설명하면서 친구가 행복할 경우 당사자가 행복할 확률은 15% 더 높아지고, 친구의 친구가 행복할 가능성은 10%, 친구의 친구의 친구가 행복해질 가능성은 7% 높아진다는 것이다. 이는 내 주변에 행복한 사람이 있으면 나도 모르게 자연스럽게 행복해진다는 것을 의미하는 것이며, 불행한 사람이 곁에 있으면 불행해질 수 있다는 것이다.

현재 우리의 인간관계를 살펴보면 2022년도 기준으로 결혼하는 쌍이 20만 정도인데, 놀랍게도 이혼하는 쌍이 12만 쌍 정도에 육박한다. 서로가 사랑하고 이해하며 검은 머리가 파뿌리가 되도록 함께하겠다고 맹세하였으나 냉정하게도 현실은 높은 이혼율을 보여 준다. 많은 시간을 서로 탐색하고 장단점을 알고 시작한 관계이지만 파경을 맞이하는 경우가 많음을 보여 주는 극명한 예이다.

이뿐만 아니라 70%가 넘는 직장인들이 회사를 그만 다니고 싶다는 원인 1위가 급여나 직장에서의 대우가 아니라 사람들의 인간관계를 손꼽는다.

그렇다면 우리는 인간관계에 대해 다시 한번 생각하고 어떻게 현명하게 인간관계를 맺으며 행복하고 자신이 하고 싶은 대로 하면서 살아갈 수 있는지에 대해 고민할 필요가 있다. 이에 인간관계에 어려움을 겪거나 현명한 인간관계를 맺고 싶어 하는 사람들에게 인간관계의 근원적인 통찰을 일깨워 줄 필요가 있다. 본서의 저자들은 이점에 대해 착안하고 관계의 증진을 할 수 있는 방안을 서술해 보았다.

본서는 대학생뿐만 아니라 일반인도 읽을 수 있도록 고려하며 집필하였다. 전체 13장으로 구성이 되었으며, 구체적으로 살펴보면 다음과 같다. 1장 인간관계의 본질과 중요성, 2장 인간관계론의 특징, 3장 성격과 심리검사, 4장 자아개념, 5장 의사소통, 6장 리더십 이론, 7장 대인동기유발, 8장 스트레스와 인간관계, 9장 갈등과 인간관계, 10장 사랑과 인간관계, 11장 직업과 인간관계, 12장 멘티, 멘토로서의 인간관계, 13장 행복한 삶으로서의 인간관계로 구성하였다. 각 장의 집필은 강유정(5, 6, 7장), 장기덕(8, 9, 10장), 신연희(1, 2, 3, 4장), 최성열(11, 12, 13장) 교수가 각각 담당하였다.

인간관계의 중요성은 모두 잘 알고 있다. 그러나 안다고 해서 내가 인간관계를 잘 맺는 것은 아니다. 본서를 통해 독자들이 행동으로 실천하고 이를 통해 비로소 자신이 행복해지고 주변과 발전적이고 건설적인 관계를 맺어나갈 수 있는 계기가 되기를 바란다. 그리고 본서가 나오기까지 많은 조언과 도움을 주신 분들과 창지사 관계자분들께 감사를 드린다.

2023년 8월

저자 일동

차례

제1장

인간관계의 본질과 중요성

우리는 다양한 인간관계를 맺으며 살아가야 하지만 오늘날과 같은 급변하는 사회 속에서 타인과의 교류를 보다 안정적이고 풍요롭게 경험할 수 있는 기회를 갖는 것은 점점 어려워지고 있다. 인간관계에 대한 본질적인 의미를 파악하기 위해 이 장에서는 인간관계의 의미, 인간관계의 특성, 인간관계의 중요성, 인간관계론의 형성 과정에 대하여 살펴보고자 한다.

1. 인간관계의 의미

인간은 출생에서부터 죽음에 이르기까지 다른 사람들과의 사회적 관계 속에서 인간관계를 유지하면서 살아간다. 가장 가까운 가정이라는 사회에서부터 학교, 직장, 노인회, 각종 모임 등 출생과 더불어 시작된 인간관계는 죽음에 이르기까지 사람들과 상호 간에 다양한 관계를 유지하며 살아간다. 이처럼 인간관계는 우리의 일상생활 속에 밀접하게 관련되어 있어 우리의 삶에 지대한 영향을 준다. 성공적인 인간관계에 대해서는 행복의 즐거움을 주지만, 실패한 인간관계에서는 고통의 어려움을 준다. 인간과 인간 사이의 원만한 화합을 통해 상호 간에 더욱 좋은 상태를 유지하기 위한 모든 내용을 인간관계라 할 수 있다.

인간관계는 상대방에 대한 인격적인 배려에서부터 시작된다. 그러나 사회가 복잡해지고 다변화되면서 우리는 언제부터인지 자신도 모르는 사이에 인간을 인격적으로 대하지 않고 하나의 숫자나 사물로 대하는 경우를 흔히 본다. 학교에서 선생님이 출석을 부를 때 이름 대신 번호만 부른다거나, 죄수의 호칭을 번호로 한다거나, 주민등록번호 하나로 자신을 대변하는 등의 사례에서도 알 수 있다. 우리 사회에서 한 사람을 하나의 인격체로 존중하는 풍토가 점차 사라져 가고 있다.

오늘날 인간관계라는 용어는 단순한 정감적 요인에 의한 개념만이 아니라 그 의미가 확대되고 다양화되었다. 따라서 인간관계라는 용어의 개념은 일반적 개념과 학문적 개념으로 그 의미를 구분하여 다음과 같이 제시할 수 있다.

1) 인간관계의 일반적 의미

인간관계의 일반적 개념은 '사람과 사람 사이의 심리적 관계', '사람과 사람 사이의 대인관계', '사람과 사람 사이의 상호관계' 등으로 특정한 목표 없이 자연인 상태에서 이루어지는 상호 간의 심리적 관계만을 의미한다. 따라서 일반적 의미에서의 인간관계의 개념은 사람과 사람 사이의 만남을 통해 얻는 다양한 정보, 즉 상대방의 개성, 언행, 태도, 행동양식 등에 따라 큰 영향을 받는다.

2) 인간관계의 학문적 의미

인간관계에 대한 학문적 의미는 어떤 학문적 기반을 바탕으로 하며, 어느 범위까지를 포함하는 개념인가에 따라 광의의 개념과 협의의 개념으로 나눈다. 광의의 개념과 협의의 개념 차는 다음과 같은 두 가지 관점에 의해 구분된다.

첫째, 광의의 개념에서 본 인간관계의 개념은 두 사람 이상의 사람들 사이에서 일어나는 모든 상호작용을 의미하는 것으로, 경제학, 노동경제학, 정치학 또는 법학의 범위까지를 포괄하는 사회과학적 측면을 포함한다. 즉, 광의의 개념에서는 두 사람 이상의 사람들과의 관계 속에서 일어나는 모든 심리적 조화와 관련성을 갖는 모든 학문적 측면을 포함하는 개념이다.

둘째, 협의의 개념에서 본 인간관계의 개념은 '사람과 사람 사이에 존재하는 어떠한 상태'를 의미하며, 인간관계란 다른 사람과의 원만한 관계로 서로 화합을 이루고 있는지에 대한 여부의 상황이나 상태를 말하는 것이다. 즉, 협의의 인간관계의 개념은 다른 사람과 좋은 상태를 유지하기 위한 내용을 의미하는 것으로, 여기서는 심리학을 기초로 하는 사회심리학, 산업심리학 등과 같은 학문 영역과 사회학을 기초로 하는 사회인류학, 임상심리학 등의 학문적 측면을 포함하는 개념이다.

2. 인간관계의 특성

오늘날 인간관계를 중시하는 것은 조직 내에서 생산성을 높이고 효율성을 극대화하기 위해 원만한 인간관계를 관리 · 유지하는 인간관계적 관리가 필요하다는 관점에서 시작되었다. 인간관계의 특성을 조직적 측면에서 보면 두 가지 형태의 인간관계로 구분된다. 하나는 인간관계로 조직 내에서 상호의존적 · 협동적 관계를 갖고 있어 조직 내 사회규범과 조직 내 규정, 각종 규약 등에 의해 형성된 직무관계인 공식적 인간관계이고, 다른 하나는 일상적인 인간 접촉을 통해 이루어지는 비공식적 인간관계이다. 인간관계는 공식적 인간관계이든 비공식적 인간관계이든 조직 내에서 어떠한 형태로든 영향을 미친다. 그러한 점에서 집단 내에서의 조직에 대한 효율성을 높여 나가기 위해서는 바람직한 인간관계를 가질 수 있도록 조직적이고 의도적인 조정과 노력이 필요하다.

인간관계의 특성에 대해 Covey는 인간관계를 저축과 인출이라는 용어를 이용하여 감정은행계좌(EBA: Emotion Bank Account)라는 표현으로 설명한다. Covey의 설명에 따르면, 인간관계는 마치 은행에 현금을 저축하듯 타인에게 좋은 감정을 주고, 감정을 저축하여 잔고가 늘어나면 늘어날수록 좋은 인간관계를 맺게 된다는 것이다. 반대로 계좌에 있는 돈을 인출만 하고 저축하지 않으면 빈 계좌만 남듯 인간관계에서도 타인에게 좋은 감정을 쌓지 못하면 좋은 인간관계를 형성하지 못한다는 것이다. 인간관계는 다음과 같은 점에서 몇 가지 특성을 지닌다.

첫째, 인간관계는 하나의 단순한 개념이나 사상이 아니라 일상생활 중에 일어나는, 모두 관찰 가능한 현실적 상황이다. 인간관계는 일상생활 가운데서 항상 접하고 부딪히면서 고민하고 체험하는 직접적인 것이다.

둘째, 인간관계는 기본적으로 타인과의 상호작용 과정이다. 인간관계는 일상생활 중에 일어나는 타인과의 의사소통을 통해 이루어지는 상호작용으로, 자신과 타인과의 사이에 의사소통이 원만하게 이루어지면 좋은 인간관계를 유지할 수 있지만 그렇지 못할 때에는 좋은 인간관계를 형성하기 어렵다.

셋째, 오늘날 인간관계가 사회에서 중시되고 있는 것은 사람과 사람과의 관계와 교섭을 중시하는 서비스 산업의 확대 발전 때문이다. 최근의 사회변화 형태로 사회가 다양화 · 개성화되면서 인간관계의 중요성을 강조하고 있다. 이러한 변화는 사회 산업의 변화와 함께 확대되는 서비스 산업의 인구가 증가하고 있고, 이와 관련하여 사람을 대면하고 접하면서 일하는 대인활동의 영역이 증가하고 있기 때문이다. 이러한 변화는 당분간 더 확대될 것으로 예상되며, 이에 따른 인간관계의 중요성 또한 증대될 것이다.

넷째, 기본적 인권을 보장받기 위한 사람들의 요구가 증가하고, 이에 부응하려는 사회변화가 인간관계를 중시하게 되었다. 오늘날의 사회는 전근대적이고 권위적인 인간관계에서 벗어나 평등하고 개인의 인권을 중시하는 사회로 변화하였다. 이에 따라 인간의 기본적 인권을 중시하는 사회로 변화되었고 인간관계를 중시하는 사회적 변화를 가져오게 되었다.

다섯째, 인간관계는 인간의 심리적 상황으로부터 오는 것으로 미움과 증오, 우울과 불안, 고독과 소외, 배신과 거부, 시기와 질투 등 복잡한 심리적 상황에서 기인한 것이다. 인간관계는 사람과 사람 사이의 복잡하고 미묘한 관계를 말하며, 많은 사람들이 이 복잡하고 미묘한 관계 속에서 고민하고 괴로워한다. 인간관계는 개인적 성향을 포함한 인간의 심리상태에 따라 나타나는 반응적 행동으로, 모든 행동에 대해서는 왜 그 사람이 그런 행동을 표출하게 되었는가에 대한 원인을 인간의 심리적 상황에서 찾을 수 있다. 인간의 심리적인 갈등과 고민은 대부분 이러한 미묘한 인간관계의 문제에서 발생한 것이다.

여섯째, 인간관계는 인간에게 만족과 행복을 가져다주는 원천이다. 사람은 다른 많은 사람과 인간관계를 유지하면서 생활해 나간다. 때로는 복잡한 인간관계 속에서 갈등과 고민에 힘들어하기도 하지만 많은 시간을 신뢰와 사랑, 애정 등이 담긴 사람과의 관계 속에서 행복감과 안정감을 찾는다.

일곱째, 인간관계는 개인이나 조직의 성과를 좌우하며, 목표 달성을 용이하게 한다. 바람직한 인간관계는 개인이나 직장에서 맡은 업무를 수행하는 데 있어서 효율성을 극대화할 수 있기 때문에 인간관계는 매우 중요하다. 한 사람이 생활하고 소속되는 조직의 출발점은 인간관계에서 시작되고, 그 결과는 조직의 성과로 나타나기 때문에 원만한 인간관계의 형성이 매우 중요하다. 인적 조직에서의 핵심은 인적 자원이고, 인적 조직의 경영 핵심도 인간관계의 숙련이며, 인적 조직에 대한 경영의 주체와 객체도 모두 인간이다. 따라서 원활한 인간관계는 개인이나 조직의 성과를 높이고 목표 달성을 용이하게 해 준다.

결국, 인간관계는 개인에게 행복과 불행의 원천이 되기도 하지만 인간에게 만족과 행복을 가져다주는 원천이기도 하다. 뿐만 아니라, 인간관계는 사회적 차원에서도 사회적 안정과 평화를 유지하는 데 매우 중요한 문제이다. 우리는 타인과의 만족스럽고 효과적인 인간관계의 경험을 통하여 보다 풍부하고 완성된 인간으로 발달할 수 있다. 따라서 발전적인 인간관계를 통해 개인의 행복은 물론 사회적 안전망과 평화를 유지할 수 있는 지속적인 노력이 우리 사회에서 실현되어야 한다.

3. 인간관계의 중요성

인생은 만남의 연속이다. 너와 내가 만나고 너와 내가 또 다른 사람을 만나면서 살아간다. 사람은 이러한 만남을 통해 사회적 관계를 유지하며, 사회적 관계 속에서 삶을 영위해 나간다. 따라서 사회적 관계 속에서 혼자서 삶을 영위한다는 것은 불가능한 일이다. 『탈무드』에는 "혼자 살려면 신(神)이 되든지 짐승이 되든지 둘 중 하나를 선택해야 한다."라고 하였다. 이처럼 인간은 단순한 사람이 아니라 타인과의 관계 속에서의 사람을 의미하며, 넓게는 집단 내에서 상호 협동관계를 의미하는 것이다.

인간은 출생과 함께 모체로부터 분리되는 분리감을 체험한다. 이러한 분리감은 인간에게 고독감과 불안감을 느끼게 하고 그 고독감에서 벗어나기 위해 노력한다. 이를 위해 인간에게는 출생과 함께 재결합하기 위한 욕구가 발생하며, 이것은 인간관계를 통해 성취하고자 한다. 인간은 출생에서부터 갖는 엄마와의 인간관계에서부터 시작하여 가족, 친구, 학교, 직장, 이성 등 다양한 인간관계를 통해 욕구를 충족하고자 노력한다. 따라서 의도적이든 비의도적이든 인간은 살면서 누구나 공식 또는 비공식적 조직의 한 구성원으로 생활하게 된다. 처음에는 가정이라는 일차적 집단에서 출발하여 학교를 거쳐 사회로 진출하게 되고, 사회에서는 직장이라는 활동 범위에서 인간관계를 맺고 생활한다. 이러한 인간관계는 개인의 성취와 행복에 커다란 영향을 미친다. 인간에 대한 이러한 인간관계가 만족스럽고 효과적일 때는 그러한 인간관계의 경험을 통하여 한 인간으로서 바람직한 성장과 발달을 하게 된다. 그러나 그렇지 못할 경우에는 개인의 성장과 발달에 장애요인으로 작용하여 부정적인 결과를 나타낸다. 따라서 효과적이고 생산적인 인간관계는 개인의 생존과 발달뿐만 아니라 직장과 가정생활에도 매우 중요한 역할을 한다는 점에서 인간관계의 중요성을 간과해서는 안 된다. 인간관계의 중요성에 대하여 구체적으로 살펴보면 다음과 같다.

첫째, 사람은 인간관계를 벗어나 살 수 없으며, 인간관계는 삶을 살아가는 자본이다. 인간관계는 사람의 삶에서 피할 수 없으며, 그런 점에서 좋은 인간관계의 형성이 필요하다. 원만한 인간관계는 가정의 행복과 직장에서의 성공을 가져다주며, 다양한 사람과의 돈독한 인간관계는 사회에서의 성공을 불러온다. 뿐만 아니라, 나의 성공과 행복은 나와 인간관계를 맺고 있는 다른 사람의 성공과 행복에도 지대한 영향을 미친다는 점에서 인간관계는 삶의 가장 큰 자본이며, 인생의 성공과 행복을 좌우하는 요인이 된다.

둘째, 원만한 인간관계의 형성은 건전한 성격 발달에 도움이 된다. 인간관계는 인간을 인간답게 하는 역할을 한다. 인간관계를 통해서 타인과의 관계는 물론 자신의 심리적 · 사회적 발달에도 중요한 역할을 한다. 즉, 인간관계는 개인의 신체 건강과 정신 건강에 큰 영향을 미치며, 이는 곧 개인의 성격 발달에도 영향을 준다.

셋째, 생산적인 인간관계는 개인의 생존과 발달뿐만 아니라 가정과 사회생활에 대한 적응력을 높여 주는 중요한 역할을 한다. 좋은 인간관계는 가정생활의 행복지수를 높여 준다. 또한, 성공적인 직장생활과 기업의 생산성 및 조직의 효율성을 높이는 데도 중요한 요인이 된다. 바람직한 인간관계의 형성은 인간관계 속에서 개인의 정체성과 사회 심리적 영역의 균형적 발달을 이루게 하여 사회에 대한 적응 능력을 키워 주는 중요한 역할을 한다.

넷째, 좋은 인간관계의 개선은 정신적 · 물질적 생산성을 높이는 데 도움이 된다는 점에서 이에 대한 관리 기술의 육성이 필요하다. 인간의 삶 속에서 인간관계가 중시되어야 한다는 점은 앞에서 기술한 바가 있다. 그렇다면 좋은 인간관계를 유지하기 위해서는 어떻게 해야 할 것인가와 관련하여 이에 대한 관리 기술 능력을 강조하는 것이다. 이 말은 인간관계도 관리 방법에 따라 반응하고 통제되는 것이라는 의미이다. 따라서 인간관계의 변화를 위한 부단한 노력과 좋은 관계로의 개선을 통해 이루어진 인간관계의 발달은 기업의 생산성을 높일 수 있다는 점에서 중요하게 다루어져야 한다.

다섯째, 자율적 인간관계 형성의 능력은 자아실현과 삶의 질에 깊이 관련되어 있다. 인간 삶의 궁극적인 목표는 자아실현에 있다. 그러나 인간의 자아실현은 자율적 인간관계의 형성이 이루어지지 않고는 불가능한 것이다. 다양한 집단과 조직을 통해 자율적 판단에 근거한 자율적 행동이 궁극적으로는 자신의 삶에 대한 만족도를 높여 주는 자아실현을 이룰 수 있다는 것이다.

여섯째, 인간관계가 불만족스럽고 비효과적일 경우 성장 발달에 방해를 받게 된다는 점에서 인간관계가 중요하게 인식되어야 한다. 타인과의 인간관계에서 만족스럽고 효과적인 인간관계를 경험하게 되면 풍부하고 완성된 인간으로 발달할 수 있지만, 이와는 반대로 인간관계가 불만족스럽고 비효과적일 경우에는 인간의 성장 발달에 방해를 받게 되어 부정적 측면의 발달이 이루어질 수 있다. 따라서 좋은 인간관계의 경험을 통해 바람직한 성장이 이루어질 수 있도록 하는 적극적인 관계 형성이 필요하다(김은영 · 이규은, 2014).

4. 인간관계론의 형성과정

"어떻게 타인과의 상호작용을 잘할 수 있는가?" 나도 좋고 너도 좋은 상태를 유지하기 위한 기법을 중심에 두고 실생활에서의 문제를 다루는 것이 바로 인간관계이며, 이러한 사실이나 현상을 분석 · 해석하여 바람직한 인간관계를 연구하는 학문적 영역이 인간관계론이다. 결국, 인간관계론은 인간행동에 관한 학문으로서 인간을 주체로 한 인간의 상호작용을 연구하는 실천적 학문이다(이홍기 외, 1998).

인간관계에 대한 연구의 필요성은 경영적 측면에서 먼저 요구되었다. 산업혁명 이후 종업원의 생산성이나 능률 향상의 극대화를 위하여 인력관리를 어떻게 해야 하는가에 대한 관심에서부터 인간관계론이 태동한 것이다. 이론적 측면에서의 인간관계론은 호손실험을 통해서 전개되었지만, 산업혁명 이래 진행되어 온 일련의 능률 향상이라는 역사적 조류를 통해서 설명될 필요가 있다. 산업혁명 이후에 능률 향상을 위하여 기업에서 행해진 여러 제도는 종업원을 조직이라는 커다란 기계 속의 작은 조립품으로 여기는 태도를 바꿀 것을 요구하였다. 또한, 종업원에 대한 인격적 대우와 심리적 안정이 임금 인상이나 다른 물리적 조건의 변화보다 더욱 효율적이라는 사실을 알게 됨으로써 기업과 노동자가 인간 대 인간으로 대면할 것을 제시하는 계기가 되었다.

심리학에서의 인간관계론과 경영학에서의 인간관계론은 그 학문적 목적에서 차이가 있다. 경영학에서는 기업의 생산력을 증진시키기 위한 효율적 방법으로서의 인간관계론에 목적을 둔 반면, 심리학에서는 바람직한 인간관계의 형성 그 자체가 목적이다. 인간관계론의 이해를 위해서는 인간관계 연구의 발전 과정에 대한 기본 지식을 갖는 것이 중요하다.

인간관계론의 발전 과정은 전통적 인간관계론, 1920~1930년대에 걸쳐 진행된 호손실험을 근거로 성립된 초기의 인간관계론, 1950년대 이후 인간행동을 강조한 현대적 인간관계론으로 구성할 수 있다.

1) 전통적 인간관계론 - 과학적 관리론

(1) 전통적 경영관리

산업혁명 이래 기계화의 가속화와 촉진 현상은 노동집약적인 수공업 형태의 노동으로부터 자본집약적인 생산력 증가를 가능하게 하였다. 기계화된 공장조직은 생산력 증진을 촉진시켰고 이를 중심으로 한 생산조직체의 출현은 숙련 · 복잡 노동을 단순화시켰다. 즉, 기계를 통한 대량생산 이전에는 기술자의 숙련도가 제품 생산의 중요한 요인이었으나 기계화로 인해 노동자의 숙련도보다는 자동 · 반복적인 작업을 빨리할 수 있는 능력이 필요해졌다. 따라서 기계 중심의 생산조직 체계는 모든 노동을 균등화 · 평균화시켰다.

공장제조업 초기에는 생산의 근본적인 변화를 받아들이고 적응하는 시기였으므로 인간 요소의 관리에 관심을 두지 않았다. 기계 중심의 생산조직에서 노동자는 마치 기계 부속품과 같은 지위로 전락하였으며, 저임금과 장시간 노동에 의한 노동력 혹사가 이루어졌다. 그리하여 노동자의 조직적 항쟁이 전개되었고 다른 한편으로는 경영의 기술적 기초가 상대적으로 안정되어 규칙적 · 지속적으로 작업이 이루어지지만 가혹한 노동력의 강화는 오히려 비능률적임을 깨닫게 되었다.

(2) Taylor의 과학적 관리론 - 경제인

과학적 관리론은 19세기 말 이후 주로 미국에서 발전한 산업경영 및 관리의 합리화와 능률화를 위한 지식과 기술적인 방법을 활용한 관리를 의미한다. 생산성 증가에 관심이 있는 경영자는 산업환경의 변화를 고려하지 않고 단지 능률을 향상시켜서 기업의 이익을 최대화하는 것이 목적이었다.

이에 따라 노동자들의 '조직적인 태업'이 발생하였고 Taylor는 조직적 태업이 '주먹구구식 관리'에 의한 노동의 비합리적 운용에 기인한다고 보고 여러 측면에서 과학적이고 합리적인 방법이 도입되어야 한다고 주장하였다. 즉, 작업자를 과학적인 방법으로 선발 · 훈련하여 개인의 능력을 발전시켜 주어야 한다는 것이다. 또한, 과학적 방법을 통하여 작업의 기본 요소 발견과 수행방법에 대한 '시간연구'와 '동작연구'를 실시하였다. 그 결과 작업방식의 과학화, 임금 형태의 합리화, 작업환경의 개선 및 정비, 작업자의 신체적 조건에 대한 철저한 분석 등이 적용되어야 한다고 주장하는 등 과학적 관리론의 기초를 확립하는 데 크게 기여하였다. 이에 Taylor를 '과학적 관리론의 아버지'라고 부르거나 과학적 관리론을 '테일러시스템'이라고 칭하기도 한다.

그는 과학적 관리의 핵심은 관리에 대한 새로운 태도를 갖는 것이 중요하다는 점을 강조하였는데, 과학적 관리를 위한 기본 원리는 다음과 같다.

- 모든 작업자에게 명확하게 설정된 충분한 과업을 주어야 한다.
- 작업자가 과업을 확실히 수행할 수 있도록 표준화된 조건을 부여하여야 한다.
- 작업자가 과업을 완수한 경우 성공에 대한 높은 임금을 지불하여야 한다.
- 작업자가 과업을 완수하지 못하고 실패한 경우 손실을 부담시켜야 한다.
- 과업은 초일류의 노동자만이 달성할 수 있게 충분한 것이어야 한다.

과학적 관리론은 노동자를 최선의 방법으로 생산과정에 활용하기 위한 기술과 지식을 체계화하는 기초를 확립하였다는 데에 그 의의가 있다. 인간의 생산활동을 시간연구와 동작연구를 통해서 정확하게 분석 · 측정할 수 있으며, 이를 통하여 과학적 관리가 가능하다는 것이다. 실제로 과학적 관리법은 미국의 산업경영에 널리 보급되어 생산 능률을 향상시켰다.

Taylor의 이론은 인간관계 측면에서 많은 비판을 받고 있으나 지나친 능률

위주의 관리방법은 역설적으로 새로운 방향의 인간관계 연구를 위한 계기를 마련해 주었다. 즉, Taylor의 이론은 인간 기계론적이라는 비판을 받는데, 조직에서의 인간적 요인을 과소평가하여 인간을 마치 기계처럼 인식하고, 인간의 개성이나 잠재력은 거의 고려하지 않고 단지 인간의 적응 능력을 합리적인 경제인관에 입각하여 생산적 · 합리적인 측면에서 평가하고 있기 때문이다. 이것은 노동자의 개성이나 사회관계가 생산과정에서 중요한 영향을 미친다는 것을 무시한 결과이다. 이에 따라 인간의 심리적 측면을 무시한 과학적 관리방법은 비판받기 시작했으며, 인간의 기능적 측면보다는 심리적 · 사회적 측면을 강조하는 이론이 대두하기 시작하였다.

2) 초기의 인간관계론 - 호손실험

1930~1960년대에 출연한 초기 인간관계론의 형성에 중요한 역할을 담당한 사람은 영국의 사회이론가이며 산업개혁가인 Owen이다. 인간적 경영가인 그는 공장노동자 자녀들을 위한 교육과 모든 공장노동자에게 주택, 음식, 의복 등을 제공함으로써 공장노동자의 직무 상황과 작업환경을 향상시키는 데 관심을 가졌다. 작업환경의 개선, 최소작업연령의 제한, 종업원 복리후생 등의 개선은 노동자가 기업의 부품이 아니라 하나의 인격체임을 인식하게 하였다. 노동자를 생산의 주체로 인정하는 Owen의 경영론은 Mayo를 중심으로 한 호손실험을 통해 인간관계론의 이론을 정립할 수 있게 하였다.

(1) Mayo 경영의 인간화 – 사회인

오늘날 인간관계론의 선조로 불리는 Mayo는 '경영의 인간화'로 생산성을 향상시키고자 하였다. 인간관계 이론은 1924~1931년에 미국 전신전화회사의 하나인 서부 전기회사의 호손공장을 중심으로 Mayo에 의해 수행된 작업의 능률성과 인간관계를 연구한 호손실험의 결과를 바탕으로 형성되었다.

Mayo는 인간을 '사회인'으로 보고 인간에 대한 적절한 사회심리적 동기부여에 대한 연구를 시도했다. 그는 '노동관계'의 문제를 해결하는 데 있어서 노동관계를 직접 다루지 않고 '인간행위와 인간관계에 관한 조사 연구'라는 근본적인 문제로부터 출발했다. Mayo는 인간사회는 흩어져 있는 개인의 군집이 아니라 스스로 성립된 조직이 존재하며, 현실의 인간은 경제적 논리로만 행동하는 것이 아니라 감정의 논리에 의해서도 행동한다는 인간관을 지니고 있었다. 그는 사회를 흩어져 있는 개인 집합체가 아니고 협력적 체제라고 보았으며, 인간의 자발적 협력을 확보하는 것을 산업조직이 당면한 과제라고 보았다. 산업조직을 기술적 조직과 인간조직으로 구분하여, 특히 후자에 주목함으로써 산업조직의 합리적 관리를 도모하려 한 것이다.

(2) Mayo의 호손실험

Mayo의 호손실험은 미국의 벨(Bell)식 전화기 제조회사인 서부 전기회사의 호손공장 종업원을 대상으로 수행된 일련의 인간관계에 관한 조사연구이다.

① 조명실험

조명실험은 서부 전기회사와 국립학술조사의회의 공동연구로, 공장 내의 조명도와 종업원의 생산능률 간 상관관계를 연구한 것이었다. 작업여건이 인간의 생산성에 미치는 영향을 연구하기 위해 다른 작업조건은 일정하게 해 놓고 조명도에만 변화를 가하는 경우, 생산고가 어떻게 변화하는지를 알아보았다. 실험내용은 같은 수준의 생산능률을 가진 종업원들을 실험집단과 통제집단으로 구분하여 비교하는 것이었다. 실험집단에는 조명도를 자주 변화시켰고, 통제집단은 조명도를 일정한 표준 상태로 통제 · 유지함으로써 조명도가 작업능률에 어떤 영향을 미치는지 관찰하였다. 이 실험의 목적은 조명도가 밝아지면 밝아질수록 생산능률이 증가할 것이라는 가설을 확인하려는 것이었다. 호손실험의 결과는 종래의 전통적인 산업심리학이 신봉하던 물리적 작업환경 조건과 종업원의 생산능력 사이에 직접적 함수관계가 있다는 노동의 기계적 견해를 완전히 뒤집어 놓았다. 조명도, 작업장의 온도, 작업시간 등은 생산성에 영향을 미치는 절대적 요건이 아니었다. 이런 사실을 경험적으로 확인한 연구자들은 Mayo의 지도하에 본격적인 호손실험에 착수하였다.

② 계전기 작업 실험

호손공장에서 전화기 부품 계전기 작업에 종사하는 여섯 명의 여공을 하나의 소집단으로 구성하고, 이를 대상으로 일련의 실험을 실시하였다. 실험 대상의 선정은 여공 두 명을 먼저 뽑고, 그 두 명의 여공에게 같이 일하고 싶은 네 명의 여공을 뽑게 해서 모두 여섯 명이 실험에 참가하였다. 이 실험은 조건 변경과 능률의 관계를 규명하기 위하여 작업조건을 여러 가지로 변화시키고, 이에 따르는 생산성의 차이를 측정할 수 있도록 하였다. 작업기간(실험기간) 중 휴식시간의 제공과 간식 공급, 작업시간과 일수의 단축 등 여러 가지 작업조건의 변화 요인을 도입하여 어떤 시간이 노동자의 피로와 권태감을 가장 적게 하고, 생산능률을 최대로 올릴 수 있는가를 발견하기 위하여 2년에 걸쳐 실험이 진행되었다. 실험내용 및 결과에 대한 기록을 볼 때, 실험 전 과정을 통하여 어떠한 실험적 변화를 막론하고 생산고가 상승하는 경향이 있었다. 즉, 실험기간 중의 생산고는 처치변인의 내용과 관계없이 계속 생산량의 증가 추세를 나타낸 것이다. 이러한 실험결과는 생산성이 급여 방식, 휴식시간, 작업 일수, 간식 공급 등의 조건에 영향을 받지 않음을 나타내었다. 이들 요인 중 어느 것도 생산고의 계속적인 상승 현상을 충분히 설명하지 못한다는 것을 발견한 것이다.

Mayo는 이러한 실험결과에 대한 평가에서 여공 집단의 심리적 태도의 변화를 지적하였다. 자신이 실험 대상이 되었다는 사실에 자부심을 느끼고 열심히 일해야겠다고 각오했으며, 실험 조건이 변화되기 전에 회사 측이 여공들과 미리 상의하고 그들의 의견을 청취하고 존중하였다. 그러므로 실험에 참가한 여공들은 작업조건의 결정에 있어서 참여의식을 갖게 됨과 동시에 자기들끼리 하나의 사회단위를 이루고 있다는 정서적으로 결속된 사회적 의식을 갖게 되었다. 이러한 심리적 만족감이 직장에서 작업 성적을 비약적으로 향상시켰다는 결론을 내리고 휴식시간의 채택, 간식 제공 등에 대해서도 그 직접적인 효과보다는 심리적인 만족과 같은 부수적인 효과를 중시하였다.

이와 같은 계전기 조립실에서 이루어진 일련의 실험결과를 통해서 연구자들은 조직 또는 집단 내에서 물리적 작업조건보다도 안정감, 책임감, 만족감 등의 감정적 · 심리적 요인이 더욱 중요하다는 사실을 깨달았다.

③ 면접 프로그램

실험 과정에서 인간의 감정적 · 심리적인 요인이 중요하다는 것을 알게 됨에 따라 종업원의 인간적 측면을 임상적으로 파악하는 구체적인 방법으로서 면접 프로그램을 병행하게 되었다. 면접의 내용과 목적은 공장 내에서의 지도 · 감독 및 관리방식을 개선하기 위하여 종업원들의 불만을 조사하고, 공장의 물리적 환경과 안전위생, 종업원 관계의 개선을 도모하기 위한 것이었다. 아울러 소작업 집단을 대상으로 한 실험에서 나타난 결론을 보완 · 검증하고자 하였다. 따라서 화제는 주로 종업원 각자의 직무, 작업환경 또는 분위기와 감독자들에 대한 좋은 점과 나쁜 점 등이었다. 면접을 통해 얻은 방대한 조사자료의 결과에 의하면, 생산능률의 저하는 물리적 작업조건이나 피로에만 기인하는 것이 아니라, 주위의 인간적 · 사회적 환경에 대한 개인의 균형이 잘 유지되지 못할 경우에도 발생할 수 있다는 것이다. 이와 같은 면접 과정은 면접 그 자체가 종업원들의 의견이나 감정을 털어놓을 수 있는 기회를 마련해 주게 되므로 이를 통하여 그들의 태도나 기분을 전환시키는 효과를 나타냈다.

이 면접 프로그램을 통해 발견된 또 하나의 사실은 종업원들의 감정에 대한 이해였다. 즉, 종업원에게는 두 종류의 감정이 혼합되어 형성되어 있었는데, 하나는 개인적 경력으로부터 유래되는 개인적 · 심리적인 것이며, 다른 하나는 그들의 일상적 상호관계로부터 맺어진 특정한 사회집단의 한 성원으로서 가지고 있는 공통적인 집단의 감정이다. 따라서 종업원의 태도나 감정은 그의 개인적 경력과 직장의 정황에 비추어 볼 때 비로소 이해될 수 있는 것이다. 그러므로 인간행동은 환경의 변화에 대한 반응으로서 직선적으로 행해지는 것이 아니라 감정과 태도가 개입하게 된다. 면접 프로그램 결과, 태도나 감정은 종업원 개인의 과거의 사회적 학습이나 개인적 경력에 의하여 형성된 가치관, 원망, 기대와 직장에서의 동료나 상사와의 사회적 접촉을 통하여 얻는 만족감에 의하여 형성된다는 것이 밝혀졌다.

④ 호손실험의 결론

호손실험을 통하여 밝혀진 사실은 인간의 생산성이 작업시간, 작업방법, 임금, 작업장 환경 등 작업의 물리적 환경에 의해 영향을 받기보다는 인간의 내적 · 심리적 요인에 의해 결정된다는 것이다.

첫째, 생산능률은 종업원의 태도 또는 감정에 크게 의존한다. 작업 성적은 작업의 물리적 환경조건, 작업시간, 임금 등과 같은 경제적 · 생리적 · 물리적 작업조건보다 종업원이 자기의 직무, 동료, 상사 또는 사회 전체 등에 대하여 갖는 태도나 감정에 의해 크게 좌우된다. 다시 말해서, 작업에 영향을 끼치는 종업원들의 근무의욕은 종업원들의 참여의식과 각자가 하나의 작은 사회단위의 구성원이며, 그 안에서 가치 있는 업무를 수행하고 있다는 자신의 존재 가치와 사회적 의식 등의 사회심리적 태도와 같은 감정 논리에 크게 의존하고 있다는 것이다. 이는 경영자가 최상의 작업조건을 마련해 주고 최선의 작업방법을 가르쳐 준다고 해도 일을 어느 정도로 열심히 할 것인지는 종업원 마음에 의해 결정됨을 알 수 있다. 결국, 생산에 있어서 인적 요인의 중요성을 인식하게 되었다.

둘째, 종업원의 태도나 감정은 그가 속한 집단 내의 인간관계와 밀접한 관계가 있다. '어느 정도 열심히 일을 할 것인가' 하는 마음의 결정은 주위 사람들과의 관계에서 영향을 받으며, 종업원은 경제 논리로만 행동하는 이성적 동물이 아니고 감정적 동물이기도 하며, 이러한 감정은 근로 의욕에 중요한 역할을 한다. 이것을 계기로 종업원의 태도, 감정에 관한 탐구의 방향은 개인적 감정의 상황에서 사회적 상황에 대한 분석으로 향한다. 개인적 감정은 그의 성장이나 사회 경험을 통해 형성된 것이고, 사회적 감정은 개인이 속한 집단의 공통적인 감정을 의미한다.

셋째, 공식적 조직 내에는 자생적 조직(비공식적 조직)이 있고 그것을 만들어 낸 규범에 의해 인간의 행동이 통제된다. 종업원은 조직에서 기술적 과정에 의해 상호관계를 맺고 있는 것뿐만 아니라 이와 동시에 집단 구성원 간의 상호작용에 의한 인간적 결합이 있다는 것을 발견하였다. 이러한 자생조직은 그들 특유의 집단 감정을 가지고 있으므로 경영자나 능률 전문가가 비용의 논리나 능률의 논리만을 생각하여 합리화 방안을 일방적으로 추진한다면 반발을 유발한다는 것이다.

호손실험은 인간관계 연구에서 사회심리적 요인의 중요성을 촉진시켰으며, 리더십이나 소집단 행동에 관한 문제에 대한 연구가 계속되어 1950년대에 본격적으로 발달한 현대적 인간관계론의 기초 역할을 하였다.

(3) 초기 인간관계론에 대한 비판

호손실험의 연구결과가 발표되면서 미국의 산업계 및 학계에서 인간을 심리적 · 사회적 욕구를 가진 전인격적인 존재로 파악할 필요가 있다는 의식이 확산되었다. 호손실험은 조직 내부의 의사소통이나 균형 유지 문제를 중시하는 새로운 인사 기능의 필요성을 시사하였으나, 초기의 고전적 인간관계론은 다음과 같은 비판을 받는다.

첫째, 경영자는 항상 논리적으로 행동한다는 전제하에 연구를 실시하였기 때문에 친경영자적인 편견을 가지고 있다.

둘째, 조직 내의 사회집단에 한정되어 사회 전체와의 관련성을 경시하고 있다. 산업사회의 존립은 지역사회 및 사회 변동과 관련 있는 것임에도 불구하고 Mayo 등의 실험은 산업사회의 중대한 변화를 간과하고 있다. 또한, 공장 내 비공식 집단의 자발적인 협력 태도를 전통적 기준에 의해 지배되는 원시 사회의 조화와 동일시하고 있는데, 이는 질적으로 달라진 근대 산업사회의 특성을 제대로 반영하지 못하는 회고주의적 성격을 가지고 있다.

셋째, 노사 측면에서 보는 인간관계를 대면적 관계의 입장에서만 취급하여 전체 사회적 수준에서의 제도적인 노사관계, 즉 노동조합의 관계를 경시하고 있다.

넷째, 조직의 공식적 측면을 경시하였다. 비공식 집단에 지나치게 역점을 두어 연구하였기 때문에 조직의 공식적인 측면을 경시하고 있다.

다섯째, 인간의 일에 대한 동기와 관련하여 직무를 중심으로 한 인간행동의 동기가 아닌, 전적으로 '인간과 인간과의 관계' 및 '비공식 집단'을 중심으로 하고 있다.

이와 같은 호손실험의 결론에 대한 여러 가지 비판에도 불구하고 호손실험을 계기로 집단의 사회 이론을 구명하려는 연구가 활발해졌다. 즉, 사회적 집단의 연구에 초점을 두고 사람 대 사람이라고 할 수 있는 인간관계에 임상적 방법과 계량적 측정기법을 적용한 Moreno의 사회성 측정(sociometry), 인간의 내적 과정 제반 요인에 대한 전체적인 역동 체제를 분석한 Levin의 집단 역학(group dynamics), 조직 내 강력한 자생적 집단이나 소집단이 집단 구성원의 행동을 규제한다는 Homans의 소집단에 대한 연구 등이다. 결국, 호손실험을 계기로 그 이후 집단에 대한 연구는 생산성 향상을 중심으로 하는 기술적인 조직의 목표와 함께 인간성의 회복, 경영에 대한 주체적 참가, 일을 통한 개성 발휘의 기회 증대 등 종업원의 욕구도 동시에 충족시키는 양자 간의 조화를 강조하게 되었다.

3) 현대적 인간관계론 - 인간자원관리

(1) 행동과학과 인간관계

행동과학의 목적은 인간행동에 관하여 객관적 방법으로 자료를 수집하고 경험적 증거에 따라 일반적 법칙을 확립하며, 그 법칙을 통해서 인간행동을 과학적으로 설명하고 예측하는 것이다. 따라서 행동과학은 조직의 공식적 측면과 비공식적 측면을 다 같이 포함하여 조직 전체를 인간의 조직활동이나 집단과정으로 보고 그것을 객관적으로 측정하고 연구한다. 여기에서 인간은 사회의 일원으로 수용되고, 그 속에서 지위를 확보하고 능력이 인정되기 바라는 욕구가 있으며, 동시에 각자의 능력을 현실에서 활용하고 개발할 수 있는 기회를 원하고, 가치 있는 목표를 달성함으로써 느낄 수 있는 만족감을 요구한다.

행동과학에 대한 연구는 인간관계 중심의 행동과학과 의사결정 중심의 행동과학의 두 방향에서 발전하고 있다. 전자는 주로 동기의 문제를 다루며, 후자에서는 조직의 의사결정과정을 해석하고 설명한다. 즉, 조직 내 인간행동에서 중요한 것은 비공식적 인간관계가 아니고, 공식적 목표 달성을 위한 의사결정이라는 것이다. 인간관계 중심의 행동과학에서는 경제적 인간관을 중시했던 과학적 관리론이나 사회적 인간관을 강조했던 초기의 인간관계론과는 달리 자립적 인간관을 중시한다.

심리학에서는 개인행동에 초점을 맞추어 순수한 인간의 심리과정을 이해하려고 노력하며, 조직행태론에서는 사회환경이 복잡해지고 조직화되면서 인간행동이 조직체와 연결되어 어떤 현상이 일어나며 개별적인 행동보다는 조직 안에서 또는 조직 전체로서 어떤 행동양식을 보이는가에 관심을 갖고 연구한다. 사실, 인간관계를 정립하기 위한 노력에 있어서 자기통제나 자아실현의 욕구를 충족시켜 줄 수 있는 보다 합목적적이고 역동적인 접근이 필요하며, 행동과학은 이러한 요청에 부응한 동기이론을 제시하였다. 행동과학은 인간관계에서 일어나는 현상을 분석하고 이해하며 궁극적으로 어떻게 해야 가장 바람직할 것인가에 대한 처방에 이르기까지 다방면에서 인간관계 이론을 발전시킬 수 있는 기틀을 마련해 주었다.

(2) 인간자원관리론 – 자아실현인

인간자원관리론은 행동과학적 접근을 대표한다. 모든 인간은 귀속과 존경에 대한 공통 욕구를 갖고 있으며, 대다수의 사람들은 가치 있는 목적을 수행하는 일에 효율적이고 창의적으로 공헌하기를 바란다고 본다. 대다수의 노동자는 현재 그들의 작업이 요구하는 정도 이상의 능동성, 책임성, 창의성을 발휘할 수 있는 능력이 있는데, 이러한 능력이 미개발의 자원으로 남아 낭비되고 있다는 것이다. 따라서 관리자는 자신의 부하들이 조직의 목적을 달성하는 데 모든 재능을 바칠 수 있는 환경을 조성하여 이들의 창조적 자원을 개발하도록 해야 한다는 것이다. 또한, 부하들이 일상적인 의사결정뿐만 아니라 중요한 사항에도 참여할 수 있도록 허용하고 장려해야 한다고 보았다.

인간자원관리론에 공통으로 적용되는 일련의 가정은 다음과 같다.

첫째, 조직 효과를 최대화하기 위하여 인간의 성장과 동기를 높이는 풍토를 지지하는 내부 구조를 참조할 필요가 있다. 조직 내 인간자원의 잠재적 능력과 창의성을 인식하는 관리자는 조직의 모든 수준에서 참여를 증가시킬 것이다. 또한, 조직 내의 인간의 지식, 경험, 창의성을 가능한 한 충분히 활용하여 더 나은 의사결정을 얻으려는 목표를 강조하고 있다. 이러한 전폭적이고 건설적인 참여는 높은 수준의 신뢰와 충분한 커뮤니케이션과 갈등의 생산적 관리를 촉진하는 개방적 조직풍토에서 정착될 수 있다.

둘째, 불확실하고 급변하는 상황에서 적응적인 문제해결적 조직은 권한과 위계와 관료적 구조를 강조하지 않는다. 건강한 조직은 위계적 지위보다 전문성에 더 많은 비중을 두는 유연한 조직을 강조한다.

셋째, 고립, 냉담, 빈약한 작업성과는 직무 자체에서 얻는 만족, 예컨대 성취감, 작업의 본질적 가치 등과 더욱 밀접히 관련되어 있다.

이상에서 살펴본 바와 같이 인간관계론의 전개 과정에는 각 시대별로 인간을 바라보는 시각, 특정한 인간관이 반영되어 있다. 과학적 관리론에서 인간자원 관리론에 이르기까지 현대적 인간관계론은 인간을 '경제인(economic man)', '사회인(social man)', '자아실현인(self actualizing man)' 등의 관점에서 보았다. 이러한 인간관에 대한 시각 차이는 특정 시대의 정신을 반영하며 그 사회, 그 시대 사람들이 지향하는 것이었다고 할 수 있다(김혜숙 외, 2016).

제2장

인간관계론의 특징

이 장에서는 다양한 인간행동의 이해를 위하여 인간행동의 의미, 인간행동 이해의 접근법, 인간행동의 이해방법에 대해 살펴보고자 한다.

1. 인간행동의 의미

인간행동은 단순히 인간의 신체적 움직임을 넘어서 사고나 인지과정 등 정신적 행동까지 포함하는 개념이다. 즉, 인간행동은 의식적 · 무의식적으로 일어나는 것으로서, 특히 자극은 행동을 일으키는 동기이며 개인의 욕구라 할 수 있다.

인간행동의 의미는 19세기 후반에서 20세기 초반까지 주로 정신분석학과 행동주의 심리학의 영향을 많이 받았다. 정신분석학은 무의식에 저장된 아동 초기 경험의 기억이 인생을 통하여 행동에 지속적으로 영향을 준다는 입장을 가졌다. 그러나 정신분석학적 전통은 어릴 때의 경험이 인생 전체를 좌우하는 결정론적 기제로 작용함으로써 인간의 변화 가능성을 막는다는 한계를 내포하고 있었다. 그리고 행동주의 심리학은 의식적이거나 무의식적인 정신적 경험과 달리 행동은 측정되고 다른 사람에 의해 증명되어야 한다는 객관적이고 실험적인 면을 강조함으로써 인간의 자율성과 변화 가능성을 어느 정도 무시했으며, 주변 환경의 영향을 고려하지 않음으로써 인간행동을 편향되게 이해한 한계가 있었다.

20세기 중반에 들어와서는 인본주의 심리학과 사회체계이론이 큰 변화를 가져왔다. 인본주의 심리학은 인간에게 자유의지가 있다고 보고 개인의 고유한 정신적 경험을 강조하였고, 사랑과 이타성, 건강한 인격의 발전과 인간 경험의 긍정적인 면에 중점을 두어 인간행동을 이해하였다. 사회체계이론은 세상의 모든 것은 서로 연관되어 있는 전체 질서와 그 아래에 현존하는 사회질서가 있다는 가정을 전제로 하여 인간행동을 이해하고자 하였다.

20세기 후반부터 사회체계이론이 생태체계이론으로 발전하였다. 특히, 21세기 들어와서는 새로운 패러다임에 의해 인간행동에 대한 의미에서 객관적 성격보다는 주관적 성격이 더 강조되기 시작했으며, 지구촌, 정보사회, 위험사회 등 전 지구적 사건들이 인간행동에 끼친 영향으로 인해 사회환경의 중요성이 더 강조되기 시작했다. 이러한 영향은 환경 속의 인간(PIE: Person in Environment)의 의미를 더욱 중요하게 부각시켰다.

2. 인간행동 이해의 접근법

18세기 산업혁명 이후 인간은 자신이 만물의 영장이며, 자연을 정복하거나 마음대로 활용할 수 있는 존재라는 사고방식에 빠져 자연을 파괴하면서 개발하였다. 이러한 인간우월주의 사고방식은 과학과 기술, 생산과 경영, 종교와 교육 등에 영향을 주었다.

20세기에 이르러 인간우월주의는 퇴색되기 시작했다. 제1, 2차 세계대전은 인간우월주의에 회의를 드러내었으며, 인간우월주의야말로 자연환경을 파괴하고 생태계의 균형을 무너뜨리며 결과적으로 인류의 파멸로 이어질 수 있음을 많은 사람이 경고하였다.

급기야 20세기 후반에 와서 인간을 생태계 내의 한 존재로서 이해하는 생태중심주의가 등장하였다. 이것은 인간의 우월성을 최대로 발현하면서도 자연과의 조화를 통하여 인간의 생존과 발전을 도모할 수 있게 한다는 점에서 발전된 인간관이며 세계관이다. 그런데도 생태중심주의가 발전도상국가에서는 지역개발이나 경제발전을 저해할 수 있으며, 선진국의 지배적인 위치를 영속화하려는 선진국 논리에 불과하다는 주장에 부딪혀 확산되지 못하고 있다.

Beck(2006)은 오늘날의 사회를 위험사회(risk society)라고 진단하고, 인간이 자기만의 이익 집착을 버리고 가까운 미래나 자기 주변에서만의 합리성에서 벗어나는 것만이 위험사회를 극복하는 길이라고 충고한다. 이에 Beck은 성장과 진보의 근대를 극복하고 위험사회의 대안으로 '성찰적 근대성'을 제시하였다. 이것은 자본과 과학기술의 맹목적 자기 확장을 반성적으로 사유하고 그 근간이 되는 도구적 · 기능적 합리성을 해체하는 근대성이다. 성찰적 근대성이란, 자기의식을 갖춘 개인이 자신과 공동체의 문제에 대한 지식을 비판적으로 적용시키는 능력을 확장시키는 것을 의미한다. 비판적 공공성의 복원은 이러한 성찰적 근대성의 기획에서 핵심 사안이다. 이것은 공동체적 능력, 즉 공동체를 사유하고 공동체를 통해 문제를 해결할 수 있는 능력을 가리킨다. 그런 의미에서 시민적 능력과 공동체적 능력은 동의어다. 이 능력을 통해 공동체적 존재로서의 자신의 삶의 조건을 반성적으로 사유할 수 있게 되며, 자신의 현실에 비판적으로 개입할 수 있는 힘을 가질 수 있게 된다. 그리고 궁극적으로 그 힘을 통해 현실의 변화에 참여하도록 제안한다. 이렇게 볼 때, Beck은 시민의 비판적 공공성을 인간행동의 주요 원칙으로 제시하고 있음을 알 수 있다.

이러한 인간 역사의 흐름에서 인간행동을 정확히 이해하기 위한 방법으로는 인간행동의 주된 결정요인인 성격에 대한 접근법, 인간의 수정에서부터 사망에 이르기까지의 변화와 안정성, 즉 인간발달에 대한 접근법, 인간의 이상행동 또는 부적응행동에 대한 접근법 등이 있다.

1) 인간의 성격에 대한 접근법

인간행동은 주로 개인의 성격(personality)에 의해 결정된다. 그러므로 인간의 행동을 이해할 수 있는 첩경은 바로 그 사람의 성격을 이해하는 것이다. 따라서 인간의 성격에 대한 접근법은 행동의 원인과 행동 변화, 바람직한 행동으로 변화시킬 수 있는 방법을 예측할 수 있는 장점이 있다.

인간은 일찍부터 성격의 유형에 대해 많은 관심을 가졌다. 서구에서는 체액에 따른 성격유형으로 다혈형, 우울형, 담즙형, 점액형 등으로 분류하기도 했으며, 체형과 성격의 관계를 보아 외배엽형(예민하고 수줍어하고 내성적 성향), 중배엽형(활동적, 자기주장적, 정력적, 지배적, 냉담한 성격), 내배엽형(유쾌하고 이완되어 있고 편안함을 추구하며 사교적인 성격) 등으로 분류하기도 하였다.

우리나라에서는 조선 후기 사상의학으로 이제마(李濟馬)의 『동의수세보원(東醫壽世保元)』(1894)을 통해 성격유형을 분류하기도 했다. 즉, 태양인(과단성이 뛰어나고 머리가 명석하여 독창적인 일을 잘하며 대인관계에 능하지만, 고집이 세고 쉽게 굽힐 줄 모르며 진취적 기상이 충만함), 소양인(남의 일에는 희생을 아끼지 않고 그 일에 보람을 느끼므로 자기 일을 돌볼 겨를이 없으며 판단력이 매우 빠르나, 계획성이 적고 일이 안 될 때는 체념을 잘함), 태음인(고집과 욕심이 많고 일의 착수는 느리나, 대범하고 한번 시작한 것은 끝까지 하는 강한 지구력을 소유함), 소음인(온순하고 윗사람을 잘 받들고 사람을 다스리는 데 능하지만, 소심하며 항상 집 안에 있으려고만 함)으로 인간의 체질을 네 가지로 분류하여 성격유형을 만들었는데, 이는 현재도 한의학에서 활용하고 있다.

(1) 성격의 의미와 기능

성격이란, 개인이 사회기능을 수행할 때 주위 사람에게 주는 피상적 수준의 사회 이미지라고 규정할 수 있다. 일반적으로 성격의 특성은 다음과 같다. 첫째, 직접 관찰될 수 없고 외적으로 접근할 수 있는 현상을 관찰한 것으로써 간접적으로만 측정할 수 있다. 둘째, 정신 · 신체적 체계의 통합과정을 거친다. 셋째, 개인마다 고유한 성격을 가지고 있다. 넷째, 인과성이 있다. 다섯째, 역동적인 특징을 갖고 있다.

이와 더불어 성격은 첫째, 개인이 부분적이고 비조직적으로 기능하지 않으면 통합적이고 조직적으로 기능할 수 있도록 하며, 둘째, 인간관계를 형성 · 유지하거나 사회생활을 도모하고 환경적 요구에 적응할 수 있는 기반을 제공하며, 셋째, 각 개인을 독특한 존재로 규정해 줌으로써 다른 사람과 구별되게 하며, 넷째, 실제로 그 사람이 어떤 사람인가 하는 인간 본성을 이해할 수 있는 기반을 제공하는 등의 기능 수행을 한다.

(2) 성격 형성의 요인

성격은 타고나는 것인가, 아니면 후천적으로 습득되는 것인가에 대한 논의는 성격의 본질과 요인을 밝히기 위한 영원한 숙제다. 즉, 유전인가 혹은 환경인가의 문제다. 전자는 내적 · 생물학적 결정론(internal and biological determinism)의 입장으로서 인간이 태어나면서 갖고 있는 생물학적 · 유전적 요인이 우리의 성향과 행동을 결정한다는 주장이다. 반면에 후자는 외적 · 환경적 결정론(external and environmental determinism)의 입장으로서 사회생태학(social ecology)이나 환경심리학(environmental psychology)을 하는 사람들이 지지하는 것으로 주변의 물리적 · 사회적 환경이 우리의 사고와 행동에 지대한 영향을 미친다는 주장이다.

그러나 성격이 유전된 생물학적 힘에 의해 결정되는가, 아니면 학습, 경험과 환경에 의해 결정되는가에 대한 명확한 답은 아직 밝혀지지 않았다. 성격은 인간이 태어날 때 타고난 것이 실현되는 결과일 수도 있고, 후천적인 경험과 학습의 결과일 수도 있다. 따라서 생물학적 존재인 동시에 사회적 존재인 인간은 후천적 환경에 적응하는 과정에서 자신만의 독특한 행동방식이나 적응양식, 즉 성격을 형성해 나간다고 할 수 있다.

2) 인간발달에 대한 접근법

인간의 발달(development)에 대한 접근법은 전 생애 발달적 관점을 강조한다. 인간의 신체적 · 심리적 · 사회적 요인과 이들 요인 간의 상호작용은 수정에서 사망에 이르기까지의 전 생애에 걸쳐 성장 · 성숙 · 노화라는 역동적 과정인 발달을 통해 인간이 변화하고 성숙하는 것에 중점을 두어 이에 대한 정확한 이해를 하도록 한다.

인간행동은 생의 발달단계별로 특성을 지니기 때문에 생의 발달단계에 따라 공통으로 나타나는 여러 유형의 행동을 파악할 필요가 있다.

3) 인간의 이상행동 또는 부적응행동에 대한 접근법

인간의 이상행동 또는 부적응행동에 대한 접근법은 인간행동을 정상행동(normal behavior)과 비정상행동(abnormal behavior)으로 구분하여 비정상행동에 초점을 두어 인간행동을 파악하는 접근법이다.

(1) 이상행동 또는 부적응행동의 의미

일반적으로 인간의 이상행동 또는 부적응 행동은 첫째, 사회문화적 규범에서 벗어나는 행동, 둘째, 이상적 인간행동 유형에서 벗어나는 행동, 셋째, 통계적으로 보통 사람의 평균적 특성에 벗어나는 행동, 넷째, 환경의 요구에 순응하거나 환경을 변화시키는 환경과의 적응능력을 저하시키는 행동, 다섯째, 개인에게 불편감, 고통 또는 심리적 갈등을 유발하는 행동 등을 말한다.

Rosenhan과 Seligman(1989)은 필요조건과 충분조건의 개념을 사용하여 더 엄격하게 이상행동의 정의를 내렸다. 필요조건은 모든 이상행동이 반드시 공유하는 자질이나 특성을 지녀야 한다는 것이다. 즉, 이상행동이라고 규정하기 위해서는 그 사람이나 행동이 반드시 이 속성을 지녀야 한다. 충분조건은 이상행동에만 존재하고 정상적인 행동에는 존재하지 않는 다음에 제시된 고유한 요소를 적어도 한 가지는 갖고 있어야 한다는 것이다.

첫째는 고통 요소다. 고통은 이상행동을 분간해 내는 데 고려되는 요소이기는 하지만 그 자체로 이상행동을 정의할 수 있는 필요조건이나 충분조건이 되지 못한다.

둘째는 부적응 요소다. 적응적인가 부적응적인가 하는 것은 이상행동을 정의하는 근본적인 요소다. 일반적으로 적응적 행동은 그 행동이 그 사람의 생존을 증진시키는가, 그 행동이 개인의 안녕(well-being)을 증진시키는가, 그 행동이 사회의 안녕을 증진시키는가의 세 가지 측면을 충족시키는 것이다. 따라서 개인과 사회의 삶의 질과 복지를 강력하게 저해하는 행동은 부적응행동 및 이상행동으로 평가하는 중요한 요소가 된다.

셋째는 비합리성과 불가해성(incomprehensibility) 요소다. 이는 구체적 증상이 객관적 현실에 전혀 기반을 두지 않은 인식, 비합리적이고 터무니없는 생각, 어떤 사고에서 전혀 연관성이 없는 다른 사고로 이어지는 정신적 과정 등으로서 객관적 이해가 불가능한 상태를 말한다.

넷째는 예측 불가능성(unpredictability)과 통제력의 결핍 요소다. 이는 일관성과 통제할 수 있는 능력이 결여됨을 말한다.

다섯째는 비인습성(unconventionality) 요소다. 자기가 할 의사가 없는 행동은 비인습적이고 비정상적인 것으로 평가된다(조흥식 외, 2010).

3. 인간행동의 이해방법

심리학에서는 인간행동을 이해하는 방법으로 생물학적 이해방법, 정신분석적 이해방법, 행동적 이해방법, 인본주의 이해방법, 인지적 이해방법 등을 사용한다. 그러나 기억해야 할 것은 현대심리학은 전통적으로 각 학파에서 주장하는 방법의 옳고 그름을 떠나 각 학파의 장점을 가져오는 데 주저하지 않는 통합주의적 방법을 사용한다는 것이다. 따라서 인간의 심리현상을 이해하고 설명하는 데도 다양한 접근방법을 택한다. 이러한 설명방법들은 어느 것이 옳고 그르다는 것이 아니라 서로 인간행동에 대한 설명의 강조점이 다를 뿐이어서 심리학에서 모두 중요하게 사용하고 있다는 점을 기억해야 한다.

1) 생물학적 이해방법

생물학적 이해방법으로 인간을 이해하려는 연구자들은 인간의 행동 및 정신 활동은 인간의 신경계 및 내분비계가 작용했기 때문이라고 주장한다. 따라서 인간의 심리적 활동을 신경 · 생리적 활동으로 설명할 수 있다고 본다. 인간의 뇌는 수많은 신경세포로 이루어져 있다. 또한, 이들은 아주 복잡한 신경연결 구조를 가지고 있다. 생물학적 방법으로 인간을 이해하려는 방법은 인간의 행동과 심리적인 상태를 신체 내부(특히 뇌와 신경계통)에서 일어나는 전기 · 화학적 작용을 중시하는 신경생리학적 기제로 설명하려는 방법이다. 생물학적으로 이해하려고 하는 것을 환원주의(reductionism)라고 한다. 환원주의는 인간의 정신도 물리적인 것으로 간주하여 큰 것을 작은 단위로 설명하려는 것이다. 즉, 생리적 현상을 통해 정신과정을 이해하려는 것을 의미한다.

2) 정신분석적 이해방법

의식 속에 경험된 사실만 가지고 인간의 심리적 현상을 이해하고 설명하는 것은 부족하며, 오히려 의식되지 않는 무의식이 더 큰 도움이 되므로 무의식 속에 있는 내용을 해석하고 무의식 속에서 진행되는 과정을 알아야 인간에 대한 이해가 가능하다는 입장이다. 따라서 인간의 행동과 정신과정을 이해하기 위해서는 무의식을 분석해야 한다고 주장한다. 정신분석에 따르면 행동은 강력한 내부 힘에 의해 움직이고 동기화된다. 이 관점에서 인간행동은 선천적인 본능, 생물학적 추동, 그리고 개인적인 욕구와 사회적 요구 간의 갈등을 해결하려는 시도에서 시작된다. 박탈상태, 생리적인 각성, 갈등은 증기기관차의 석탄 연료처럼 행동에 힘을 공급한다. 이 모델에서 유기체는 그들의 욕구가 충족되고 추동이 감소되면 반응이 멈춘다. 행동의 주목적은 긴장을 감소시키는 데 있는 것으로 본다.

3) 행동적 이해방법

이 방법은 행동주의 학파에 영향을 받은 것으로, 눈으로 직접 관찰 가능한 행동을 보고 인간을 이해하자는 것이다. 다시 말해, 인간의 심리상태는 행동으로 나타나므로, 외현적으로 드러나는 행동을 관찰함으로써 내면적인 심리현상을 이해할 수 있을 것으로 본다. 따라서 행동주의는 첫째, 선행적인 환경조건들을 분석한다. 선행적인 환경조건들은 반응하기에 앞서 유기체가 반응을 야기하거나 억제할 수 있는 단계를 설정하는 것이다. 둘째, 연구의 주요 목적인 행동반응을 자세히 살핀다. 행동은 이해 · 예언 · 통제되어야 하기 때문이다. 마지막으로 반응에 따라 나오는 관찰 가능한 결과를 조사한다.

4) 인본주의 이해방법

인본주의는 정신분석과 행동주의 이해방법의 대안으로 나타났다. 이 관점은 정신분석학파가 주장한 본능적인 영향력에 의해 사람들이 추동되거나 행동주의자들이 주장한 환경에 의해 조정되는 것이 아니라고 본다. 그들은 사람은 선천적으로 선한 의지와 선택능력이 있는 능동적인 창조물이라고 본다. 인간을 위한 주요 과제는 그들의 잠재력을 개발시키고 성장을 위해 부단히 노력하는 것이다. 또한, 전인적 인간을 다루고 이것은 인간에 관한 심리학이 전체론적인 접근을 가능하도록 하였다. 외부 관찰자나 연구자들이 본 객관적인 세계보다는 개개인이 경험한 주관적인 세계에 초점을 맞추고 있기 때문에 현상학자로 간주되기도 한다.

5) 인지적 이해방법

인지주의에 따르면 인간은 단지 수동적으로 자극을 지각하는 것이 아니라 자극을 능동적으로 받아들여서 그것을 다시 새로운 형태나 유목으로 변형시킨다고 본다. 즉, 여러 가지 감각입력을 변형시켜 그것을 기호화하여 기억에 저장하였다가 후에 다시 사용할 수 있는 인지기능을 갖고 있기 때문에 인간행동과 심리현상을 이해하고 설명하기 위해서는 인지기능과 인지과정을 분석함으로써 가능하다고 보는 입장이다. 따라서 인지적 이해방법의 가장 중요한 요소는 인간의 주의, 사고, 기억, 이해와 같은 인간의 지식과 앎의 과정이다. 인지적 관점에서 보면 사람들은 생각하기 때문에 행동하고, 인간이기 때문에 생각한다고 본다(김이영 외, 2015).

제3장

성격과 심리검사

이 장에서는 인간관계를 바르게 이해하기 위해 성격의 의미, 성격의 결정요인, 성격 이론, 성격검사에 대하여 살펴보고자 한다.

1. 성격의 의미

성격은 심리학 용어일 뿐 아니라 일상적으로 사용하는 생활용어이기도 하다. 따라서 모든 사람은 성격이 무엇인가에 관해 나름대로 생각한다. 그래서 성격을 특별히 정의하지 않은 채 성격의 특성에 대해 언급한다. 또한, 심리학 내에서도 성격의 정의는 학자들의 개인적 선호나 이론의 강조점 차이에 따라 다양하다. 그러나 성격에 대한 Child의 정의는 심리학자들이 보편적으로 받아들이고 있는 성격 개념들을 종합한 것이어서 성격의 정의로 무난하다. 그에 따르면, '성격이란 개인의 행동을 한 시점에서 다른 시점에까지 일관성 있게 하고 다른 사람들이 상응하는 상황에서 보일 행동과 다르도록 만드는 상당히 안정적이고 내적인 요인들'이다. 즉, 성격이란 일관성과 개인차를 보이는 행동을 가져오는 안정적인 내적 요인인 것이다. 예를 들어, 한 개인이 자신에 대해 표현하거나 다른 사람의 행동에 대해 말할 때 "저 사람은 항상 그래." 또는 "오늘은 재가 왜 저러지?"라고 표현한다. 이 말에는 어떤 사람이 특정한 행동을 일관성 있게 나타낸다는 의미가 포함되어 있다. 또 어떤 행동은 그 사람이 항상 보여 주던 행동과 다른 행동임을 의미한다.

성격이라는 용어의 의미는 매우 다양하지만, 이 용어에 공통으로 포함되어 있는 내용은 세 가지로 요약할 수 있다.

첫째, 성격의 정의에 개인이 가지고 있는 고유하고 독특한 성질이 포함되어 있다. 어느 이론가든지 성격을 정의할 때 개인의 사고과정이나 감정이 매우 독특하고 개인차가 있음을 강조하고 있다.

둘째, 개인의 독특성이 매우 안정적이고 시간이 지나더라도 그 특성이 변하지 않고 나타나는 안정성(stability)을 포함하고 있다는 점이다. 이때 상황이 바뀌었음에도 불구하고 그 사람이 자신의 개성을 그대로 유지하는 경향성을 일관성(consistency)이라고 한다.

셋째, 개인이 독특한 성질을 안정적이고 일관성 있게 나타내는데, 무엇을 그렇게 나타내는가에 대한 것으로 성격의 요소나 내용이 정의에 포함되고 있다는 것이다. 그러나 어떤 성격요소가 개인에게 나타나는지에 대해서는 의견이 일치하지 않는다. 그 요소가 개인의 특질이라는 정의도 있고, 역동적 조직이나 습관 또는 개인의 공통점과 차이점을 결정하는 경향성이라는 주장이 있다.

이처럼 성격의 정의는 성격의 구성요소를 개인 내에 두느냐, 개인 외의 사회에 두느냐, 시간과 장소를 초월한 안정성에 초점을 두느냐, 타인과 구분되는 독특성과 개인차에 초점을 두느냐에 따라 달라진다.

성격(personality)이라는 용어의 어원은 그리스어 '페르소나(persona ; per: ~를 통하여, sonare: 말하다)'로, 고대 그리스 연극에서 배우들이 쓰던 가면을 일컫는다. 요즘도 이 말은 연극에서 배우의 역할을 나타내는 용어로 사용한다. 페르소나는 어떤 사람의 참모습이라기보다는 배우가 가면을 쓰고 무대에서 연극을 하듯이 사람들이 사회 장면 속에서 피상적으로 나타내는 사회적 이미지를 뜻한다. 즉, 성격은 사회라는 커다란 무대에서 사람들이 나타내는 외현적 행동양상으로, 개인의 독특하고, 안정적이며, 일관성 있는 성격요소들로 형성되어 있다. 성격은 개인이 갖고 있는 선천적 요인과 타인이나 환경과의 상호작용을 통해 한 개인이 형성하는 독특하고 일관성 있는 안정적인 행동양식이다.

여기서 성격(personality), 기질(temperament), 인격(character)이라는 용어를 구분해 볼 수 있다. 성격은 생물학적-환경적 맥락 속에서 나타난 인지적 · 정동적 · 외현적 행동 특질의 일부 특성으로, 선천적으로 타고난 것을 말한다. 기질이란, 성격 중에서 개인이 타고난 생물학적 구조를 더 강조한 용어이다. 인격이란, 그가 속해 있는 사회의 가치나 관습과 관련 있는 특성으로 개인행동의 도덕적인 측면을 반영하는 것이다(Millon & Everly, 1985).

2. 성격의 결정요인

성격의 정의에서 살펴보았듯이 성격을 결정하는 요인은 개인과 환경으로 나누어 볼 수 있다. 개인의 측면에서는 타고난 체형이나 유전적인 소인 등 생물학적 요인이 중요하게 고려된다. 환경적 측면에서는 개인이 속해 있는 가정과 사회, 개인의 성별 등에 따라 경험하게 되는 타인과의 관계를 중시한다. 성격이 어느 요인에 의해 더 많은 영향을 받는지에 대한 논쟁은 선천-후천(nature-nurture)에 대한 것으로, Galton(1865) 이래 행동과학과 사회과학에서 끝없는 논쟁거리가 되고 있다.

1) 유전적 요인

성격 발달에 영향을 미치는 요인으로는 유전과 부모 체형, 어머니의 상태 등을 고려할 수 있다. 유전적 영향에 대한 증거는 쌍생아 연구에 근거한다. 다양한 성격 차원에 대해 평균을 낸 연구결과를 보면, 일란성 쌍생아의 경우 상관이 .5 정도를 보이나 이란성 쌍생아의 성격 상관 정도는 성격에 미치는 유전의 영향이 중요할 뿐만 아니라 본질적일 수도 있음을 시사한다. 외향성과 신경증적 경향성에 대한 쌍생아 연구에서도 일란성 쌍생아의 상관이 이란성 쌍생아의 상관보다 각각 두 배가 넘는 것으로 나타났다(Henderson, 1982).

그러나 이러한 유전적 영향이 양육하는 부모나 가족에 의해 영향을 받을 수 있는 가능성도 많으며, 이란성보다는 일란성이 더 동일한 관심과 영향을 받을 수도 있다. 유전적 소인보다 양육하는 부모가 얼마나 영향을 미치는지 알아본 연구에서는 양자로 입양되어 다른 가정에서 성장한 아동과 친부모와의 성격 상관계수가 0.0으로 나타난 반면, 입양된 아동과 양부모와 성격 상관계수는 0.5로 나타났다(Plomin, Coon, Carey, DeFries, & Fulker, 1989). 이러한 결과는 성격이 유전에 의해 영향을 받기보다는 양육하는 부모의 성격이나 그 가정의 영향을 더 많이 받음을 시사한다.

성격이 사회적으로 결정되는지, 유전의 영향인지에 대한 질문은 심리학에서 매우 중요한 관심사이다. 성격이 환경이냐 유전이냐의 문제가 왜 중요한가에 대한 답은 성격연구의 두 입장을 살펴보면 알 수 있다.

첫 번째 입장은 사회심리학과 사회학에 근거한 이론들은 환경이 개인의 행동방식을 결정하는 데 매우 큰 영향을 갖는다고 주장한다. 극단적으로는 성격을 개인 내부에 있는 그 '무엇'이 아니라 타인에 의해 추론되는 것이라고 강조한다. 이들에게 있어 성격연구의 문제는 성격 특성이 타인에게서 기인되는 사회적 과정을 밝히는 것이다.

두 번째 입장은 그것이 신경체계의 생물학적 현상과 연결고리를 갖는다고 주장한다. 그들은 성격을 개인의 '내부'에 있는 실존의 생물학적 구조들이 행동으로 나타난 결과로 해석한다.

〈표 3-1〉 일란성 쌍생아와 이란성 쌍생아 간의 성격 특성 상관

연구 논문	연령	쌍생아 표본 수		성격 특성					
				외향성		신경증		정신증/충동성	
		일란성	이란성	일란성	이란성	일란성	이란성	일란성	이란성
Loehlin & Nichols (1976)	18	490	317	0.31	0.25	0.54	0.22	0.54	0.32
Tellegen et al.(1988)	21	217	114	0.54	0.06	0.54	0.41	0.58	0.25
Rose(1988)	14~34	228	182	0.60	0.42	0.41	0.22	0.70	0.41
Floderus-Myrhed et al.(1980)	17~49	2,279	3,670	0.47	0.20	0.46	0.21	–	–
Rose et al.(1988)	24~49	1,027	2,304	0.46	0.15	0.33	0.12	–	–
Rose et al.(1988)	24~49	1,293	2,520	0.49	0.14	0.43	0.18	–	–
Eaves & Young(1981)	31	303	172	0.55	0.19	0.47	0.07	0.47	0.28
Pedersen et al.(1988)	59	151	204	0.54	0.06	0.41	0.24	–	–

출처: Zuckerman(1991).

성격의 특성이 유전적 요인에 의해 결정되는 정도를 검증하기 위한 연구들이 실시되었다. Zuckerman(1991)은 성격을 평가하는 검사를 통해 일란성 쌍생아와 이란성 쌍생아 간의 검사점수 상관을 구하였다. <표 3-1>에서 서로 다른 연구를 통해 나타난 결과들이 상당한 정도의 일치성을 나타낸다는 사실을 알 수 있다. 만약, 유전인자가 성격에 영향을 주지 않는다면 일란성 쌍생아와 이란성 쌍생아에게서 나타나는 성격 특성이 비슷해야 할 것이다. 그러나 일란성 쌍생아의 외향성 수준에서 상관의 크기는 0.31～0.60인 반면, 이란성 쌍생아의 경우에는 외향성의 수준에서 상관의 크기가 0.06~0.42로 일란성 쌍생아보다 낮게 나타난다. 이러한 경향은 다른 성격 특성에서도 같게 나타난다. 이와 같은 사실은 <표 3-1>에 나타난 세 가지의 성격 특성이 실제로 유전적 요소를 갖는다는 사실을 제시한다.

성격의 유전론자들은 환경의 형태를 두 가지로 구분한다. 하나는 공유환경(C: shared environment, common environment)으로, 모든 가족 구성원이 경험하는 생활환경을 나타낸다. 부모의 수입, 부모의 교육태도, 가정의 경제적 수준, 가풍, 영양 상태, 가족 구성원이 비슷한 방향으로 발달할 수 있도록 영향을 줄 것으로 기대되는 환경적인 사건들이 포함된다.

그러나 한 가정 내에서도 한 아동에게 영향을 미치는 모든 환경이 가정 내의 다른 아동에게 똑같이 공유될 수는 없다. 학급 친구와의 우정, 교사와의 우호적 관계 유지, 질병, 무능함 등의 다른 가족 구성원과는 공유할 수 없는 개인의 고유환경(E: unique envionment)이 있다. 공유환경은 가족 구성원을 서로 유사하게 만드는 영향력으로 구성되어 있는 반면, 고유환경은 가족 구성원을 서로 다르게 만드는 환경적 영향력을 의미한다. 이러한 환경적 영향에 덧붙여 가족 구성원 간의 유전적 유사성이 성격 특성의 수준 형성에 영향을 주는 것으로 고려된다.

그러므로 성격검사에서 개인이 얻는 점수는 공유환경, 고유환경, 유전적 유사성에 의해 설명할 수 있다. 양육된 아동이 있는 가정에서 가족 구성원 간에 유사한 성격 특성을 나타내는 것은 바로 공유환경이 있기 때문임을 알 수 있다. 또한, 한 가족 내에서 양육된 일란성 쌍생아가 성격 특성이 다르게 나타나는 이유는 고유환경의 영향 때문으로 해석할 수 있다. 출생 후 서로 다른 환경에서 양육된 일란성 쌍생아의 경우 비슷한 성격 특성 수준을 나타내는데, 이는 바로 그들의 유전적 유사성 때문이다.

2) 환경적 요인

사람의 성격은 유전적 요인에 의해 기초가 형성되지만, 그러한 유전적 소인은 환경적 경험이나 자극의 양에 의해 수정될 가능성도 많다. 왜냐하면 갓 태어난 아기는 유전적 소인이 완전히 나타나거나 성숙 이전의 상태에 있으면서 그때부터 부모나 가족 등 타인과의 상호작용을 시작하므로 환경의 영향을 받지 않을 수 없다. 따라서 동일한 유전적 소인을 가지고 태어났더라도 주어지는 환경조건이나 심리적 자극에 따라 소인의 표현 양상이 달라질 수 있다.

환경적 요인이 성격에 영향을 주는 방식은 학습 이론의 맥락에서 이해할 수 있다. 학습이란, 유기체가 선천적으로 가지고 있지 않은 인지적 · 정동적 및 행동적 반응을 획득하는 것으로 생각할 수 있다. 인지적 · 정동적 및 행동적 반응이 바로 성격의 표현이기 때문에 그러한 반응이 어떻게 획득되는지를 아는 것이 성격의 이해에 도움이 된다.

3. 성격 이론

성격 이론은 성격 형성의 심리적인 전제 조건이 어떻게 결합하여 한 개인의 독자적인 성격을 구성하느냐에 관한 이론이다. 이는 성격연구에서 알려진 여러 사실에 관한 체계적인 설명으로서, 심리학의 다른 연구 분야보다도 다채롭고 다양하다. 또한, 각 심리학파들의 인간에 대한 설명을 기초로 하고 있으므로 성격 이론의 발전은 그 배후에 있는 심리학 이론의 발전이기도 하다.

성격연구는 크게 두 종류로 이루어진다. 그중 하나는 성격을 단면적인 상태로 이해하려는 연구이다. 이러한 연구는 성격이 어떻게 형성되고 발달하는가 보다는 현재 어떤 종류의 성격유형이 있는지에 관심이 더 많다. 대표적인 연구는 특성 이론(character theory)이다. 특성 이론에는 어떤 유형의 사람은 어떤 성격이고, 어떤 특질의 사람은 어떤 성격인가를 다루는 유형론과 특질론이 있다.

다른 하나의 연구는 성격이 어떻게 형성되고 어떻게 발달하며, 그러한 성격이 생활하는 데 어떤 기능을 하는지를 알고 이해하고자 하는 과정 이론(processing theory)이다. 과정 이론에는 무의식과 어린 시절의 경험을 강조하는 정신분석, 개인과 환경의 상호작용을 강조하는 행동주의적 관점의 사회학습 이론, 개인의 주관적 경험과 자기실현을 강조하는 인본주의 이론 등이 있다.

1) 특성 이론

사람들은 평소에도 체형이 뚱뚱하면 성격에 여유가 있고, 마르면 지적이며, 옹니에 곱슬머리이면 고집이 세다는 등 나름대로 상식을 동원하여 성격을 분류한다. 이처럼 일반인 누구나 나름대로 독특하게 가지고 있는 성격판단의 기준을 암묵적 성격 이론(implicit personality theory)이라고 한다. 성격의 특징은 사람마다 다르다는 독특성에 있지만 좀 더 생각해 보면 사람의 성격에는 공통점이 존재하고 있음을 알 수 있다. 특성 이론은 이러한 특성을 찾아내어 성격을 분류하는 이론이다.

(1) 유형론

유형론(typology)은 성격 이론 중 가장 오랜 역사를 가진 이론이다. 고대 그리스의 의사 Hippocrates는 사람의 체액을 혈액(blood), 점액(phlegm), 황담즙(yellow bile), 흑담즙(black bile)으로 구분하고 그중 어느 체액이 신체 내에서 우세한가에 따라 성격이 결정된다고 주장했다. 그의 성격 이론을 4체액설이라고 하며, 이러한 생각은 Galenus에 의해 계승되었다.

Hippocrates-Galenus의 유형론은 기질 특성을 <표 3-2>와 같이 분류한다.

〈표 3-2〉 Hippocrates-Galenus의 유형론

성격 유형	성격 특징	체액
다혈질(sanguine)	유쾌, 사교적, 다정함	혈액
점액질(phlegmatic)	침착, 조용, 인내심 강함, 동작이 느림, 느긋함	점액
담즙질(choleric)	쉽게 분노, 성격이 급함, 화를 잘 냄, 민첩함	황담즙
흑담즙질(melancholia)	쉽게 우울, 슬픔, 조용함	흑담즙

가령, 혈액이 우세하면 다혈질 성격유형으로, 다정하고 유쾌하며 사교적인 성격 특성을 갖는다. 이렇듯 체액을 중심으로 하는 성격 이론을 특히 체액론이라고 한다.

한편, Kretschmer(1925)는 체형을 쇠약형, 비만형, 투사형 및 이상발육형으로 나누었다. 그는 쇠약형은 체격이 마르고 키가 큰 사람이 대부분이며, 이들은 조현병에 걸릴 성향이 많고, 뚱뚱한 비만형은 조울증에 걸릴 성향이 많으며, 사교적이고 변덕이 심하며 활발한 성격 특성을 갖는다. 투사형은 활동적이고 모험적인 사람으로 조울증보다는 조현병의 경향이 다소 많고, 이상발육형은 신체 발달이 균형 잡히지 않은 사람으로서, 투사형과 유사한 성향을 보인다고 믿었다. 이 외에도 Sheldon(1940, 1941)은 Kretschmer의 연구를 더 발전시켜 체격을 내배엽형, 중배엽형, 외배엽형의 세 가지 유형으로 나누었다.

성격연구를 위한 체형론은 통계적 근거에 의한 것이 아니라 경험과 관찰을 기반으로 한 견해이기 때문에 연구방법의 과학성에 대한 비판을 받고 있으며, 사회적 행동과의 상관이 별로 연구된 바가 없어서 타당도가 낮다. 그러나 체형에 따라 타인에게 받는 인상과 피드백에 영향을 주어 각자가 다른 자기상(self-image)을 갖게 할 가능성도 생각해 볼 수 있다.

(2) 특성론

특성(trait)이란, 한 사람을 다른 사람과 비교적 영속적으로 구분해 주는 심리적 경향성을 말한다. 즉, 특성이란 다양한 상황에서 항구적 혹은 일관성 있게 나타나는 행동 경향으로서, 성격을 구성하는 기본 단위이다. 특성론은 이러한 행동 경향의 집합이 한 개인의 성격을 형성한다고 보는 견해이다.

특성론의 대표적인 학자는 Allport이다. 그는 인간을 설명하는 약 18,000개 정도의 형용사를 분석하여 성격의 특성을 구분하였다. 무의식적인 힘의 영향보다는 현재와 미래를 추구하는 것을 건강한 성격으로 본 Allport는 개인이 갖고 있는 특성을 기본 특성, 중심 특성, 이차적 특성으로 분류하였다. 기본 특성은 개인이 갖고 있는 지배적인 동기이며, 정열이다. 재산을 모으려는 것이나, 권력을 잡으려는 것, 매력적이 되려는 것 등이 여기에 속한다. 또한, 한 개인의 행동에 가장 큰 영향력을 행사하며, 중심 특성, 이차적 특성의 순서로 영향력을 미친다. 중심 특성은 개인의 대부분을 지배하는 것으로, 우리가 어떤 개인에 대해 '능력 있고 정직하고 부지런하며 최선을 다하는 사람'이라는 평가를 할 때는 주로 그 사람의 중심 특성에 대해 얘기하고 있는 것이다. 이차적 특성은 한 개인이 좋아하는 옷 스타일, 어떤 종류의 영화를 좋아하는 것, 현상에 대한 관점 등이다. 이러한 이차적 특성을 알기 위해서는 그 사람에 대해 상당히 많이 알고 있어야 한다. 예를 들어, 어떤 여성 운동가가 밖에서는 여성의 평등과 권리를 주장하면서 실제로 집에서는 누구보다도 가부장적 제도에 철저하게 복종하고 있는 경우 후자의 경우가 이차적 특성에 해당된다.

Allport의 성격 이론을 이해하기 위한 중요한 개념으로 '기능적 자율성'이 있다. 기능적 자율성이란, 한 개인이 특정 목표를 위해 처음에는 어떤 행동이나 활동을 시작했을지라도 그 행동들 중 일부는 개인이 좋아한다는 이유만으로 계속 지속될 수 있다는 것이다. 예를 들어, 상을 타기 위해 공부를 열심히 하던 아이가 점점 공부 자체에 흥미를 느낌으로써 공부하고자 하는 동기가 유발되는 경우가 이에 해당한다.

이어 Cattell은 이들 형용사를 비슷한 의미끼리 묶어 200개의 성격 특성을 찾아내었고, 최종적으로 요인분석을 통해 인간의 성격을 가장 잘 나타낼 수 있는 16개의 성격요인(16PF)을 선정하였다. 16개의 주요 성격요인은 <표 3-3>과 같다.

〈표 3-3〉 Cattell의 16개 성격요인

요인 명칭	높은 점수	낮은 점수
A	내성적	외향적
B	낮은 지능	높은 지능
C	정서 불안	정서 안정감
E	겸손함	독단적
F	심각함	낙천적
G	수단적	양심적
H	수줍음	대담함
I	강인함	예민함
L	신뢰함	의심이 많음
M	실제적	상상력이 풍부함
N	솔직함	교활함
O	평온함(자신감)	걱정이 많음(죄책감)
Q1	보수적(보수주의)	실험적(급진주의)
Q2	집단의존적	자립적
Q3	변덕스러움	자제함
Q4	긴장이완됨	긴장함

출처: Cattell(1965).

Cattell은 이러한 방법을 통해 특성의 기저에서 외현적 행동을 결정하며 비교적 안정적인 원천 특성(source trait)과 안정적이지 않고 사람마다 독특한 표면 특성(surface trait)으로 구분하였다. 그는 이론적 기반 없이 가능한 한 많은 검사를 실시한 뒤 요인분석 방법을 사용하여 특성을 추출하는 방법을 선호하는데, 그가 추출해 낸 요인들은 성격의 진단과 같은 실제 장면에서 유용하다는 평가를 받는다.

이런 특성 분류와는 달리, Eysenck는 이론적 근거가 있는 가설로부터 출발하여 요인을 추정하고 요인분석 방법을 통하여 가설을 확인하며 이렇게 추출된 요인들의 생리적 기반을 탐색하는 접근법을 택하고 있다. 그는 내향성-외향성, 안정성-불안정성(신경증적 경향, neuroticism), 정신병적 경향성(psychoticism)으로 분류하였다.

2) 과정 이론

특성론은 사람의 성격 묘사와 분류에는 유용하지만, 성격이 어떻게 형성되고 형성된 성격이 어떤 의미를 갖는지는 제대로 설명하지 못한다. 이러한 측면에 초점을 맞춰 이루어지는 연구들이 성격의 과정 이론이다. 과정 이론에는 크게 정신분석 이론, 행동주의 이론, 인본주의 이론이 있다.

(1) 정신분석 이론

정신분석(psychoanalysis)은 Freud에 의해 창시된 이론으로, 무의식과 성욕을 강조하는 Freud 중심의 정신분석과 이에 반발하여 사회문화적 속성과 집단무의식을 강조하는 Jung, Adler 중심의 신정신분석으로 구분된다. 정신분석 이론은 인간의 무의식적 동기와 내면적인 힘, 그리고 그 힘들의 갈등을 중시하기 때문에 정신역동(psychodynamic) 이론이라고도 한다.

① Freud의 정신분석

Freud(1856~1939)의 정신분석은, 특히 인간의 무의식적 동기나 소망, 갈등을 다루기 때문에 심층심리학이라고도 하며, 인간의 심리적인 과정과 움직임을 다루기 때문에 역동심리학이라고도 한다.

비엔나의 신경과 의사였던 Freud는 그의 병원에 오는 환자들 중 많은 수가 심리적 원인 때문에 고통받고 있다는 사실을 발견하고 신경증의 원인을 규명하고 치료하는 방법을 개발하는 데 일생을 바쳤다.

Freud의 이론은 정신결정론(psychic determinism)과 무의식적 동기(unconscious motivation)를 강조함으로써 성격연구의 새로운 측면을 제시하였다. 그는 인간의 무의식적 동기 중에서, 특히 성적 욕구, 5세까지의 초기경험, 부모의 양육태도가 성격의 기초를 형성하는 데 매우 중요하다고 보았다.

정신결정론이란, 사람들이 생각하거나 느끼는 모든 것에는 반드시 의미와 목적이 있으며, 개인의 경험에 의해 이미 결정되어 있다는 가정이다. 또한, 무의식적 동기란 Freud가 마음의 구조를 빙산으로 비유하면서 지형학적으로 분석한 데에서 나온 개념으로, 사람의 의식 수준은 무의식, 전의식, 의식으로 구성된다. 인간의 행동에는 반드시 원인이 있는데, 그 원인을 이루는 것이 바로 무의식적 동기이다. Freud는 리비도(libido)의 만족과 관련시켜 건전한 성격의 발달을 연구하였다. 건강한 성격의 소유자는 사랑할 수 있고 일할 수 있는 능력을 가지며, 자아가 강해서 현실을 수용하고 자신을 있는 그대로 표현할 줄 안다. 또한, 성격구조 간의 통합에 의해 욕구 간의 갈등을 해결한다. 자아가 내적 충동 · 욕구를 만족시킬 힘이 없으므로 병적인 방법으로 도피하게 될 때는 신경증적인 성격이 형성된다.

가. 의식 수준과 성격구조

Freud는 인간의 정신세계를 무의식(unconsciousness), 전의식(preconsciousness), 의식(consciousness)이라는 가설적인 삼층구조로 분석하고, 그중에서 인간을 지배하는 주된 의식 수준은 무의식이라고 보았다. 무의식은 빙산의 수면 밑에 잠겨 있는 부분과 같으며, 욕구나 충동이 들어 있는 깊고 접근할 수 없는 곳으로 생각하였다. 사람은 이러한 욕구나 충동을 의식하지는 못하지만 이들을 끊임없이 밖으로 표출하고 충족시키고자 하는 힘이 있기 때문에 인간의 행동과 생각, 정서를 지배하고 결정하는 힘을 발휘하는 것으로 가정된다. Freud는 무의식 이외에도 조금만 노력하면 각성 수준으로 끌어올릴 수 있는 전의식,

항상 각성 수준에 있는 지각, 감각, 언어, 감정 표현 등과 같은 의식을 구분하고 [그림 3-1]과 같이 빙산에 비유하였다. 그러면서 의식은 빙산의 일각이며, 무의식은 수면 아래 잠겨 있는 빙산의 대부분이라고 보았다.

[그림 3-1] 성격의 구조

출처: 문은식 외(2015).

Freud는 인간의 행동에는 반드시 원인이 있으며, 그 원인을 이루는 것이 바로 무의식적 동기라고 주장했다. 무의식적 동기는 주로 성욕과 공격성으로 이루어져 있으며, 그러한 무의식적 동기와 의식 간에는 끊임없는 갈등이 빚어지는데, 이 갈등이 인간의 정신세계를 지배하는 힘이 되는 것이다.

Freud는 말년에 무의식적 동기 중 선천적인 것 이외에 후천적으로 형성되는 것도 있음을 인정했는데, 그것이 바로 성격 구조이다. 성격은 출생과 더불어 타고난 기본적인 능력으로서의 원본능(id), 현실과 유기체 간의 욕구관계에서 인격을 통제하고 지각, 학습을 가능하게 하는 자아(ego), 양심의 원리에 따라 완전한 것을 지향하는 초자아(super-ego)로 구성된다.

원본능은 본능적 욕구로서 선과 악의 가치판단을 내포하지 않은 중립적인 특징이 있다. 예를 들어, 어린아이가 길에서 사탕을 사달라고 떼쓰는 행동은 그 목적이 아동에게 즐거움을 주는 사탕이라는 대상을 먹고 싶어서이지 다른 목적을 갖지 않는다. 이때 아이의 행동을 선하거나 악하다고 판단할 수 없다. 단지 본능적 욕구에 충실할 뿐이라고 해석할 수 있는 것이다.

이러한 원본능의 특성은 1차 과정(primary process) 또는 쾌락의 원리(pleasure principle)에 지배된다고 할 수 있다. 원본능은 무한한 원시적 에너지 저장체계로, 한 개인의 가능성이 저장되어 있는 보고이다. 그러나 원본능 자체로는 그 가능성을 발휘하기 힘들다. 약간의 수정이 필요한데, 그 역할을 맡는 것이 바로 자아이다. 현실의 원리(reality principle)에 지배를 받는 자아는 원본능이 가진 원시적 충동을 통제하며, '하고 싶다'와 '해서는 안 된다' 사이의 평화 유지를 위해 공헌한다. 즉, 사회적으로 용납될 수 있는 방법으로 본능을 만족시켜서 조화와 적응을 이루게 한다. 사탕을 먹고 싶은 아이는 자아(ego)의 발달과 더불어 무조건 떼를 쓰기보다는 부모와의 적절한 협상을 통해서 원하는 욕구(예: 사탕을 먹음)를 충족시킨다. 또한, 자아는 현실적 상황에서 받아들일 수 없는 충동을 의식으로부터 퇴각시키는 기술을 사용하는 능력을 갖는다. 이를 '방어기제(defence mechanism)'라고 한다. 사회적 원리에 따라 이상적이고 완전한 가치를 지향하는 초자아는 원본능에서 분화되어 나와서 원본능을 사회화시킨 것으로, 우리가 가끔 양심의 가책을 느끼는 것은 원본능의 충동이 표현될 때마다 이상적 가치를 추구하는 초자아가 죄의식을 느끼게 하기 때문이다.

② Freud 이후의 정신분석

Freud의 이론에서 획기적인 두 요소는 무의식의 강조와 성 충동의 보편성이었다. 물론, Freud 이전에도 무의식의 존재는 일부 학자들에 의해 언급되었지만(예: Schopenhauer), 마음의 영역에서 무의식이 차지하는 관대함과 중요성은 Freud에 의해 처음 인식되었다. 성 충동도 빅토리아 사회에서는 성인 남자에게만 인정되던 것을 Freud가 여성과 유아에게까지 확장시킴으로써 사람들에게 충격을 주었다. 그러나 그의 제자들이나 후계자들이 모두 이 두 요소에 대한 생각에서 그와 의견을 같이 한 것은 아니었다. 대표적으로는 Jung, Adler, Sullivan 등이 있다.

가. Jung의 분석심리

Jung은 무의식에 바탕을 둔 목적성과 창조성을 강조하였다. 따라서 건전한 성격은 무의식의 세력에 대한 의식의 감독과 지시를 통해 이루어진다고 보았다. 이는 의식의 세계와 무의식의 세계가 통합되고 양쪽이 모두 자유롭게 발달되도록 허용되어야만 함을 의미한다.

인간의 인격체를 정신(psyche)으로 본 Jung은 Freud의 개인무의식에 집단무의식의 개념을 첨가한다. 정신은 개인을 규정하고 그가 속한 사회적 · 물리적 환경에 적응하게 하는 지침 역할을 한다. 이러ㄹㄹ한 정신은 의식과 개인무의식, 집단무의식으로 구성된다. Jung의 분석심리는 집단무의식과 집단무의식의 내용인 원형을 성격 이해의 중요 요소로 본다.

집단무의식은 개인의 삶 속에서 한 번도 의식적이었던 일이 없었던 것으로, 인류 이전의 선행인류, 동물의 조상도 포함해서 조상 대대의 과거에서 물려받고 있는 '원시적 이미지'이다. 직접 경험하지는 않았지만 이전 세대에서와 마찬가지로 세상을 경험하고 반응하는 잠재적 가능성이다. 어둠, 뱀, 불에 대한 공포 등도 집단무의식의 한 예이다. 그러나 같은 집단무의식을 가졌더라도 현재 개인이 접할 수 있는 교육 또는 학습경험의 기회 정도에 따라 의식화의 정도에는 차이가 있다.

집단무의식의 내용은 페르소나(persona), 아니마-아니무스(anima-animus), 그림자(shadow), 자기(self)로 구성된다.

페르소나는 개인이 공적으로 보여 주는 가면이나 외관으로, 개인이 사회생활을 하면서 이차적으로 맺게 되는 인간관계 속에서 나타나는 얼굴들이다. 이는 개인이 갖는 '적응 태고 유형'으로, 사회생활, 공동생활의 기반이 된다. 한 개인은 여러 개의 가면을 갖고 있다. 예컨대, 직장생활을 하는 기혼 여성은 여성, 부인, 어머니, 직장인, 며느리, 딸 등 여러 개의 가면을 갖고 생활한다. 이러한 가면들의 합으로 나타나는 것이 바로 페르소나이다. 보석이 각도에 따라 다양한 빛이 나타나는 것처럼 한 개인을 어떤 장소, 어떤 시간, 무엇을 하고 있을 때 만났느냐에 따라 다르게 보이는 것이 페르소나의 특징이다. 페르소나는 진정한 자아가 아니다. 만약에 개인이 하나의 가면에만 동일시하게 되면 페르소나에 압도되어 자기의 본성에서 소외되고 다른 가면들과 갈등을 일으켜 건강하지 못한 성격이 나타난다.

아니마는 남성 정신의 여성적 측면으로, 남성이 여러 세대에 걸쳐 여성과 접촉을 통해 아니마의 원형을 발달시키게 된다. 아니무스는 여성 정신의 남성적 측면으로 여성이 여러 세대에 걸쳐 남성과 접촉함으로써 발달시키는 원형이다. 우리가 일상생활에서 이성에게 매력을 느끼는 일차적 이유는 무의식 속의 아니마와 아니무스가 서로 일치하기 때문이다. 가끔은 자신의 아니마-아니무스와 모순되는 이성과 유대관계를 맺으려고 하지만 불만과 적대감정이 남게 되는 경우가 많다. 또한, 사회적 기대나 교육이 여성과 남성에게 요구하는 페르소나로 인해 이런 원형이 위축될 수 있다. 동성 연애자나 여장을 하고 싶어 하는 남자 중에는 이러한 무의식적 원형이 폭발된 결과로 발생하는 경우가 많다.

그림자는 동물적 본성을 대표하며, 개인 자신의 성을 대표하고 동성과의 관계에 영향을 미치는 원형이다. 그림자는 적절한 돌파구를 찾으면 무한한 자발성과 창의성, 통찰력을 발휘할 수 있는 가능성을 갖는다. 예를 들어, 사회적으로 성공한 유능한 바이올린 연주자가 억누를 수 없는 끼로 인해 몇 년 후 의상코디네이터로 변신한 후 행복감을 느끼는 것은 그가 갖고 있는 그림자의 적절한 돌파구를 찾은 경우이다. 물론, 그림자의 원형에만 충실해서는 사회생활을 영위하기 어렵기 때문에 그림자에 대항하는 페르소나를 발달시킴으로써 공동사회의 일원으로 적응하는 것이 필요하다. 그러나 그림자가 지나치게 억압을 당해서 그 탈출구를 찾지 못할 경우 엽기적인 살인이나 상상을 초월하는 사회적 사건이 발생하는 결과를 초래하기도 한다.

자기는 집단무의식 속의 중심적인 원형으로, 집단무의식의 내용을 통합하고 질서를 부여하고 조직하는 역할을 한다. 그러므로 한 개인이 자기를 인식한다면 그 사람은 자아실현이 가능한 사람이다. Jung도 '자기' 원형을 중요시하여 "자기는 인생의 목표다. 자기는 우리가 개성이라고 부르고 있는 숙명적 통일체의 가장 완벽한 표현이기 때문이다."라고 하였다.

나. Adler의 개인심리

Adler(1870~1937)는 인간이 주로 사회적 자극에 의해서 동기가 유발된다고 가정하였으며, 1911년 Freud의 곁을 떠나 개인심리학을 창시하였다. 인간과 사회의 특정관계 유형은 단순히 사회적 과정을 통해서 발전될 수는 있지만, 기본적으로 인간은 이미 사회적 관심을 가지고 태어나는 것으로 본다. 생득적 성질로 Freud는 성(性)을, Jung은 사고양식을, Adler는 사회적 관심을 강조했다. 초기에는 기관 열등(organ inferiority)과 사람들이 그것을 어떻게 보상하는지에 대해 관심을 가졌다. 약한 기관을 가진 사람은 그 기관을 강화시키기 위해 특별한 노력을 하거나 다른 기관을 발달시킨다고 생각하였다(김정희 외, 1996). 예를 들면, 공격성, 힘에 대한 의지, 우월에 대한 추구를 통해 인간의 성격에 일관성과 통일이 부여된다고 본다. Adler의 초기 이론에서는 개인이 초기 경험에서 발생한 열등감을 극복하기 위해 권력에 의지(will to power)하는 것으로 강조하였으나, 후기에는 열등감에 대한 보상적 노력으로 우월에 대한 추구(striving for superiority)를 강조하였다. 각 개인은 일정한 형태로 우월을 추구하는 방법을 갖고 있다. 예를 들어, 건강한 사람은 우월에 대한 추구가 긍정적 · 건설적이므로 타인의 행복에 공헌하기 위해 자신의 우월 목표보다는 사회적 목적에 관심을 갖고 투쟁한다. 그러나 신경증적인 사람은 자기중심적인 목적을 위해 싸우며, 이기적이고 자존심과 권력을 위해 투쟁한다. 이들은 파괴적이고 타인에 대해 통제적이다.

또한, Adler는 성격 발달이 부모와 아동 간에 주고받는 사랑과 가족관계, 출생순위에 의해서도 영향받을 수 있음을 강조한다. 예를 들면, 맏이의 경우 둘째가 태어날 때까지 많은 관심을 받아오다가 갑자기 동생(경쟁자)이 출현함으로써 자신이 받던 애정, 관심, 총애 등을 동생과 나눠야 한다. 이때 부모가 맏이를 위해 현명하게 준비하고 대처한다면 맏이는 보다 책임감 있고 보호적인 사람이 되는 반면, 그렇지 못한 경우에는 신경증 환자, 범죄자, 술꾼 및 타락자로 될 가능성이 높다고 보았다.

다. Sullivan의 대인 이론

Sullivan은 정신의학의 대인 이론(interpersonal theory of psychiatry)으로 알려진 새로운 이론의 창시자이다. 그는 성격을 "인간생활을 특징짓는 인간관계 상황의 비교적 지속적인 유형"이라고 정의내린다(Sullivan, 1953). 사람은 태어나는 날부터 인간관계 상황의 일부가 되며, 일생을 사회적 장의 구성원으로 살아간다. 사회를 떠난 은둔자라도 과거의 인간관계에 대한 끝없는 추억 속에서 살며, 그것들은 계속해서 그의 사고와 행동에 영향을 준다. Sullivan은 한 개인을 인간답게 하는 것은 사회적 상호작용의 산물이라고 생각한다. 더구나 개인의 대인 경험은 순수한 생리적 기능마저도 변화 가능하기 때문에 유기체는 사회화된 방법으로 호흡하고, 소화하고, 배설하고, 순환함으로써 사회적 유기체가 된다.

성격은 대인관계의 장에서 연속적으로 발생하는 다양한 과정의 역동적 중심으로, 이러한 과정에서 중요한 개념은 역동성(dynamics), 인격화(personification), 인지과정(cog-nitive process)이다.

역동성은 '유기체가 살아가는 동안 그 유기체를 특징짓는 비교적 지속적인 에너지 전환의 형태'로, 지속되고 반복되는 하나의 행동 형태로서 학습과 거의 같다고 볼 수 있다. 한 개인이 갖는 역동은 그의 인간관계를 특징짓는데, 예를 들어 특정 개인에게 습관적으로 적대적 행동을 하는 경우 이것을 악의라는 역동의 표현으로 볼 수 있다. 골목길에서 뒤따라오는 남자에게 두려움을 느끼는 것은 공포라는 역동이 있기 때문이다. 이렇게 타인에 대한 모든 습관적 반응은 일련의 역동으로 구성되어 있다. 모든 사람은 기본적으로 똑같은 역동을 갖고 있지만, 역동의 표현양식은 상황과 개인의 인생 경험에 따라 달라진다.

인격화란, 개인이 자신이나 타인에 대해 가지는 영상이다. 우리 머릿속에 간직하고 있는 다양한 영상은 그 영상의 주인공을 정확하게 설명하지 못하는 경우가 많다. 처음에는 격리된 인간관계 상황에서 사람들과 대처하기 위해 형성된 영상들이 일단 형성되면 오래도록 존속하여 타인에 대한 태도에 영향을 준다. 예를 들면, 어떤 사람이 자기 아버지가 야비하고 독재적이라고 단정한다면 교사나 경찰 같은 어른들도 같은 것으로 본다. 결국, 어릴 때의 대인관계를 통해 형성된 타인에 대한 영상은 긍정적이든 부정적이든 계속 누적됨으로써 성인이 된 후에도 그 개인의 인간관계에 영향을 끼칠 수 있다. 타인에 대한 인격화와 마찬가지로 자기 인격화는 객관적인 자기평가의 경향을 나타낸다. 타인과의 인간관계를 통해 보상받은 경험의 결과로 '좋은 나'에 대한 영상이 형성되고, 이러한 경험의 축적은 긍정적인 성격 형성에 도움을 준다.

인지과정은 개인이 세계를 경험하는 세 가지 다른 방식, 즉 개인이 다른 사람들과 관계하는 세 가지 형태—원형(prototaxic), 부형(parataxic), 전형(syntaxic)—로 나타난다고 분류하였다. 원형 경험은 '유기체의 순간적인 상태에서 불연속적으로 느끼는 경험'으로, 감각을 가진 사람의 마음속을 흐르는 생생한 감각, 영상, 느낌과 같은 것이다. 원형경험의 순수한 형태는 생후 수개월 동안만 찾아볼 수 있으며, 나머지 두 가지 형태의 경험 출현을 위한 전제조건이다. 부형사고는 동시에 일어나는 사건 간의 인과 관계를 파악하고자 하는 사고양식이다. 이때 동시에 일어난 사건들은 서로 상관이 없다. 단지, 우연히 그 사건이 동시에 발생했을 뿐이다. 그는 우리 대부분의 사고가 부형 수준을 넘지 못하기 때문에 서로 관련이 없는 경험 속에서 인과관계를 찾고자 한다고 생각했다(이상노 외, 1988). 예를 들면, 모든 미신이 부형사고의 한 예이다. 전형사고는 가장 고차원적인 사고 형태로, 사람들끼리 합의되고 근거 있는 상징활동으로 구성된다. 단어와 숫자가 가장 대표적인 상징의 예이다.

이상에서의 역동성, 인격화, 인지과정이 성격 구성요소의 전부라고는 할 수 없지만 Sullivan의 성격체제에서 현저하게 나타나는 주요 개념들이다.

(2) 행동주의 이론

특성 이론이나 정신분석 이론은 인간의 성격 형성과정에서 개인적 경험에 의해서든지, 대인관계를 통해서든지 모두 성격의 중요 요인이 개인의 내부에서 나오는 것으로 본다. 그러나 행동주의는 인간이 내적인 자율적 존재로서 자신의 행동을 결정한다는 것을 인정하지 않는다. 주어진 상황자극에 의해 나타나는 반응으로 인간행동을 연구 대상으로 한다.

학습에 많은 관심을 가졌던 행동주의자들은 공식적인 성격 이론을 갖고 있지 않다. 그러므로 행동주의가 생각하는 성격에 대한 관점도 학습 이론을 통해서 가장 잘 설명될 수 있다. Dollard, Miller, Bandura 등은 행동주의의 학습원리를 체계적인 성격 이론으로 변환시키는 데 공헌하였다.

행동주의 이론의 접근방법으로는 Pavlov(1927)와 Hull(1943)의 연구가 바탕이 되는 고전적 조건형성 이론, Skinner(1953)의 조작적 조건형성 이론, 그리고 Bandura(1986)의 사회학습 이론이 대표적이다.

Pavlov의 고전적 조건형성 이론에 따르면, 어린 시절의 경험이 무엇이냐에 따라 한 개인의 성격이 결정된다. Watson과 Rayner(1920)는 털 있는 쥐에 대한 민감화와 둔감화 연구에서 Pavlov의 원리를 인간에게 적용시켰다. 예를 들어, 쥐를 무서워하지 않던 아이도 무서운 소리나 혐오스러운 소리를 쥐와 연합해서 경험하게 되면 쥐를 무서워하게 되고 나중에는 흰쥐의 털과 비슷한 촉감을 가진 것만 보아도 놀라는 신경증을 보였다. 마찬가지로 인간의 성격도 이와 같은 원리에 의해 결정된다는 입장이다.

조작적 조건형성 이론에서는 행동에 대한 보상을 성격 형성의 중요 요인으로 본다. 한 개인이 살아오면서 겪은 강화의 역사는 바로 그 개인의 성격이다. 비슷한 상황에서도 개인이 경험한 강화의 종류는 다양하기 때문에 한 개인의 성격을 이해하기 위해서는 자극 상황과 강화에 대한 체계적 분석이 필요하다고 본다(최승희 외, 1995). 예를 들어, 노약자에게 자리를 양보한 아동이 그 행동에 대해 칭찬(보상)을 받았다면 그 이후의 행동에서도 자리를 양보하거나 타인을 배려하는 성격을 형성할 가능성이 높다. 그러나 자리를 양보받은 노약자가 아동의 행동에 대해 당연하다는 듯이 여기고 좀 더 빨리 양보하지 않은 것에 대해 화를 낸다면, 아동의 타인에 대한 배려 행동은 감소할 것이다. 이처럼 어떤 행동을 한 다음의 결과가 긍정적인가 부정적인가에 따라 성격과 행동이 결정된다고 본다.

사회학습 이론은 특성 이론과 행동주의 이론에 반기를 든다. 특히, 성격 형성에 있어서 인지적 요인들의 역할을 무시한 점, 동물실험에 의존한 학습 이론들이 인간 환경 속에서 복잡한 경험적 연구를 등한시한 사실을 비판하며 사회학습을 강조하는 성격 이론을 제시한다.

Bandura는 관찰을 통해 어떤 상황을 간접 경험함으로써 성격 형성이 가능하다고 본다. 사람은 타인의 행동을 관찰하고 모방하고, 인지과정을 통해 그 결과를 결정함으로써 성격이 형성된다는 입장이다(오세진 외, 1997). 그러므로 사회학습 이론에서는 관찰과 모방학습, 대리강화, 자기조정을 성격 형성의 중요 요인으로 본다.

보보 인형을 공격하는 아이가 칭찬받는 비디오와 아이의 공격행동에 무반응한 비디오, 그리고 아이의 행동을 꾸중하는 비디오를 관람한 아동들 중에는 칭찬받는 비디오를 본 아동들이 가장 공격적이었다. 설사 즉각적인 공격을 하지 않았지만 추후 실험에서는 공격적인 장면을 보기만 한 아동들에게서도(공격행동을 하는 아이를 체벌하는 비디오) 공격성이 내재된다. 이처럼 공격적인 내용을 보았다는 사실만으로도 공격모방을 많이 한다는 실험 결과는 현재 영화, 텔레비전 프로그램, 컴퓨터 게임 등에 나타나는 공격적인 행동을 보는 것이 공격성을 초래할 수 있음을 시사한다.

(3) 인본주의 이론

1960년대 성격심리학자들 중 일부는 Freud의 성격연구방법, 행동주의자들의 동물실험 결과를 인간에게 적용하는 태도에 반기를 들었다. Freud가 임상경험을 토대로 비정상인의 신경증에 관심을 갖고 그들의 성격구조와 의식의 세계를 정상인에게 적용하고, 행동주의가 동물을 연구하고 인간을 규칙적인 방식에 따라 행동하는 복합적 조직으로 보는 것과는 대조적으로 Rogers를 중심으로 한 인본주의는 건강한 인간 정신에 대한 전체적인 접근을 사용한다. 기본적으로 선하며 성장 잠재력을 갖고 있는 인간은 자신과 세계를 지각하고 해석하는 과정에서 자신만의 독특한 성격을 형성한다는 것이다.

자아실현을 위한 핵심은 자신을 계발할 수 있는 기회나 여건 등이 억압되거나 자아개념이 현실과 부조화를 이루면 갈등을 경험하고, 이는 성격 형성에 영향을 미친다. 예를 들어, 나는 나 자신을 독립적이라고 생각하는데 사람들은 나를 인간미 없다고 평가하거나 나는 그 일을 잘할 수 있는데 남들은 결혼하면 일하기 힘들다고 판단할 수도 있다. 일상생활에서 자신과 현실 간의 불일치를 발견할 수 있는데, 이런 불일치가 클 때 개인의 성격 발달이 왜곡될 수 있다.

건강한 사람은 자아실현을 할 수 있는 사람이고, 자아실현된 사람은 완전히 기능하는 인간이다. 자아실현은 개인의 내면적 본성을 인정하고 개발하며 표현하는 것이며, 정지된 상태가 아닌 계속적인 진행 과정(process)이다. 자아실현의 과정은 어렵고 고통스럽기는 하지만 기대나 억압에 구속되지 않고 자신에 의하여 삶의 방향을 결정하고 행동을 표출하게 된다.

Maslow는 건강한 사람들의 성격을 연구하기 위해 자아실현을 이룬 사람들, 예를 들면 Lincon, Jefferson, Beethoven과 같은 역사적 인물과 현존하는 인물들을 대상으로 연구하였다. 그 결과, 자아실현을 이룬 사람들의 특징은 현실을 있는 그대로 보고, 받아들이며, 문제 중심적으로 관심의 초점을 대부분 일에 둔다. 또한, 타인과의 관계에서 자발성을 가지며, 자율성과 독립성을 추구하고 절정 경험(peak experience) 등을 갖는다고 한다(김혜숙 외, 2016).

4. 성격검사

성격검사의 범위는 크게 세 가지로 분류할 수 있다. 첫째는 겉으로 드러낸 행동에 대하여 평가하는 것이고, 둘째는 개인의 행동, 감정, 태도에 대한 내성적 분석을 하는 것이며, 셋째는 개인이 비교적 인식하지 못하고 있는 무의식적 측면에서 역동성을 평가하는 것이다.

성격검사의 방법은 크게 성격목록표와 투사검사라는 두 가지 유형으로 나눌 수 있다. 성격검사에서는 어떠한 방법을 사용하였느냐는 것도 중요하지만 더 중요한 것은 검사 결과에 대한 정확한 판단과 해석이다. 따라서 성격검사는 해석에 대한 지식을 풍부하게 갖추어야 반응도 잘 받아 낼 수 있을 뿐만 아니라, 기법의 이론적 배경과 개인의 역동성 이론을 충분히 숙지해야 정확한 검사 결과를 얻을 수 있다. 성격검사는 검사 방법에 따라 다음과 같이 구분된다.

1) 성격목록표

성격목록표는 대개 수많은 질문으로 이루어져 있는데, 검사대상자에게 여러 가지 질문을 던져서 그 질문에 대해 '그렇다' 또는 '아니다'로 대답한 결과를 가지고 판정하는 검사이다. 일정한 목표에 따라 작성된 일련의 질문 항목에 답하게 한다고 해서 '질문지법'이라고도 하고, 질문 항목이 목록식으로 열거되어 있다고 해서 '목록식 검사'라고도 한다. 성격목록표 검사는 사회적인 상황에서 다른 사람에 비해 특정 행동을 보다 많이 발현하거나 억제하도록 만드는 요소에 대한 세부적인 성격특성을 파악하는 검사이며, 그 특성이란 사회적 행동에서 나타나며 개인차의 기저에 있다고 믿는 것이다. 따라서 이는 대인관계 유형의 개인차를 의미하며, 다른 사람들이 내리는 평판(reputation)과 같은 개념이다.

성격목록표에 의한 검사는 실시하기도 쉽고 채점도 간편하며, 객관적 결과를 얻어낼 수 있다는 장점이 있다. 또한, 검사 결과를 여러 사람과 비교해 볼 수도 있다는 점이 강점이다. 성격목록표와 같은 유형의 검사 가운데 가장 널리 쓰이는 것으로는 'MBTI 검사', '미네소타 다면적 성격검사(MMPI)', '모즐리 성격검사(MPI)' 등이 있다. MMPI는 응답자가 아홉 가지의 임상 기준, 예를 들면 우울증이나 분열적 성격 또는 과대망상증 같은 기준에 따라 각각 채점되는데, 이 기준 가운데 어떤 하나의 기준의 점수가 높다면, 그 사람은 거기에 해당하는 정신장애를 갖고 있을 가능성이 크다는 의미로 결과를 해석하는 방식이다.

(1) MBTI 검사

MBTI는 Myers-Briggs Type Indicator의 머리글자를 딴 것으로, Jung의 성격유형 이론을 근거로 Katharine Cook Briggs와 그의 딸 Isabel Briggs Myers, 손자 Peter Myers에 이르기까지 무려 3대에 걸쳐 70여 년 동안 연구 개발한 인간 이해를 위한 성격유형 검사이다. MBTI 검사는 인식과 판단에 대한 Jung의 심리적 기능 이론, 인식과 판단의 향방을 결정짓는 Jung의 태도 이론을 바탕으로 제작되었다. 또한, 개인이 쉽게 응답할 수 있는 자기보고문항을 통해 인식하고 판단할 때 각자 선호하는 경향을 찾고, 이러한 선호경향들이 하나하나 또는 여러 개가 합쳐져서 인간의 행동에 어떠한 영향을 미치는가를 파악하여 실생활에 응용할 수 있도록 제작된 심리검사이다.

MBTI 검사는 '인간은 왜 서로 다르게 행동하고 갈등을 갖게 되는가?'에 대한 질문으로 시작한다. 자신과 타인의 성격적 특성과 다양성을 이해하고 수용하기 위해 네 가지 선호지표를 기초로 성격을 유형화시키고 있다. 즉, 에너지의 방향이 어느 쪽인가에 따라 외향성과 내향성으로, 무엇을 인식하는가에 따라 감각형과 직관형으로, 어떻게 결정하는가에 따라 사고형과 감정형으로, 채택하는 생활 양식이 무엇인가에 따라 판단형과 인식형으로, 인식 활동의 형태가 어떠한가에 따라 감각형과 직관형으로 구분한다(이주희 외, 2008).

	감각형(S)		직관형(N)		
	사고(T)	감정(F)	감정(F)	사고(T)	
내향성(I)	ISTJ 세상의 소금형	ISFJ 임금 뒤편의 권력형	INFJ 예언자형	INTJ 과학자형	판단형(J)
	ISTP 백과사전형	ISFP 성인군자형	INFP 잔다르크형	INTP 아이디어 뱅크형	인식형(P)
외향성(E)	ESTP 수완 좋은 활동가형	ESFP 사교적인 유형	ENFP 스파크형	ENTP 발명가형	인식형(P)
	ESTJ 사업가형	ESFJ 친선도모형	ENFJ 언변능숙형	ENTJ 지도자형	판단형(J)

[그림 3-2] MBTI에 의한 16가지 성격유형

(2) MMPI 검사

MMPI(The Minnesota Multiphasic Personality Inventory)는 1940년대 미국 미네소타대학교의 심리학자 Hathaway와 정신과 의사 Mckinley가 비정상적인 행동을 객관적으로 측정하기 위한 수단으로 만들었으나, 최근에는 세계적으로 가장 널리 쓰이고 가장 많이 연구되어 있는 객관적인 성격검사이다.

MMPI의 일차적인 목적은 정신과적 진단분류를 위한 측정으로, 일반적 성격특성을 측정하기 위한 것은 아니다. 그러나 병리적 분류의 개념이 정상인의 행동과 비교될 수 있다는 전제하에 MMPI를 통한 정상인의 행동 설명 및 일반적 성격특성에 관한 유추도 어느 정도 가능할 수 있다. 다시 말하면, MMPI는 개인의 인성 특징의 비정상성이나 징후를 평가하여 상담 및 정신치료에 기여하기 위함은 물론, 비정상적이고 불건전한 방향으로 진전될 가능성을 미리 찾아내어 예방 및 지도책을 도모하기 위한 검사이다(정진선 · 문미란, 2008).

MMPI 검사는 질문지형 성격검사이지만 문항들은 상당히 투사적인 함축성을 띠고 있는 것이 특징이다.

(3) MPI 검사

MPI 검사는 '모즐리 성격 검사(MPI: Maudsley Personality Inventory)'로, Eysenck에 의해 개발된 검사이다. MPI는 정서적 차원의 특징을 객관적으로 측정할 목적으로 총 24항목(40문항)의 검사를 연구 개발한 것으로, '내향성-외향성'의 경향과 '신경증적' 경향의 두 가지 차원에서 성격을 측정하기 위한 문항으로 구성되었다.

2) 투사적 검사

투사적 검사는 검사대상자에게 두 가지 이상으로 해석할 수 있는 자극을 주고, 거기에 대해 말하도록 요구하는 검사이다. 이것을 투사적 검사라고 부르는 이유는 검사대상자가 자극에 대해 자신의 성격을 투사한다고 여겨지기 때문이다. 투사적(projective)이라는 용어는 Frank(1939)에 의해 비롯되었다. 그에 의하면 개인 각자는 나름대로의 자기 세계를 창조하여 유지하고 방어해 간다. 그래서 각각의 개인은 자기 세계에 따라 동일한 자극 장면에서 서로 다른 해석을 하게 되고 정서적 반응을 나타낸다. 그러므로 투사적 기법이란, 피검사자 나름대로의 해석이나 정서적 반응을 일으키게 하여 그 사람의 개인적 세계를 투영하도록 하는 방법이다. 투사적 검사 가운데 잘 알려진 것으로 로샤(Rorschach) 검사법이 있다. 이 검사는 투사적 기법의 대표적인 검사로 실제로 많이 활용하고 있는 검사이다. 이 검사는 비구성적 잉크 얼룩의 대칭적인 모양으로 되어 있는 10장의 카드로 이루어져 있다. 검사대상자가 10개의 잉크 얼룩무늬를 보고 그 무늬에서 연상되는 것을 말로 표현하도록 한다. 검사대상자의 반응은 잉크 얼룩에서 지각(연상)한 것의 위치, 검사대상자가 강조한 자극의 특징(예를 들면 형태나 색깔), 지각의 내용, 운동지각, 지각의 수에 따라 점수가 매겨진다. 로샤 검사는 주관적이며 검사자 개인의 기술이나 경험, 지식 등에 따라 크게 달라질 수 있다.

투사적 검사의 또 다른 유형으로 주제통각검사(TAT: Thematic Apperception Test)가 있다. 이 검사는 투사적 기법 중 로샤 검사 다음으로 가장 많이 사용되는 검사이다. 주제통각검사는 조사대상자에게 여러 가지로 해석될 수 있는 일련의 그림을 보여 주고, 그 그림에 대한 이야기를 만들어 보라고 요구한다. 검사에는 모두 30장의 그림과 1장의 공백 카드가 활용되는데, 피검사자의 성인 남자와 여자, 소년과 소녀의 네 조건에 따라 각각 달리 조합하여 19장의 그림과 1장의 공백 카드가 제시된다. 대개의 그림에는 사람이 그려져 있으며 그 인물들의 행동이나 기분이 분명하게 표현된 정도가 각기 다르다. 검사자료는 개인에 따라 다양하게 볼 수 있는 충분한 여지가 있지만 부분적으로는 구조화되어 있다는 것이 로샤 검사와의 차이점이다.

투사적 기법은 거의 모든 검사가 개인검사이기 때문에 피검사자가 갖고 있는 경험적 선입견이 검사 반응에 영향을 미친다는 점을 유의하여 활용해야 한다. 또한, 투사적 기법은 다른 객관적 검사와는 달리 평가의 규준이 확립되어 있지 않아 검사 결과에 대한 해석의 주관성 문제가 있으므로 미숙한 검사자의 해석은 잘못된 결론의 판단에 빠질 위험이 있다는 점을 유의해야 한다.

5. 건강한 성격 형성

건강한 성격이란, 정신적으로 건강하다는 것을 의미한다. 건강한 성격의 소유자라고 하는 것은 자신이 다른 사람들에게 기쁨을 주는 사람이라는 것이다. 내적인 행복감을 만끽하고 다른 사람에게 행복감을 주는 사람이 가장 건강한 성격을 가진 사람이다. 긍정적인 사고방식과 긍정적인 감정 표현방식을 가지고 긍정적으로 행동을 하는 사람이 바로 건강한 성격의 소유자이다.

여러 학자들의 성격 이론을 살펴보면 Freud는 자녀를 기를 때 적절히 다루지 않으면 결코 건강한 성격을 얻기 어렵다고 보았다. 즉, 행동을 지나치게 억제하거나 어른스럽게 행동하기를 강요할 때 신경증적인 사람이 된다고 하며, 수유 경험의 경우 시간을 엄격하게 정해서 수유를 한다거나 너무 빨리 이유를 하기보다는 아이가 젖을 원할 때 주고 이유는 점진적으로 하는 것이 좋다. 또한, 배변도 중요한데, 이 역시 처벌을 사용하지 않도록 하고 가능한 한 서서히 진행하는 것이 좋다. Sullivan은 초기의 가정에서의 영향을 중요시했다. 아이들은 가족 구성원 간의 감정표현에 매우 민감하게 반응하며 어린 시절에 일어나는 사회적 상호작용을 특히 강조하였다(장성화, 2009).

Allport는 고유자아가 발달된 사람을 건강한 성격을 가진 사람으로 본다. Allport의 건강한 성격의 기준은 자아의식의 확대, 정서적 안정, 현실적인 지각, 기술과 과업, 자기 객관화, 통전된 생활 철학, 타인에 대한 자아의 따뜻한 관계 등이다.

Maslow는 건강한 성격의 사람은 자아실현인으로, 보다 더 적절한 현실지각을 가지고, 사고 · 정서 · 행동 등에 있어서 보다 더 자발적이고 창조적이고 논리의식이 강하고 자율적이고 과제 중심적인 사람으로 보았다.

인간의 성격은 다양한 과정을 통해 발전하고 성장한다. 그중에서도 성장 과정에 경험해야 할 다양한 기회를 박탈하는 것은 성격 형성에 매우 부정적이다. 일반적으로 좋은 성격을 형성하기 위해서는 다음에 대한 실천이 필요하다.

첫째, 좋은 습관을 길러라. 어릴 때부터 의식주의 모든 생활과정에서 필요한 좋은 습관을 실천하여 생활화하는 것이 필요하다.

둘째, 스스로 해결하는 독립심을 가져라. 자신에게 주어진 일이나 자신이 해야 할 일을 누구에게 의존하거나 기대지 않고 자주적으로 실천하는 일을 통해 독립적인 사고를 갖도록 해야 한다. 특히, 어린이의 성장 과정에서는 아이들의 발달단계에 맞춰 영아기에는 해 주기, 유아기에는 같이하기를 거쳐 성장하는 단계에 맞도록 도와주기, 혼자 하기 등의 단계를 체험하도록 한다.

셋째, 다양한 경험의 기회를 주어라. 사람은 다양한 경험을 통해 창의적인 사고를 하고 학습한다. 성장 과정에서 겪어야 할 경험의 기회를 박탈하는 일이 있어서는 안 된다.

넷째, 의사표시를 분명하게 하도록 하라. 자신의 의사를 분명하고 똑똑하게 표현하는 방법을 통해 다른 사람들로부터 인정받고 자신감을 키워 나갈 수 있도록 자신의 욕구에 대한 요구를 분명히 하게 한다. 욕구의 충족 여부가 성격 발달에 영향을 주기 때문이다.

다섯째, 다른 사람을 비난하지 마라. 다른 사람을 비난하는 것은 부정적 사고와 부정적 태도를 갖게 하는 원인이 된다. 부정적인 말보다는 긍정적인 말로 긍정적인 태도를 키워 나가도록 한다.

여섯째, 약속은 반드시 지키도록 하라. 약속을 지키지 않는 것은 기본적인 신뢰가 무너지는 시작이 된다. 신뢰를 쌓아 나감으로써 신뢰감이 성격 형성에 긍정적 영향을 미치도록 하고, 정체성 발달에 바람직한 영향을 줄 수 있도록 한다(김은영 외, 2014).

나의 성격유형은?

MBTI 간이식별법을 이용하여 자신의 성격유형을 알아보자.

- 다음의 항목 중에서 자기에게 해당하는 것을 모두 고른다.
- 1~4의 각 차원별로 A와 B에 체크된 개수를 각각 비교하여 A와 B 중 보다 더 많은 개수를 체크한 박스에 표시되어 있는 이니셜 4개를 조합한 것이 자신의 성격유형이다.
- 각 유형의 해석은 MBTI의 일반적 지침을 적용해 볼 수 있으나 간이형이므로 한계가 있다.

1	A	외향성 (E)		자기 외부에 주의집중		정열적 · 활동적
				말로 표현하기 선호		쉽게 알려짐
	B	내향성 (I)		자기 내부에 주의집중		조용하고 신중
				글로 표현하기 선호		서서히 알려짐
2	A	감각형 (S)		지금, 현재에 초점		실제의 경험
				정확, 철저한 일처리		사실적 사건 묘사
	B	직관형 (N)		미래 가능성에 초점		아이디어
				신속, 비약적인 일처리		비유적 · 암시적 묘사
3	A	사고형 (T)		진실, 사실에 주 관심		지적 논평
				논리적 · 분석적		규범, 기준 중시
	B	감정형 (F)		사람, 관계에 주 관심		우호적 협조
				상황적 · 포괄적		나에게 주는 의미 중시
4	A	판단형 (J)		정리 · 정돈과 계획		의지적 추진
				신속한 결론		통제와 조정
	B	인식형 (P)		상황에 맞춤, 개방성		이해로 수용
				유유자적한 과정		융통과 적응

출처: 한양대학교 학생생활상담연구소(1997).

제4장

자아개념

개인의 행동을 이해하기 위해 이 장에서는 자아개념의 의미, 자아개념의 구성요인, 자아개념의 기능, 자신을 보는 관점, 자아개방, 자아개념 증진에 대하여 살펴보고자 한다.

1. 자아개념의 의미

자기 자신에 대한 신념체계로서, 개인의 행동을 이해하는 데 중요한 구인의 하나인 자아개념(self-concept)에 대한 관심은 인간의 본질을 규명하고자 하는 탐구가 시작되면서 함께 발전되어 왔다. 즉, 자기 자신에 대해 지니고 있는 생각과 신념에 따라 다른 사람을 대하는 태도가 달라지기 때문에 자아개념이 인간관계에 미치는 영향은 매우 크다.

자아개념과 동의어로 볼 수 있는 것은 자아(self), 자신(ego), 자아지식(self-knowledge), 자아정체감(self-identity), 자기이해(self-understanding), 자아상(self-image), 자아존중감(self-esteem), 현상적 자아 등이 있고, 현재 사용되는 자아개념이라는 용어는 불분명하게 개념화되어 왔다(Burns, 1979). 그러나 일반적으로 자아개념은 사람들이 자신에 대해 갖고 있는 생각, 감정, 태도의 복합물을 의미하는 가설적 구인이다.

심리학자 William James(1890)는 자아개념을 "한 개인이 자기 것이라고 말할 수 있는 모든 것"이라고 정의하고, 크게 3가지 구성요소로 나누어 설명한다.

첫째, 물질적 자아(material self)는 나를 이루고 있으며, 나와 관계된 가시적인 물질적 측면을 말한다. 즉, 외모 및 신체적 특성, 물질적 소유물 등을 포함한다. 현대적인 서구 미인의 기준이 문화와 신체조건이 다른 우리 사회에 그대로 통용되면서 다이어트 열풍이나 성형수술 붐을 일으키고 있는 것은 물질적 자아를 중시하는 현대인의 성향을 잘 나타내는 단적인 예에 해당한다. 이는 그 사람이 속해 있는 문화가 규정한 물질적 자아상이 자아개념과 행동에 커다란 영향을 미치고 있음을 의미한다.

둘째, 사회적 자아(social self)는 타인과의 관계 속에서 나타나는 나의 신분과 위치를 말한다. 그래서 개인에게는 그를 알아보고 또 그를 기억하는 사람들의 수만큼의 사회적 자아가 있다고 할 수 있다. 즉, 사회적 관계나 역할을 통해 드러나는 그 사람의 사회적 면모이자 기능적 측면의 자아라고 할 수 있는데 교우관계, 이성관계, 가족관계, 사회적 지위 및 신분 등을 포함한다. 사람이 자기가 소속된 집단에서 부여하는 여러 가지 역할에 충실히 따른다는 것은 사회 적응을 위해 필요한 일이지만, 그것이 곧 자기 삶의 전부는 아니며 일부분일 뿐이다.

셋째, 심리적 · 영적 자아(psychic or spiritual self)는 가치관이나 도덕기준 등과 관련된 나의 내면적 특성과 자기반성적 사고를 말하는 것으로, 성격, 능력, 적성 등을 포함한다. 이는 그 사람의 외적 평가와 무관한 자신에 대한 생각과 감정이라고 볼 수 있다.

행동주의 관점에서 자아개념은 영혼(soul)의 개념과 그리 다르지 않은 신비주의적 측면을 지니고 있다. 자아개념은 볼 수도 만질 수도 없는 가설적 구인으로서, 자아개념을 타당하게 정의할 수 없다는 입장이다. 이에 반하여 제안된 정의들은 자아는 나(주체아), 혹은 나를(객체아), 혹은 그 자신을(객체)에 대한 개인의 반응으로 정의된다(교육학 대백과사전, 1999).

이러한 의미를 지닌 자아개념은 다음과 같은 특성이 있다.

첫째, 자아개념은 발달함에 따라 분화되어 간다. 유아기에는 자신과 환경을 분화하지 못한다. 그런데 성장함에 따라 경험이 누적되고, 그 결과 자아를 환경에서 분리시키기 시작한다. 아동은 점차 성숙하여 많은 것을 학습함으로써 환경으로부터 자기를 구별하려 한다. 따라서 어린 아동의 자아개념은 총체적이고 미분화적이나 점차 그가 성장함에 따라 그의 자아개념은 분화되어 간다. 특히, 자신의 신체적 구조가 변화하는 사춘기에 이르러 자아개념에 많은 변화가 일어난다. 즉, 내가 바라는 '이상적인 나'와 '현실적인 나' 사이에는 많은 차이가 있음을 인식하게 되고, '진정한 나는 누구인가?'라는 정체성 확립을 위해 갈등과 방황이 일어나는 시기이다. 그러면서 점차 자신에 대한 평가를 통해 자신은 어떤 사람이라는 고착적인 개념을 갖게 되고, 이것은 지속화되어 간다. 그러나 이러한 자아개념은 상황의 변화와 새로운 자신의 발견과 더불어 지속적으로 변화해 나간다.

둘째, 자아개념은 중요 타인의 영향에 의해 형성된다. 인간은 어떤 주어진 상황에서 어떠한 기대나 중요 타인의 기대에 따라 자신의 행동과 신체적 특성을 평가하게 된다. 만약, 주위 사람들이 자신을 소중히 여기고 있다고 느끼면 스스로는 자신을 중요한 사람이라고 평가할 것이고, 그렇지 않다고 생각되면 스스로 열등감에 빠지게 된다. 따라서 나를 둘러싼 모든 사람을 의미하는 중요 타인은 내가 나에 대한 이미지를 형성하는 데 매우 의미 있는 작용을 한다. 그만큼 중요 타인과의 관계 속에서 있었던 경험에 대한 해석은 자신의 자아개념 발달을 결정하는 데 중요한 영향을 미친다.

셋째, 자아개념은 자체가 강화되는 경향이 있다. 개인은 자기가 행한 특정 행동의 결과로써 그가 원하는 어떤 것을 얻게 되면 그 행동의 결과가 그 행동을 강화(reinforcement)하여 그 행동을 다시 행할 확률을 증가시킨다. 원하는 반응을 지속화 · 습관화시킬 가능성이 높은 강화는 부모, 교사, 친구 등과 같은 중요 타인에 의해 이루어진다. 강화물은 물질적이거나 칭찬, 미소, 인정 등과 같은 긍정적인 사회적 반응이다. 사회적으로 기대되는 방식으로 행동해서 긍정적 강화를 받으면 자아개념은 긍정적으로 강화되지만, 그렇지 않다면 부정적으로 강화된다. 즉, 긍정적인 자아개념을 가진 사람은 긍정적인 자기 언어로 자신을 강화하지만, 부정적인 자아개념을 가진 사람은 부정적인 자기 언어로 자신에게 피드백을 주게 된다.

넷째, 자아개념은 종종 자신의 외부로까지 확대된다. 사람들은 자기가 소중히 여기는 소유물이나 자기가 소속되어 있는 집단 또는 자기 가족을 자기 자신이라고 생각함으로써 자아확대(extension of self)를 한다. 예를 들면, 자기가 소중히 여기는 오디오나 자동차 등에 대한 소유의식은 그 소유물 자체를 자기 자신의 한 부분으로 생각해서 누가 그것을 만졌다고 화를 내기도 한다. 또한, 가족이나 자기가 소속된 집단을 자기와 동일시(identification)함으로써, 만약 구성원 중 한 사람이 억울한 일을 당하거나 다쳤을 때 마치 자기가 당하거나 다친 것처럼 분해하거나 같이 아파한다.

이렇게 자아개념의 확대는 소유물에 집착하거나 사람을 너무 강력하게 묶어 놓음으로써 의존성이 길러질 가능성도 있다. 집단 내에 자기를 소속시키는 소속감이 인간관계의 상호작용에 필수적이겠지만, 주체적 자아개념을 확고히 함으로써 동일시에 초연해지고 덜 의존적이 될 수 있다(이재창 · 임용자, 1998).

2. 자아개념의 구성요인

자아개념이 어떻게 구성되어 있는가? 하는 문제에 대해 학자에 따라 견해를 달리한다. Rogers(1951)는 자아개념의 구성요인으로서 자신의 성격이나 능력에 대한 지각, 다른 사람이나 환경과 관련을 맺고 있는 자신에 대한 지각, 경험이나 어떤 대상물과 관련지어 생각한 가치의 유형, 그리고 긍정적 또는 부정적 성격을 띠고 있는 것으로 지각된 목표나 이상 등을 지적하고 있다.

일반적으로 자아개념의 구성요인은 지각 내용에 따라 분류하기도 하고, 그 하위 차원에 따라 일반성을 띠는 자아개념과 구체성을 띠는 특정한 자아개념으로도 나타낸다.

자아개념의 내적 구조의 견해 중 첫째는 일반 자아개념에 이론적 근거를 두고 있다. 이는 자아개념에서의 개인차는 일반 자아개념의 차이에 있다고 보고, 자아개념의 구조는 일반 자아개념이라는 주장이다.

Shavelson, Hubner와 Stanton(1976)이 대표적 학자인데, 그들에 의하면 자아개념은 조직적 · 다면적 · 위계적 특성을 지니고 있다. 제1차원이 일반적 자아개념이고, 제2차원에는 학문적 자아개념과 비학문적 자아개념이 있으며, 이에 관련된 하위 차원에는 학문적 자아개념에 교과에 관련된 자아개념이, 비학문적 자아개념의 하위 차원에 사회적 자아개념, 정의적 자아개념, 신체적 자아개념이 있다. 이러한 하위 영역들은 특정한 상황에서의 행동 평가에 의해 형성된다. 그리고 위계 서열상 위로 올라갈수록 자아개념은 안정적인 반면에 밑으로 내려갈수록 불안정하고 쉽게 변한다. 이와 같은 자아개념의 조직성 및 역동성을 Shavelson 등은 [그림 4-1]과 같은 가설적 모형으로 제시하였다.

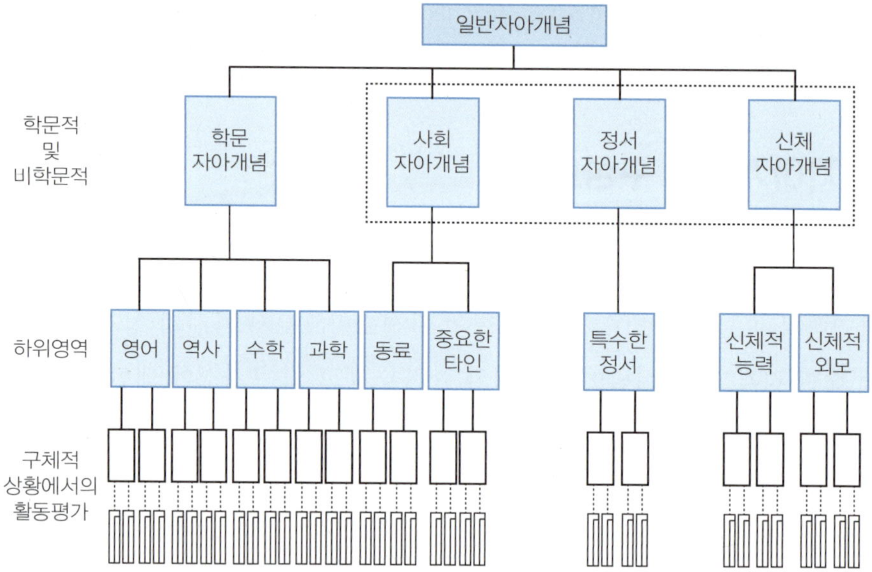

[그림 4-1] 자아개념의 위계적 구조 모형

출처: Shavelson, Hubner & Stanton(1976).

둘째는 자아개념을 일련의 세분화되어진 특수 구인들의 총합으로 보는 입장으로, 이는 Spearman이 인간의 정신기능을 독립적인 기능을 갖는 구인들의 집합으로 보는 것과 그 모형 구조에서 비슷하다.

셋째는 다원특성 · 다원방법의 분석 연구들에서 볼 수 있는 접근으로, 여러 개의 성질을 달리하는 도구를 사용하며, 자아개념의 하위 요인들 사이의 관계를 통하여 자아개념의 고차원적인 일반 요인과 저차원적인 다면성을 갖는 위계적인 모형으로 그 구인의 타당성을 제의하려는 시도를 했다(송인섭, 1998).

3. 자아개념의 기능

인간의 실존과 대인관계의 본질이라고 할 수 있는 자아개념은 타인의 영향을 받지만, 인간관계에서 우리가 변화시킬 수 있는 것은 타인이 아니라 바로 나 자신이다. 따라서 자아개념이 인간관계에서 어떤 영향을 미치는지 구체적으로 알아보면 다음과 같다(원호택 · 박현순, 1999).

1) 경험의 여과 기능

자아개념은 세상과 자기 자신을 바라보는 색안경이라고 할 수 있다. 우리가 세상을 정확히 보려면 자신의 안경 색깔을 염두에 두어야 하는 것과 마찬가지로 인간관계의 질을 높이기 위해서는 우선 자기를 파악하는 것이 필요하다. 자아개념은 지각적 여과장치로서 그 사람의 모든 경험과 타인과의 상호작용 내용을 일차적으로 걸러내는 기능을 한다.

2) 자성예언 기능

사람들이 어떤 행위를 해석할 때는 자신이 예견했던 것처럼 자기 생각을 입증하는 방향으로 해석하는 경향이 있다. "말이 씨가 된다."라는 속담이 있듯이 세상일이 우리가 믿고 예견한 대로 되어 가는 것처럼 느끼게 되는 현상이다. 심리학에서는 이를 가리켜 자성적 예언, 자기 충족적 예언(self-fulfilling prophecy) 또는 피그말리온 효과(pygmalion effect)라고 한다. 이는 그리스 신화에 나오는 피그말리온의 이름에서 유래한 심리학 용어이다. 조각가였던 피그말리

온은 아름다운 여인상을 조각하고, 그 여인상을 진심으로 사랑하게 된다. 여신(女神) 아프로디테(로마 신화의 비너스)는 그의 사랑에 감동하여 여인상에 생명을 주었다. 이처럼 타인의 기대나 관심으로 인해 능률이 오르거나 결과가 좋아지는 현상을 말한다.

Rosenthal과 Jacobson(1968)이 실시한 학습에서의 피그말리온 효과(pygmalion in classroom)에 의하면, 미국 샌프란시스코의 한 초등학교에서 전교생을 대상으로 지능 검사를 한 후 검사 결과와 상관없이 무작위로 한 반에서 20% 정도의 학생을 뽑았다. 그 학생들의 명단을 교사에게 주면서 '지적 능력이나 학업 성취의 향상 가능성이 높은 학생들'이라고 믿게 했다. 8개월 후 이전과 같은 지능 검사를 다시 실시했는데, 그 결과 명단에 속한 학생들은 다른 학생들보다 평균 점수가 높게 나왔다. 뿐만 아니라, 학교 성적도 크게 향상되었다. 명단에 오른 학생들에 대한 교사의 기대와 격려가 중요한 요인이었다. 이 연구 결과는 교사가 학생에게 거는 기대가 실제로 학생의 성적 향상에 효과를 미친다는 것을 입증했다. 즉, 학습에서 기대효과가 나타난 것으로 스스로 잘할 수 있다고 믿고, 잘할 것이라고 기대했던 학급의 학생들은 정말 교사가 생각한 대로의 결과를 보여 준 것이다. 이것은 자신에 대해 스스로 만들어 낸 개념 또는 이미지가 곧 행동화되어 나타날 수 있다는 증거이다.

여기서 우리가 알 수 있는 것은 인간관계에서 자아개념은 기대효과를 발휘하기 때문에 긍정적인 자아개념을 가진 사람이 원만한 대인관계를 맺을 수 있고 바람직한 인간관계를 형성하기 위해서는 바로 자신에 대한 긍정적인 평가를 하는 것이 중요하다는 사실이다.

3) 주변 정보의 해석 기능

자아개념은 주변 정보를 해석하는 데에도 영향을 준다. 부정적인 자아개념을 가진 사람은 인간관계나 주변 정보를 받아들이는 데 있어서 몇 가지 특징이 있다. 이들은 우선 비난이나 부정적인 피드백에 보다 민감하고 다른 사람에 대해 비판적이며, 보편적으로 자기 행동이 타인에 비해 열등하다고 평가하기 때문에 전반적인 대인관계에 두려움이 많으며, 다른 사람의 작은 칭찬이나 비판에 지나치게 우쭐해하거나 당황하는 경향이 있다. 반면에 긍정적인 자아개념을 가진 사람은 다른 사람에 대해 호의적이고 타인의 칭찬에 지나치게 우쭐해하거나 당황하지 않는다. 이들은 자신의 장점과 단점을 모두 인정하며 상대방이나 주변에서 벌어지는 사건을 있는 그대로 받아들일 수 있기 때문에 긴장하지 않고 다른 사람과 관계를 맺을 수 있다.

4. 자신을 보는 관점

자신을 어떤 관점에서 보며, 어떻게 대인관계를 맺고 있는가? 인간은 자기의 생각에 대해 사고할 수 있을 뿐만 아니라 동일한 환경이라 할지라도 각기 다른 적응방식을 취할 수 있는 능력을 가진 매우 독특한 존재이다. 자신에 대해서 말해야 할 때 장점보다는 단점이 더 많이 떠올라 당혹스러움을 느꼈던 적은 없었는가? 자신을 어떻게 보느냐는 타인을 어떻게 보고 있느냐 못지않게 중요한데, 자신을 보는 관점에 따라 그 사람의 행동이나 태도가 선택되기 때문이다.

Harris(1969)는 개인이 타인과의 관계 속에서 자아개념을 형성해 가는 단계를 자기부정-타인긍정, 자기부정-타인부정, 자기긍정-타인부정, 자기긍정-타인긍정과 같이 네 가지의 생활자세로 분류하였다. 그가 제시한 네 가지 관점 중 우리가 어떠한 관점을 갖게 되는가 하는 것은 그동안 살아오면서 받았던 타인으로부터의 신뢰와 인정에 의해 결정된다고 하였다. 즉, 많은 사랑과 인정을 받았다면 자기긍정이 강하지만, 주변 사람들로부터 소외되고 무시되었다면 자기부정이 강할 것이다.

첫째, 자기부정-타인긍정(I'm not OK-You're OK)의 단계는 타인의 보살핌을 받아야 생존할 수 있는 영유아기에 해당된다. 자기부정-타인긍정의 사람은 타인의 인정과 승인이 필요한 의존적인 사람이다. 이들은 타인이 자기보다 항상 훌륭하다고 생각하는 태도, 즉 타인을 긍정하지만 자신을 부정하는 태도가 지속되기 때문에 우울하고, 소외되며, 무능력하다고 느끼는 자기비하로 이어진다. 따라서 타인과의 관계 형성을 위해 시간을 보내려고 하지 않는다.

둘째, 자기부정-타인부정(I'm not OK-You're not OK)의 단계는 부모의 일방적인 보살핌과 긍정적인 인정 자극이 끝나는 시기로서, 어린 아기의 시절이 끝나는 때이다. 이때 부모가 냉정하고 쌀쌀맞게 대하면, 아이는 굉장한 충격을 경험하게 되고 생활에 대한 희망을 잃게 된다. 자기부정-타인부정의 사람은 자포자기하거나 무의미한 생활과 시간을 보낸다.

셋째, 자기긍정-타인부정(I'm OK-You're not OK)의 단계는 어린이가 부모의 차가운 태도로 인해 호전적인 태도로 바뀌는 시기로서, Harris는 이 단계를 '범죄적 단계'라고 규정하였다. 이렇게 타인에 대한 부정과 자기긍정의 관점을 가지게 되면, 주위에서 일어나는 모든 문제를 타인의 잘못으로 인한 것이라고 생각하게 된다. 자신의 변화를 통해서 해결해야 하는 문제도 다 남의 탓으로만 돌릴 뿐 아니라, 남들은 늘 자신을 속이려고 한다고 보고 의심하며 믿지 않으려고 한다. 따라서 이러한 사람은 타인을 불신하고 비난하며 관계를 끊으려고 하는 방향으로 나아간다.

넷째, 자기긍정-타인긍정(I'm OK-You're OK)의 단계는 올바른 인간관계를 형성하기 위한 가장 바람직한 관점이다. 위에서 설명한 세 가지 관점과 자기긍정-타인긍정의 관점은 질적인 차이가 있다. 즉, 이전의 세 가지 관점은 무의식적으로 우리가 성장하는 과정에 자리 잡는 것으로 무의식적이고 무비판적인 감정이나 인상에 기초하였다면, 자기긍정-타인긍정의 관점은 우리 스스로 노력하여 자신에 대한 강한 신뢰, 장점, 그리고 타인을 굳게 믿으려는 신의와 일종의 모험이 그 기반이 된다. 이 단계는 자기의 가치와 타인의 가치를 수용하는 의식적이고 언어적으로 내리는 결단이지, 어떤 단순한 감정에 의지하는 느낌의 표현이 아니다. 이 이론의 목적은 앞의 세 가지 자세를 네 번째 자세인 자기긍정-타인긍정의 자세로 변화시키는 것이라고 할 수 있다.

이처럼 사람들이 자신을 어떤 관점에서 보느냐 하는 것은 주로 인간이 자신의 현재 모습을 어떻게 보느냐, 타인이 자신을 어떻게 보고 있다고 생각하느냐, 이상적인 나는 어떠해야 한다고 보느냐 하는 세 가지 측면에서도 분석될 수 있다.

첫째, 나의 횡단적 측면으로서 '현재의 나'를 어떤 측면에서 살펴보고 평가하느냐 하는 것이다. '나'는 육체를 중심으로 다양한 심리적 속성을 지니며, 사회적 관계 속에 얽혀 있는 생물적 · 심리적 · 사회적 존재이다. 인간은 이러한 자신의 여러 가지 측면에 관한 기술적 또는 평가적 정보를 '나'라는 자아개념에 저장하고 있다. 나의 자아개념은 어떠한가? 과연 나는 나에 대해서 어떤 평가를 하고 있는가? 하는 문제이다. 여기서는 현재 나의 성격, 특성, 장단점 등을 잘 파악하는 것이 중요하다.

둘째, 나의 종단적 측면이다. 종단적 자아분석은 '현재의 나'가 형성되기까지의 과정을 추적하는 작업이다. 나의 역사, 즉 성장사에 대해 자서전적 분석을 하는 것이다. 여기서는 나와 나의 가족에 대한 과거사를 이해하고 현재의 나에 대한 영향을 살펴보는 일이 중요하다. 인간은 누구나 뿌리를 가지고 있다. 나의 뿌리에 대한 이해는 자아개념의 이해에 기본적인 것이다. 이는 출생 후 현재까지 어떤 경험을 하며 현재의 나에 이르렀는지를 살펴보는 것으로서, 나의 과거 역사가 현재의 나에 강력한 영향을 미치고 있기 때문이다.

셋째, 나의 무의식적 측면이다. 내가 의식하지 못하지만 나의 행동에 강력한 영향을 미치는 무의식적 갈등이나 심리적 역동과정을 의미한다(권석만, 1997).

자신의 횡단적 측면, 종단적 측면, 무의식적 측면의 통합에 의해 형성되는 자기 자신을 어떻게 보느냐 하는 문제는 여러분이 인간관계 기술을 긍정적으로 정립하느냐, 혹은 부정적으로 정립하느냐? 하는 문제의 기초가 된다.

5. 자아개방

자아개방(self-disclosure)은 자기개방, 자기노출이라는 용어로 사용되기도 하는데, 있는 그대로의 자기 자신을 다른 사람에게 보이는 것을 말한다. 즉, 자신의 생각, 느낌, 선호, 취미, 사상 등 사적인 생활에 대해서 있는 그대로 솔직하게 상대방에게 나타내 보이는 것이다.

Jourard(1971)는 『투명한 자아(*Transparent Self: self-disclosured and wellbeing*)』에서 자아개방을 자신의 정체와 입장을 분명히 밝히고, 자기 자신을 남에게 보여 줌으로써 타인이 자신을 알 수 있도록 하는 행위라고 정의하고 있다.

이렇게 우리가 마음속으로 생각하거나 느끼는 것을 있는 그대로 다른 사람들이 볼 수 있게 행동으로 내보일 수 있게 된다면, 상대방은 나에 대해서 좀 더 잘 이해하고 신뢰하며, 이로써 원만한 인간관계를 형성시킬 수 있게 된다. 즉, 인간관계란 서로를 아는 데서 시작된다.

우리가 나 자신을 자신 있게 상대방에게 개방하기 위해서는 적어도 두 가지 조건이 선행되어야 한다. 먼저, 나 자신에 대한 정확한 이해(self-understanding)가 필요하다. 나는 인간관계의 주체이며, 나를 정확하게 이해하게 되면 상대방에 대한 이해는 저절로 이루어진다. 자기를 정확하게 이해하기 위해서는 우선 자기의 경험에 대해서 개방적이고 수용적이어야 한다. 즉, 어떠한 가식이나 허식을 가지고 현실을 왜곡해서 받아들여서는 안 된다. 현실을 있는 그대로 받아들이고 경험할 수 있어야 한다. 이렇게 거짓과 왜곡됨 없이 자기 경험을 그대로 탐색하는 과정을 통해 자신의 정확한 모습을 보게 되는 것이다.

나를 정확하게 이해하게 되면 상대방도 아울러 이해하게 된다. 나 자신이나 상대방도 다 같은 인간이기 때문에 나를 이해한다는 것은 결국 인간을 이해하는 것이므로, 아직 깨닫거나 발견하지 못했던 인간의 새로운 측면을 인식하는 계기가 된다. 이렇게 되면 아직 이해하지 못했던 다른 사람의 행동까지도 이해하게 되는 결과를 가져온다. 따라서 자신을 이해하는 것은 인간관계 형성의 기본 요건이라고 할 수 있다.

다음으로는 새롭게 발견한 자신을 있는 그대로 받아들이고 인정하는 자아수용(self-acceptance)이 이루어져야 한다. 자아수용은 자기 자신의 신체적 조건이나 생리적 현상 또는 자신의 느낌, 생각, 행동, 가치관, 성격 및 자신이 처한 상황 등을 그대로 받아들이는 태도이다. 즉, 아무 조건 없이 있는 그대로의 나의 모습을 인정하는 것이다. 이렇게 자기를 수용하는 것은 나를 하나의 독립된 개체로 인정하는 것이며, 나의 인간으로서의 존재 가치를 인정하는 것이다.

이와 같은 자아이해와 자아수용은 인간관계에서뿐만 아니라 건전한 성장 · 발달을 위해서도 필수 요건이 된다.

그러나 사람들은 아직 상대방을 알기 전에는 자기 자신을 보호하기 위해 상대방에 대해서 매우 방어적이다. 이는 현대사회의 특성상 서로 자주 접촉할 기회가 없고, 또한 나 자신을 상대방에게 공개하면 상대방이 나의 부정적인 측면을 알고 나를 싫어하거나 나를 불리하게 만들 것이라는 우려 때문이다. 이처럼 피상적이고 방어기제를 통해 상호작용을 하고 있는 동안은 바람직한 인간관계를 발달시키기가 힘들다. 즉, 의례적인 인사말이나 일상적인 대화만을 주고받기 때문에 피상적인 인간관계에 머물게 된다. 이럴 때 어느 한쪽이 과감하게 자기를 개방하면 상대방도 개방하게 되고, 따라서 서로를 이해하는 폭이 넓어지고 신뢰하게 되며 깊은 인간관계를 발전시켜 나갈 수 있게 된다.

미국의 심리학자 Joseph Luft와 Harry Ingham은 자신의 이름을 따서 [그림 4-2]와 같은 'Johari의 창(Johari Window)'이라는 자아개방 모형을 개발하였다(Luft, 1969). 이 모형을 통하여 인간관계에서의 자아개방의 중요성과 의의를 보다 잘 이해할 수 있기 때문에 여러 분야에서 많이 인용되고 있다.

Johari의 창은 원래 자아개방과 피드백의 두 가지 개념을 명료화하기 위해 만들어진 것으로서, 건강한 자아개념이 대인관계에 영향을 줄 수 있을 뿐만 아니라 친밀한 대인관계를 통해 자기 자신을 아는 데 얼마나 큰 도움을 받을 수 있는지를 안내하고 있다. 신뢰 수준이 더 높아지고, 어떤 사람이 기꺼이 모험을 감행하려고 하면 할수록 사람은 더욱더 자아를 공개할 것이다. 또한, 내가 보는 상대방에 대한 나의 생각을 전해 주는 피드백 과정을 통해 서로 간의 상대방에 관한 느낌과 생각을 전함으로써 스스로가 어떻게 개방되는지 설명해 주고 있다.

[그림 4-2]와 같이 Johari의 창은 자신과 타인에게 알려진 부분과 알려지지 않은 부분의 조합에 의해 개방된 영역(open), 지각하지 못하는 영역(blind), 숨겨진 영역(hidden), 알려지지 않은 영역(unknown)으로 이루어져 있다.

	자신에게 알려짐 (known to self)	자신에게 알려지지 않음 (unknown to self)
타인에게 알려짐 (known to others)	개방된 영역 (open)	지각하지 못하는 영역 (blind)
타인에게 알려지지 않음 (unknown to others)	숨겨진 영역 (hidden)	알려지지 않은 영역 (unknown)

[그림 4-2] Johari의 창

출처: Luft(1969).

첫째, 개방된 영역은 나 자신에 대해서 내가 알고 동시에 타인이 알고 있는 부분을 말한다. 이 영역에서는 자신에 대한 정보가 공개되어 있어서 서로가 서로에 대해 알고 있는 부분이다. 예를 들면, 이름, 성별, 직업 등 남들이 잘 아는 부분이 있을 때를 지칭하는 영역이다.

둘째, 지각하지 못하는 영역은 남들은 잘 알지만 자기 자신은 모르고 있는 자기의 모습이다. 예를 들면, 내가 가지고 있는 이상한 버릇이나 비언어적인 상투적 행동 특성 등은 나보다 다른 사람들이 더 잘 알고 있는 경우가 많다.

셋째, 숨겨진 영역은 자기만 알고 남들은 잘 모르는 나의 모습이다. 겉으로 표현하지 않은 생각, 느낌, 나만이 지니고 있는 나 자신에 대한 약점, 비밀, 콤플렉스 등이다. 사람들은 자신이 신뢰하지 않는 사람들에게는 나에 대한 이러한 정보를 절대 알려 주지 않을 것이다. 왜냐하면 타인에게 숨겨진 영역이 드러날 경우 약점 잡히고, 상처받으며, 공격받기 쉽다고 생각하기 때문이다. 그러나 타인이 나에게 얼마나 의미 있고 신뢰할 만한 사람인가에 따라 이 숨겨진 영역의 범위는 점차 축소된다.

넷째, 알려지지 않은 영역은 자기 자신에 대하여 나와 타인 모두 모르는 미지의 부분이다. 그러나 어떤 사람들은 심리치료, 충격적인 경험, 우발적인 사건 등에 의해 전혀 알지 못했던 정보가 표면화되기도 한다. 예를 들어, Freud는 인간을 움직이는 힘은 무의식의 세계라고 하였다. 이 무의식의 세계, 즉 우리가 가지고 있으면서도 알 수 없는 세계가 바로 알려지지 않은 영역이다.

인간관계 발달을 위해서는 자아개방과 함께 피드백(feedback)도 중요하다. 피드백이란, 상대방에게 그의 의사소통에 대한 반응을 보여 주는 것이다. 즉, 우리는 자기 자신에 대해서 잘 모르고 있는 부분이나 모습을 타인의 피드백을 통해 알게 되는 것이다. 이처럼 피드백은 타인들이 우리를 개방적이고 수용적이라고 지각하고 이해할 때 일어난다.

자아개방과 피드백 과정이 알려지지 않은 영역에서 개방된 영역으로 새로운 정보의 이동을 촉진시키기도 한다.

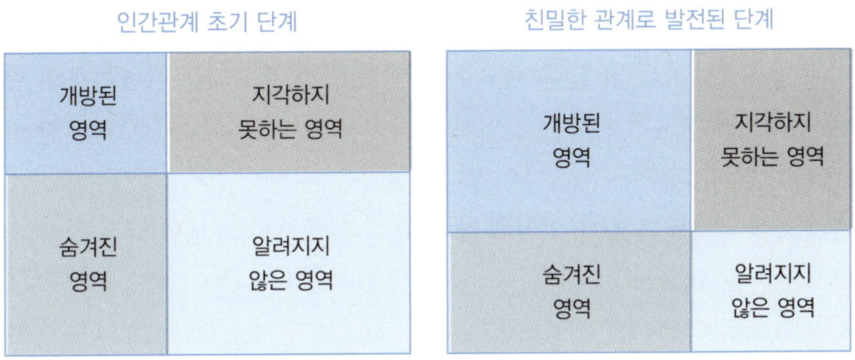

[그림 4-3] 인간관계의 발전 정도에 따른 Johari의 창

출처: Luft(1969).

[그림 4-3]의 인간관계의 발전 정도에 따른 Johari의 창에 의하면, 인간관계 초기에는 개방된 영역이 매우 작지만 관계가 점차 발달하고 신뢰 수준이 증가하면 이 영역이 점차 커진다. 마치 미팅에서 처음 만난 두 남녀가 일상적이고 상투적인 대화만을 나누다가 서로 신뢰와 애정이 깊어가면서 대화의 폭을 점차 넓혀 가는 것과 같다. 두 사람 사이에 있는 신뢰성, 개방성, 수용성 수준은 앞으로 있을 수 있는 자아개방과 피드백의 정도를 결정하는 데 매우 중요한 요인이다.

이 모형에 의하면, 바람직한 인간관계의 발달이란, 지각하지 못하는 영역, 숨겨진 영역, 알려지지 않은 영역을 줄이고 개방된 영역을 확장하는 것을 의미한다. 결국, 우리는 특별히 자아개방의 용기와 훈련이 필요한데, 이러한 자아개방을 통해 자기성장은 물론이고 타인과의 효과적인 관계를 형성하고 발전시켜 나갈 수 있다.

6. 자아개념 증진

바람직한 인간관계 형성을 위해 긍정적인 자아개념을 형성하는 것이 중요하다는 것을 알 수 있다. 할 수 있다는 신념과 함께 계속되는 사람들과의 관계 속에서 긍정적인 자기 모습을 발견하고 그것을 가꾸어 가는 일은 건전한 사회의 초석이 된다.

긍정적인 자아개념을 갖기 위해 할 수 있는 방법을 알아보면 다음과 같다(원호택 · 박현순, 1999).

1) 긍정적인 자기대화하기

자기대화(self-talk)란, 자기 자신과 이루어지는 내면적 의사소통이다. 자기대화의 내용은 자아존중감에 따라 다르다. 대부분의 사람은 어려운 일을 앞두고

"난 해낼 수 있어."라고 거듭 다짐하거나 "나로서도 어쩔 수 없어. 내 힘으로는 안 되는 일이야."'라고 스스로 되뇌었던 경험이 있을 것이다. 이와 같은 형태의 긍정적인 자기대화는 자기 가치감을 높여 줌으로써 인간관계 및 행동 전반에 걸쳐 긍정적인 영향을 주게 될 것이다. 글로벌 벤처의 요람 실리콘밸리에서 맨몸으로 성공 신화를 이룩한 한국 여성 CEO 김태연(라이트하우스 회장)은 "He can do, She can do, Why not me?"라는 긍정적인 자기 대화를 통해 오늘의 자리에 오를 수 있음을 강조한 바 있다. 그러나 긍정적인 자기대화의 내용은 무엇보다 현실감이 있어야 한다. 하루아침에 기적적인 일이 일어나 만사형통할 것이라는 자기대화는 환상일 뿐, 현실적으로는 전혀 도움이 되지 않는다. 긍정적이고 현실적인 자기대화를 위해서는 반드시 노력이 뒷받침되어야 한다.

2) 시각화하기

시각화(visualization)란, 원하는 것을 이룬 순간이나 바람직한 행동을 했을 때 어떠할 것인지 그 상황을 영상으로 그려 보는 방법이다. 예를 들어, 올림픽 대표선수들이 힘든 훈련과정 중 자신이 올림픽 금메달을 목에 걸고 시상대에 올라 애국가가 울려 퍼지는 감동적인 장면을 시각화해 본다. 또한, 많은 사람 앞에서 연설하거나 발표할 때 자신감이 없고 두려움을 느끼는 사람에게 연설과 발표를 잘 마무리한 장면과 같은 긍정적인 결과를 상상으로 그려 보는 훈련은 자아존중감 향상에 도움이 된다. 물론, 이와 같은 시각적 장면도 현실성이 있어야 하고, 구체적인 노력이 뒷받침되어야 한다.

3) 비교하지 않기

우리는 태어나기 전부터 수많은 비교의 대상이 되었을 뿐만 아니라 살아가면서 스스로도 타인과 많은 비교를 하곤 한다. 이때 다른 사람이 나보다 나은 것이 무엇인지 찾아보는 비교보다는 다른 사람과 다른 나만의 독특한 점을 찾기 위한 비교가 바람직하다. 건강하고 긍정적인 자아개념이란, 타인의 평가나 판단에 달려 있는 것이 아니라 스스로를 인정하는 데서 출발한다. 그러므로 다른 사람과 자기를 비교하기보다 자신의 어제와 오늘 그리고 오늘과 내일을 비교하도록 하자.

4) 새로운 시각 갖기

세상사는 마음먹기에 달려 있다. 누구나 때때로 하는 일에 실패하곤 한다. 그러나 유별나게 자기는 운이 없으며 일이 풀리지 않고 갈수록 꼬여 되는 일이 하나도 없다(Murphy's law: 머피의 법칙)고 불평하는 사람들이 있다. 예를 들면, 마트에서 계산하기 위해 제일 짧다고 생각한 계산대를 선택해서 줄을 서도 항상 계산 속도가 늦다고 느끼는 경우 등이 있다. 반면에, 하는 일이 잘 풀리고 계속해서 자신에게 유리한 일만 일어난다(Sally's law: 샐리의 법칙)고 생각하는 사람도 있다. 이처럼 문제 상황을 또 다른 관점에서 보는 새로운 조망은 새로운 행동을 이끌어 낼 수 있으며, 긍정적인 자아개념을 형성할 수 있도록 도울 것이다.

실패했다고 거기에 파묻혀 절망하거나 집착하기보다 새로운 안목으로 그 상황을 다시 볼 때 해결의 실마리를 찾을 수 있는 가능성이 생긴다. 그렇다고 해서 모든 실패나 부정적인 경험을 가볍게 떨쳐버리라는 것은 아니다. 왜냐하면 인간은 실패를 통해 배우고 성장하기 때문이다.

5) 솔직하고 친밀한 인간관계 갖기

옳고 그른 가치판단이나 비판적인 평가 없이 이야기를 들어 주고 자신의 말에 대해 자기의 솔직한 생각이나 감정을 말해 주는 신뢰할 수 있는 친구나 동료가 있다면 그 사람은 외롭지 않을 것이다. 믿을 만한 사람의 말일수록 우리는 그 사람의 말에서 힘을 얻는다. 신뢰하는 상대의 솔직한 말 한마디, 긍정적인 지지는 우리 인생에 용기를 북돋워 준다. 그러나 이와 같은 피드백은 그들이 여러분을 개방적이고 수용적이라고 지각하고 이해할 때만 일어날 수 있다는 것을 명심해야 한다. 솔직한 피드백을 줄 수 있는 믿을 만한 친구와의 만남은 당신의 긍정적인 자아개념 형성에 영향을 줄 수 있을 것이다(김혜숙 외, 2016).

제5장

의사소통

자신의 감정이나 의견을 효과적으로 주고받을 수 있는 대인 간 의사소통의 기술은 바람직한 인간관계 형성과 유지를 위한 필수적인 요소이다. 이 장에서는 의사소통의 개념, 과정, 유형, 장애요인, 그리고 효과적인 의사소통을 위한 내용들을 살펴보고자 한다.

1. 의사소통의 개념

의사소통은 공통 또는 공통성을 의미하는 라틴어 'communis'를 어원으로 한다. 그 본래의 의미를 살펴보면, 둘 또는 그 이상의 사람들 사이에 서로 어떠한 공통성을 만들어 내는 과정으로, 사실, 생각, 의견 또는 감정의 교환을 통하여 공통적 이해를 달성하고 상대방의 의식이나 태도 또는 행동에 변화를 일으키게 하는 일련의 행동이다(김정리, 2003).

미국의 사회학자 Cooly(1910)는 의사소통을 인간관계를 존재하고 발전하게 하는 '메커니즘(mechanism)'이라고 하였다. 즉, 인간은 의사소통을 행하는 가운데 관계를 형성시키고 발전시켜 왔는데, 의사소통을 잘한다는 것은 말하는 사람이 정보를 정확히 잘 전달하며 듣는 사람이 말하는 사람의 말을 정확히 잘 듣는다는 것을 의미한다(김혜숙 외, 2000). 그러므로 의사소통이란, 인간과 인간 사이에서 언어를 통해 상호 간에 공감이 성립되도록 하는 과정(process)이라고 할 수 있다(권연옥, 1997).

"말 한마디로 천 냥 빚을 갚는다."라는 속담이 있다. 말만 잘하면 어려운 일이나 불가능해 보이는 일도 해결할 수 있다는 말이다. 이와 같은 의사소통은 조직 내 협동행위의 전제조건이며 개인과 개인, 개인과 집단 간 조정의 수단이 되며, 개인과 부서에 대한 정보의 제공과 조직을 위한 합리적인 의사결정의 수단이 된다. 아울러 조직 구성원 간의 갈등을 해소하는 수단이며, 조직을 통솔하고 구성원의 사기를 높이는 수단이 된다. 의사소통의 주요한 기능을 구체적으로 살펴보면 다음과 같다(조경덕 · 장성화, 2012).

1) 통제

통제는 의사소통을 통해 집단 내 구성원들의 활동을 통합하고 조정함을 의미한다. 직무와 관련하여 구성원들의 책임과 권한을 명확하게 규정하는 것과 관련이 있다. 즉, 의사소통 과정에서 통제를 통해 해야 할 행동을 규정하고, 하지 말아야 할 행동을 제한하게 된다.

2) 동기부여

동기부여는 의사소통을 통해 구성원들에게 행해져야 할 것이 무엇이고 그것이 어떻게 행해질 수 있으며, 또 성과를 높이기 위해 무엇이 행하여질 수 있는가를 분명히 해 줌을 의미한다. 구성원들을 자극하고 격려하며 집단목표 달성에 몰입할 수 있도록 유도한다. 즉, 자신의 생각을 다른 사람에게 의사표현을 함으로써 상대방의 가치관과 생활방식 등에 영향을 미치게 되어 새로운 삶의 안내 역할을 하게 된다.

3) 감정표현

감정표현은 의사소통을 통해 구성원들의 욕구불만과 만족감이 표출됨을 의미한다. 집단은 사회적 상호작용이 일어나는 일차적인 장이며, 이 집단 내에서 이루어지는 의사소통은 감정분출과 사회적 욕구충족을 위한 수단이 된다. 즉, 의사소통에 의해서 자신의 감정을 상대방에게 표현함으로써 공감을 주고 자신의 감정을 이해할 수 있도록 만든다.

4) 정보제공

정보제공은 의사소통을 통해 구성원들이 의사결정과정에 참여하고 필요한 정보와 자료를 교환함을 의미한다. 즉, 자신의 생각과 감정을 표현함으로써 상대방에게 새로운 정보를 제공하게 된다.

2. 의사소통의 과정

의사소통은 송신자와 수신자 간에 주고받은 메시지를 기호화하고 해독하며 피드백하는 과정을 통해 이루어진다. 메시지는 일반적으로 의사소통자가 전달하고자 하는 언어적 · 비언어적인 신호 또는 상징이다. 발신자는 메시지를 보내는 사람이며, 수신자는 메시지를 받는 사람이다. 이 과정에서 발신자와 수신자는 메시지를 만들고, 변환하며, 해독하는 인지적 과정을 경험한다. 이때 기호화는 발신자가 의도한 메시지를 상징적인 형태로 전환하는 것이며, 해독은 수신자가 메시지를 재번역하는 것이다. 기호화와 해독과정을 통해 메시지를 해석하고 이해하게 되며, 개인은 이를 통해 의미를 구성한다. 그런 다음 수신자는 처음의 메시지에 대한 반응을 하게 되는데 이를 피드백이라고 한다.

의사소통의 기본 과정 모델은 [그림 5-1]과 같다.

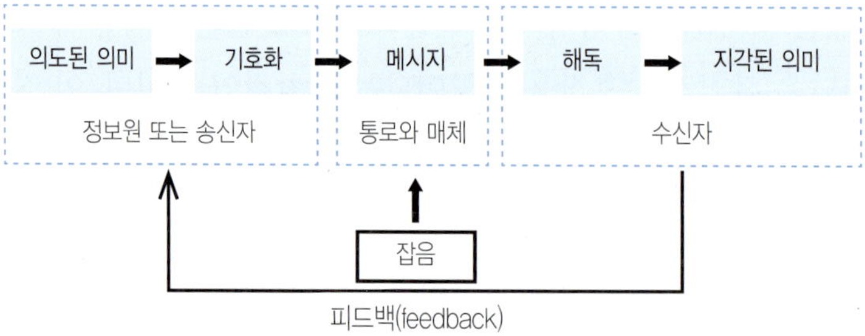

[그림 5-1] 의사소통의 과정

출처: 장성화(2021).

1) 송신자

송신자(sender)는 자신의 생각, 감정, 의도 등의 메시지를 전달하는 사람을 의미한다. 그런데 전달하는 과정에서 송신자의 목소리나 말투, 분명하지 않은 음성이나 감정상태 등으로 인하여 메시지가 잘못 전달될 가능성이 있으며, 전달과정에서 메시지의 내용이 왜곡되거나 변형, 삭제 및 소멸 등의 현상이 나타나 정확한 내용의 전달을 어렵게 할 수 있다.

2) 기호화

기호화(encoding)는 전달자의 의도를 송신하기 위해 적당한 메시지로 전환하는 것을 의미하며, 기호화의 방법으로는 주로 언어상징(구두 및 문서를 포함)을 이용하지만, 비언어상징(예를 들어, 교통신호, 사이렌, 컴퓨터 언어 등)과 같은 물리적 언어와 각종 신체적 언어(body language)도 이용한다(임영제 외, 2007). 이 밖에도 다양한 방법을 통해 생각이나 전달하고자 하는 메시지를 기호화할 수 있다.

3) 메시지

메시지(message)는 의사소통 과정에서 주제가 되는 것으로, 언어적 혹은 비언어적 형태를 취할 뿐만 아니라 내용과 관계라는 두 가지 요소가 포함된다(김종운, 2021). 즉, 내용요소는 전달하고자 하는 메시지의 주제를 가리키며, 관계요소는 송신자의 수신자에 대한 관계, 즉 소속, 통제, 애정 등의 욕구가 내재된 형태를 의미한다. 예를 들어, 마음에 드는 이성을 보고 옆에 가서 "시간 있으세요?"라고 묻는 경우에 중요한 점은 상대의 시간이 있는지의 여부가 아니라 "함께 시간을 보내고 싶다."라는 의미를 지니고 있는 데서 찾을 수 있다. 인간관계에서 효과적인 의사소통을 하기 위해서는 상대방이 전달하고자 하는 메시지의 내용요소뿐만 아니라 관계요소까지 정확히 간파하는 것이 필요하다.

4) 매체

매체(medium)는 메시지의 전달수단을 말한다. 조직이나 구성원들에게 메시지를 전달하는 데 사용하는 수단으로, 대화, 전화, 회의, 서면보고, 차트, 메모, 컴퓨터, 인터넷 등 다양한 방법이 있다. 대화를 통한 메시지는 당연히 청각적인 채널로 전달받지만, 일반적으로 메시지는 언어적 내용뿐만 아니라 청각채널에 포함된 말하는 사람의 억양이나 표정 등 다양한 감각 채널을 통해 동시적으로 정보를 전달받는다(김은영 · 이규은, 2014).

5) 수신자 및 해독

수신자(receiver)는 발신자의 메시지를 듣고 받아들이는 사람이다. 수신자에게 도착한 메시지는 다시 상징의 의미로 전환되는 과정을 거치는데 이를 해독(decoding)이라 한다. 해독은 메시지를 해석하는 수신자의 의사과정을 나타내는 것으로, 접수된 메시지는 아이디어, 사고 및 감정 등으로 해석된다. 해석되는 과정에 있어서 기호에 의한 동일한 의미를 전달했다 하더라도 수신자의 퍼스낼러티와 같은 개인적 특성이 의사소통 과정에 영향을 미칠 수 있기 때문에 상대방이 전달하고자 한 메시지와 다른 내용으로 전달될 가능성이 상존한다(김은영 · 이규은, 2014).

6) 피드백

피드백(feedback)은 송신자와 수신자를 연결하여 송신자의 메시지가 수신자에게 제대로 전달되고 정확히 이해될 수 있게 한다. 송신자는 수신자의 피드백을 통해 자신의 의사소통 방법을 수정하거나 보완함으로써 메시지가 보다 정확하게 전달되도록 한다. 상대의 이야기에 대해 추가적인 질문을 한다거나 이해한 것이 맞는지를 확인해 보는 것과 같은 언어적 방법이 사용될 수 있으며, 표정이나 무언의 행동을 통한 비언어적 피드백도 있다(김혜숙 외, 2021).

7) 잡음

잡음(noise)은 정보를 송신하거나 수신하는 과정에서 일어나는 일종의 장애로, 의사소통 과정에 개입하여 의도한 메시지를 왜곡시키는 일체의 요인을 말한다. 이러한 의사소통을 방해하는 잡음은 물리적 · 개인적 · 상황적 잡음으로 구분된다. 첫째, 물리적 잡음은 수업시간에 교실 밖에서 들려오는 시끄러운 공사장 소리, 차량통행 소리, 비행기 소리 등으로 선생님의 수업을 듣기 어렵게 한다. 둘째, 개인적 잡음은 각 개인이 가지고 있는 고정관념 및 편견, 과거의 경험 등으로 의사소통하는 과정에 작용하여 소통되는 메시지를 왜곡시킨다. 셋째, 상황적 잡음은 폐쇄적인 조직풍토, 관료적 구조, 권위적 리더, 구성원 간의 불신과 억압적인 상황 등으로 의사소통 과정에 개입하여 메시지를 왜곡한다.

이상에서 살펴본 바와 같이 대인관계에서의 의사소통은 메시지를 송신하고 수신하는 두 가지 활동이 양방향으로 이루어진다. 메시지에는 '내용(사용된 말)'과 '관계(말속에 내포된 감정)'의 두 가지 정보가 있으며, 양방적 의사소통은 이러한 메시지의 내용정보와 관계정보에 대한 피드백을 서로 주고받는 송신과 수신의 과정을 의미한다(김혜숙 외, 2021).

3. 의사소통의 유형

의사소통은 여러 유형으로 나누어지는데, 여기에서는 공식적 의사소통과 비공식적 의사소통, 수직적 의사소통과 수평적 의사소통, 일방적 의사소통과 쌍방적 의사소통, 언어적 의사소통과 비언어적 의사소통, 기능적 의사소통과 역기능적 의사소통으로 구분하여 살펴보기로 한다.

1) 공식적 의사소통과 비공식적 의사소통

의사소통의 채널에 따라 공식적 의사소통(formal communication)과 비공식적 의사소통(informal communication)으로 나눌 수 있다. 공식적 의사소통은 공식적 조직에서 공적인 권한의 계층에 따라 정보와 지식이 소통되는 절차와 경로가 합리적이고 계획적인 의사소통을 말한다. 이것은 정책결정과 지시사항의 전달, 관리층에 대한 부하직원의 보고, 제안의 전달, 조직의 목적 등을 구성원에게 전달 등의 특징을 지닌다. 공식적 의사소통은 의사소통이 확실하고 편리하며, 권위관계를 유지 · 향상시키며, 전달자와 수신자의 책임 한계가 명확하다는 장점이 있다. 반면에 단점으로는 조직 내의 의사소통을 완전히 충족 못하며, 인간의 다양한 내면을 충실히 반영 못하고, 조직 내의 인간관계적 욕구를 충족시키지 못하며, 조직의 경직화를 야기하고, 융통성이 없고 획일적인 조직을 운영하며, 보고기간이 길어 사무를 지연하는 경향이 있다.

비공식적 의사소통은 조직에서의 비공식적 인간관계에 의한 의사소통이며, 풍문, 전화, 메모, 소문, 접촉 등을 통해 이루어진다. 비공식적 의사소통은 비공식적 채널을 통해 구성원 간 정보와 피드백을 제공받기도 하며, 사적이고 친밀한 대화를 촉진하여 사회성 및 소속욕구를 충족할 수 있다는 효과가 있다. 그리고 공식적 의사소통으로는 전달될 수 없는 느낌, 기분, 감정 등을 표현하고 전달할 수 있어 구성원의 만족감을 높여 주기도 한다. 반면에 비공식적 의사소통은 불충분하고 부정확한 정보의 왜곡이나 메시지의 와전 현상 등이 일어날 수 있으며, 사적인 감정이 반영되어 합리적이지 못한 단점도 있다.

2) 수직적 의사소통과 수평적 의사소통

의사소통의 방향에 따라 수직적 의사소통(vertical communication)과 수평적 의사소통(horizontal communication)으로 구분할 수 있다. 수직적 의사소통은 위계구조 속에서 상이한 수준을 통해 의사소통이 상하로 흐르는 것을 말한다. 수직적 의사소통은 의사소통이 이루어지는 방향에 따라 하향적 의사소통(top-down), 상향적 의사소통(bottom-up)으로 다시 구분된다. 하향적 의사소통은 조직의 위계 또는 명령계통에 따라 상급자에서 하급자에게 전달되는 것으로서, 명령과 일반적 정보 등이 있다. 명령은 지시, 훈령, 발령, 규정, 요강, 고시, 회람 등이며, 일반적 정보는 기관지, 편람, 예규집, 벽신문, 구내방송 등이 있다. 상향적 의사소통은 하급자의 성과, 의견, 태도 등이 상위의 계층으로 전달되는 의사소통으로서 면담, 제안제도, 직원의견제도, 고충처리제도 등이 있다.

반면에 수평적 의사소통은 동일 계층의 수준에 있는 구성원이나 부서 간 의사소통으로 상호작용적 의사소통이라고도 한다. 하향적 메시지의 흐름이 대개 권위적인 데 비해서, 수평 흐름에 의한 메시지 내용은 주로 협력적 성격을 띠며, 그 왜곡의 정도도 덜하다. 근래에 와서 수평적 의사소통의 중요성이 크게 인식되어 왔는데, 그 이유는 각 구성원 간 및 부서 간 갈등을 관리하고 조정 활동을 강화함으로써 조직목표 달성이 보장되기 때문이다. 특히, 계층이 많은 대조직의 경우 서로를 경쟁관계 또는 적대관계로 인식하거나 소위 할거주의(sectionalism) 경향으로 인해 수평적 의사소통이 원활히 이루어지지 못하는 경우가 많다. 따라서 이런 경우 부서 간의 연결 역할을 전달하는 개인이나 부서를 공식적으로 설정하기도 한다(김은영 · 이규은, 2014).

3) 일방적 의사소통과 쌍방적 의사소통

공식적 의사소통은 전달되는 메시지의 방향에 따라 일방향 의사소통과 양방향 의사소통으로 구분된다. 일방향 의사소통은 일방적인 것으로, 발신자에 의해 시작되어 수신자에서 끝나는 것이다. 명령이나 지시와 같이 전달자가 수신자에게 일방적으로 메시지를 전달하는 것이다. 예를 들어, 선생님이나 부모가 잘못을 한 학생이나 자녀를 훈육한다든지 직장 상사가 부하 직원에게 지시를 하는 것이 여기에 해당한다.

반면, 양방향 의사소통은 의사소통에 참여하는 모든 사람이 의견을 주고받는 상호교환적 · 상호작용적 과정이다. 그렇기 때문에 대화가 일방적으로 이루어지는 것이 아니고 말하는 사람과 듣는 사람의 역할이 고정되어 있지 않다.

4) 언어적 의사소통과 비언어적 의사소통

인간은 언어를 사용하여 자신의 생각과 감정을 서로 소통한다. 언어는 한 사회의 표준화된 의사소통 매체이며, 사회 구성원이 공유하는 상징적 기호이다. 언어적 의사소통은 구두에 의한 의사소통과 문서에 의한 의사소통으로 나눌 수 있다. 구두에 의한 의사소통은 사람들과 직 · 간접적으로 대면하거나 구두로 이루어지는 의사소통으로서, 즉시성, 신축성, 융통성, 비밀보장성 등의 장점이 있으나 전달 대상이나 내용에 따라 방식을 달리하거나 제한된 방식을 활용해야 하며, 전달 내용이 구성원 전체에 해당하거나 중요하고 복잡할 때는 사용하기 어렵다. 문서에 의한 의사소통은 공문서, 보고서, 지침, 메모, 편지, 회람, 안내서, 이메일, 메신저 등이 포함된다. 이는 장기적으로 보존할 필요가 있을 때, 중요하고 복잡한 내용을 정확하고 획일적으로 전달할 필요가 있을 때, 구성원이 지리적으로 분산되어 있을 때, 수신자의 반응을 확인하기 어려울 때 효과적이다. 그러나 문서에 의한 의사소통은 전달된 문서의 의미와 맥락에 대한 파악이 어렵고, 전달자의 의도와 정서 파악이 난해하며, 수신자의 다양한 욕구를 고려하지 못하며, 비밀이 누설되기 쉽다는 단점이 있다.

흔히 말하고, 듣고, 쓰고, 읽는 과정에서 언어가 전달되고 수용되지만, 언어만으로는 인간의 모든 생각과 감정을 전달할 수 없다. 언어적 의사소통의 보완을 위해서 비언어적 의사소통도 중요하다. 말의 내용인 언어적 요소가 의사소통에서 미치는 영향은 7%에 불과하고 청각적 요소와 시각적 요소가 93%를 차지하기 때문이다. 비언어적 의사소통은 신체 언어 및 몸짓, 상징적 가치를 가진 물체 또는 인공물, 접촉, 기타 비언어적 상징물 등으로 이루어진다. 비언어적 의사소통은 직접적 대면관계에서 나타나는 것으로서, 상대방에게 호감 혹은 반감, 존경 혹은 무례, 관심 혹은 무관심, 친근감 혹은 소외감 등을 전달하는 방법이 된다. 그런데 이러한 비언어적 의사소통 방식은 특수한 문화적 상황에서 학습된 것이어서 문화에 따라 의미가 크게 다를 수 있기 때문에 해석에 주의가 필요하다.

5) 기능적 의사소통과 역기능적 의사소통

Satir(1988)는 의사소통에 대해 개인의 경제적 · 사회적 계층에 관계없이 기본적으로 인간관계를 필요로 하는 인간의 정서적 관계라고 하였으며, 의사소통의 일치성과 불일치성을 중요하게 다루었다. 그녀는 의사소통의 유형을 기능적 의사소통과 역기능적 의사소통으로 구분하였다. 기능적 의사소통의 유형으로는 일치형이 있는데, 이것은 의사소통의 내용과 방법이 일치하는 것, 즉 전달하는 내용과 정서가 일치하는 것을 말한다. 이때 정서에는 목소리의 특징, 얼굴표정, 몸짓, 신체의 자세, 음조, 피부색, 호흡 등이 포함된다. 일치형 의사소통은 자아존중감이 높고 성숙하고 기능적이고 책임감이 있는 진실한 인간의 의사소통 방법이다.

한편, 상호 간의 메시지가 불일치할 때는 의사소통에 따른 역기능이 일어나며, 대부분 의사소통 과정에 긴장감이 작용할 때 이런 현상이 나타난다. 이렇게 긴장감이 있는 상황에서 사람이 자신을 방어하기 위한 대처의 형태로 긴장을 처리하는 공통된 방법을 역기능적 의사소통, 즉 생존유형(survival stances)이라 하였으며, 비난형, 회유형, 초이성형, 산만형의 네 가지 유형으로 분류하였다. 역기능적 의사소통은 언어적 메시지와 비언어적 메시지가 불일치한 이중메시지를 전달하는 것인데, 각 유형에 대해 살펴보면 다음과 같다(홍경자, 2007; 민혜영 외, 2018).

첫째, 회유형의 의사소통을 쓰는 사람은 자신의 가치를 부정하고, 다른 사람의 제안과 기분에 맞추려고 하여 반대의견을 제시하지 않는다. 그래서 남이 제안하는 것에 대부분 동의하고 반대의견을 제시하지 않는다. 즉, 자기 가치와 감정을 무시하며, 다른 사람에게 나의 힘을 넘겨주고 모두에게 동의하는 말을 하는 유형이다. 회유형은 나 자신이 느끼는 감정보다는 상대방에게 "예."라고 대답하는 것이 중요하다고 생각한다. 이러한 태도는 자기 자신에 대해 무가치성을 표현하게 됨으로써 역기능적 의사소통의 대표적 유형이다.

둘째, 비난형은 회유형과는 정반대의 의사소통 유형이다. 이 유형은 독선적이고 명령적인 의사소통을 하며, 자신이 다른 사람보다 우월하다는 것을 보여 주기 위해 타인의 말이나 행동을 인정하는 대신 비난하고 통제한다. 또한, 다른 사람의 약점을 찾아내 지적하는 한편, 자신의 약점을 수용하지 않으려 한다. 사실, 자신의 무의식적 내면에는 낮은 자존감이 존재하지만, 그러한 면이 드러날까 봐 자신을 보호하기 위해 오히려 타인을 괴롭히고 환경을 탓한다. 이 유형은 타인에 대한 기대로 인해 문제가 생기기 때문에 기대부분을 일차적으로 탐색하는 것이 효과적이다.

셋째, 초이성형은 감정보다는 정확하고 이성적이며 원칙을 중시한다. 또한, 융통성이 결여되어 있으며, 강박적으로 실수 없는 행동을 하고자 애쓴다. 어떤 감정을 내보이지 않고 객관적인 의사소통을 하기 때문에 대인관계에서 경직되어 있고 재미가 없다. 따라서 대인관계에서는 융통성이 결여되어 원칙 중심적이고 재미없으며 강박적이다. 이 유형의 사람에게는 자신과 타인을 존중하고 수용하는 것을 알려 주어야 한다.

넷째, 산만형은 생각이 자주 바뀌고, 주재와의 관계성이나 일관성과 요점이 없는 말을 주저리 나열하며 혼란된 행동을 빈번히 보인다. 혼자 바쁘고, 계속 움직이고, 주제에 주의집중을 하지 못한다. 이런 유형의 사람은 생각이 자주 바뀌고, 동시에 혼란스러운 행동이 빈번하며, 어떠한 특별한 주제에 초점을 집중하기 어렵다. 이 유형의 사람은 자기, 타인 그리고 상황을 모두 알아차리고 존중해 주는 것이 필요하다.

Satir는 이러한 의사소통 방식은 어린 시절부터 원가족과의 관계에서 형성되어 고착하는 것이라고 하였다. 그리고 의사소통의 내용과 내면의 감정이 일치하는 일치형을 제외한 네 가지의 역기능적 의사소통 유형이 굳어지는 것이 의사소통에서의 문제라고 보았다. 특히, 역기능적 의사소통 유형은 자기감정을 숨김으로써 상처받지 않으려는 방어기제이기 때문에 청소년기에 진정한 관계 형성 및 자아존중감 발달에 부정적인 영향을 끼칠 수 있다. 그러므로 가정과 학교에서는 청소년기의 역기능적 의사소통 유형을 기능적 의사소통 유형으로 바꿀 수 있도록 노력해야 한다(김종운, 2021).

〈표 5-1〉 Satir의 의사소통 유형 특징

의사소통 유형		주요 언어표현	내적 정서상태	주요행동	해설
기능적 의사소통	일치형 (자신, 타인, 상황 모두 존중)	• 언어적 메시지와 억양, 표정, 자세, 내부 정서 등이 일치함 • 언어에 진솔한 감성이 묻어남 • 직접적 의사소통을 함	• 나는 나의 본연의 모습과 감정에 충실하다. • 타인과 주변 상황에도 충분히 존중되어야 한다.	• 자신감, 원만함, 친근감, 창의성, 정직성, 독특성	• 남을 통제, 무시, 공격하거나 자신을 방어하기 위해서가 아니라 자신이기를 선택하고, 타인과 연결되기 위함임
역기능적 의사소통	회유형 (자신 무시, 타인과 상황 존중)	• 모두 내 잘못입니다. • 당신이 없으면 나는 아무것도 아닙니다. • 당신의 말은 무엇이든 옳습니다. 나는 오직 당신을 기쁘게 하기 위해 여기 있습니다.	• 나는 쓸모없고, 사랑받을 만하지 못하다. • 어떤 일이 있어도 다른 사람의 기분을 상하게 해서는 안 된다. • 나는 구제 불능이다.	• 사랑과 행동, 비굴하게 간청하는 듯한 행동 • 남 앞에서 너무 잘하려는 행동 • 대부분의 남의 요구에 "예."로 응답하는 행동	• 일치형 의사소통을 하는 사람에게는 잘 통하지 않음 • 비난형의 사람이 이 유형의 사람을 받아들이기 쉬움
	비난형 (타인 무시, 자신과 상황 존중)	• 당신 잘하는 일이 하나도 없군. • 어떻게 된 거야? • 이 모든 것이 당신 때문이야.	• 나는 외롭다. • 나는 나의 자존감을 노출시켜서는 안 된다. • 나는 실패자다.	• 삿대질, 상대 흠잡기, 독선적 판단, 상대방 의견 묵살, 공격적 행동(강간, 학대 등)	• 취약한 자신을 보호하기 위해 타인과 주변 환경을 괴롭히고 비난함 • 상대방이 당당하고 강하게 나오면 쉽게 무너져 내림
	초이성형 (자신과 타인 무시, 상황만 존중)	• 객관적 사실과 정확한 논리에 의해 판단해 본다면… • 최근의 연구자료에 의하면…	• 나는 상처 받기 쉽다. • 나는 완벽한 내 모습을 나타내 보여야 한다. • 사람은 어떤 상황에서도 냉정하고 침착하며 온전한 모습을 보여야 한다. • 감정은 나약한 것이다.	• 단조로운 목소리, 경직된 태도, 기계나 컴퓨터 같은 인상	• 완벽하게 생각하고 표현하기 위해 복잡하고 현학적인 용어를 사용하며, 미세한 사실을 정확하게 설명하려는 성향이 있음 • 주변의 타인이나 전체 사회와 거리를 두고 고립되는 경향이 있음
	산만형 (자신, 타인, 상황 모두 무시)	• 상황과 동떨어진 말을 함 • 현재 진행되는 화제와 전혀 다른 말을 함	• 나에게 신경 쓰는 사람이 아무도 없다. • 내가 설 자리가 없군.	• 끊임없이 움직임 • 한 대화 주제에 오래 머물지 못함 • 몸의 일부분을 지속적으로 움직임	• 재미있고 익살스러운 모습과 혼동됨 • 초이성형과 정반대의 모습임 • 주의를 끌기 위해 행동함

출처: 주석진(2022).

Satir 의사소통 검사지

다음 문항들을 읽고 현재 자신에게 적절하다고 생각하는 문항에 체크하세요.

1. 나는 상대방이 불편하게 보이면 비위를 맞추려고 한다. ( )
2. 나는 일이 잘못되었을 때 자주 상대방의 탓으로 돌린다. ( )
3. 나는 무슨 일이든지 조목조목 따지는 편이다. ( )
4. 나는 생각이 자주 바뀌고 동시에 여러 가지 행동을 하는 편이다. ( )
5. 나는 타인의 평가에 구애받지 않고 내 의견을 말한다. ( )
6. 나는 관계나 일이 잘못되었을 때 자주 내 탓으로 돌린다. ( )
7. 나는 다른 사람들의 의견을 무시하고 내 의견을 주장하는 편이다. ( )
8. 나는 이성적이고 차분하며 냉정하게 생각한다. ( )
9. 나는 다른 사람들로부터 정신이 없거나 산만하다는 소리를 듣는다. ( )
10. 나는 부정적인 감정도 솔직하게 표현한다. ( )
11. 나는 지나치게 남을 의식해서 나의 생각이나 감정을 표현하는 것을 두려워한다. ( )
12. 나는 내 의견이 받아들여지지 않으면 화가 나서 언성을 높인다. ( )
13. 나는 나의 견해를 분명하게 표현하기 위해 객관적인 자료를 자주 인용한다. ( )
14. 나는 상황에 적절하지 못한 말이나 행동을 자주 하고 딴전을 피우는 편이다. ( )
15. 나는 다른 사람이 내게 부탁을 할 때 내가 원하지 않으면 거절한다. ( )
16. 나는 사람들의 얼굴표정, 감정, 말투에 신경을 많이 쓴다. ( )
17. 나는 타인의 결점이나 잘못을 잘 찾아내어 비판한다. ( )
18. 나는 실수하지 않으려고 애쓰는 편이다. ( )
19. 나는 곤란하거나 난처할 때는 농담이나 유머로 그 상황을 바꾸려 하는 편이다. ( )
20. 나는 나 자신에 대해 편안하게 느낀다. ( )
21. 나는 타인을 배려하고 잘 돌보아 주는 편이다. ( )
22. 나는 명령적이고 지시적인 말투를 자주 사용하기 때문에 상대가 공격받았다는 느낌을 받을 때가 있다. ( )
23. 나는 불편한 상황을 그대로 넘기지 못하고 시시비비를 따지는 편이다. ( )
24. 나는 불편한 상황에서는 안절부절못하거나 가만히 있지를 못한다. ( )
25. 나는 모험하는 것을 두려워하지 않는다. ( )
26. 나는 다른 사람들이 나를 싫어할까 두려워서 위축되거나 불안을 느낄 때가 많다. ( )

27. 나는 사소한 일에도 잘 흥분하거나 화를 낸다. ( )
28. 나는 현명하고 침착하지만 냉정하다는 말을 자주 듣는다. ( )
29. 나는 한 주제에 집중하기보다는 화제를 자주 바꾼다. ( )
30. 나는 다양한 경험에 개방적이다. ( )
31. 나는 타인의 요청을 거절하지 못하는 편이다. ( )
32. 나는 자주 근육이 긴장되고 목이 뻣뻣하며 혈압이 오르는 것을 느끼곤 한다. ( )
33. 나는 나의 감정을 표현하는 것이 힘들고, 혼자인 느낌이 들 때가 많다. ( )
34. 나는 분위기가 침체되거나 지루해지면 분위기를 바꾸려 한다. ( )
35. 나는 나만의 독특한 개성을 존중한다. ( )
36. 나는 나 자신이 가치가 없는 것 같아 우울하게 느껴질 때가 많다. ( )
37. 나는 타인으로부터 비판적이거나 융통성이 없다는 말을 자주 듣기도 한다. ( )
38. 나는 목소리가 단조롭고 무표정하며 경직된 자세를 취하는 편이다. ( )
39. 나는 불안하면 호흡이 고르지 못하고 머리가 어지러운 경험을 하기도 한다. ( )
40. 나는 누가 나의 의견에 반대해도 감정이 상하지 않는다. ( )

※ 각 번호별로 개수를 합하였을 때 가장 많은 문항이 자신의 의사소통 유형이 된다.

1, 6, 11, 16, 21, 26, 31, 36번	2, 7, 12, 17, 22, 27, 32, 37번	3, 8, 13, 18, 23, 28, 33, 38번	4, 9, 14, 19, 24, 29, 34, 39번	5, 10, 15, 20, 25, 30, 35, 40번
회유형	비난형	초이성형	산만형	일치형

출처: 장성화(2021).

4. 의사소통의 장애요인

성공적인 의사소통을 위해서는 효과적인 의사소통을 방해하는 요인과 대화의 걸림돌 요소들을 구체적으로 이해함으로써 가능할 수 있다. 따라서 여기에서는 의사소통의 장애요인을 살펴보도록 한다.

1) 의사소통의 방해요인

의사소통의 방해요인으로는 크게 송신자와 관련된 요인, 수신자와 관련된 요인, 상황에 관련된 요인으로 구분할 수 있다(김은영 · 이규은, 2014). 이러한 변인은 효과적인 커뮤니케이션을 저해하는 요인으로서 관련 방해 요인은 다음과 같다(조남두 · 윤경원, 2010; 김종운, 2021; 김은영 · 이규은, 2014).

(1) 언어상의 장애

의사전달의 방해요인 중 가장 심각한 것이 바로 언어상의 장애이다. 언어는 점점 분화되어 난해해지고 있을 뿐만 아니라, 전문용어의 사용, 슬랭(slang), 약어의 등장으로 한층 더 의사전달을 곤란하게 한다. 따라서 명료성과 정확성을 지닌 언어 사용이 요구된다.

(2) 신체적 건강상태

신체적 건강상태는 의사소통에 매우 커다란 영향을 미친다. 피로, 수면 부족, 질병으로 인한 불쾌감, 신체적 장애 등은 의사소통에 부정적 영향을 준다.

(3) 감정상태

흔히 우리는 무엇을 말하고, 듣고, 판단할 때는 가능한 한 이성에 의해 합리적으로 하려고 한다. 그런데 인간은 이성의 동물이면서 동시에 감정의 동물이다. 감정이 격해지면 이성의 활동은 마비되기 쉽다. 화가 난 상태 혹은 놀란 상태에 있거나 기쁜 일이 있을 때의 의사소통은 방해를 받기 쉽다.

(4) 인지기능

효율적인 의사소통을 위해서는 전달된 메시지를 이해하고 해석할 수 있는 인지기능이 요구된다. 그러므로 주의집중, 지각, 기억, 언어, 개념화, 추론, 의사결정 등 두뇌의 인지활동은 의사소통 능력을 제한하거나 원활하게 한다.

(5) 가치관 및 준거 기준의 장애

송신자가 동일한 내용을 전달한다 하더라도 수신자가 어떠한 가치관을 가지고 수용하고 해석할 것이냐에 따라 서로 다른 의미로 받아들일 수 있다. 의사소통이란, 수신자의 의식적 또는 무의식적 선택의 과정을 거쳐 결정되므로 이러한 선택과정에서 어떤 준거에 의해 선택하느냐에 따라 의사소통에 방해가 되기도 한다.

(6) 사회 · 문화적 요인

의사소통이 이루어지는 사회, 조직, 가족이나 개개인 간에 수평적이고 평등적이며 민주적인 분위기는 의사소통에 긍정적인 영향을 준다. 언어의 사용이나 비언어적 의사소통이 매체를 선택하고 적용하는 데 있어서 그 사회의 문화와 관습의 영향을 받는다.

(7) 물리적 환경

소음, 기온, 마음을 산란하게 하는 조건, 송신자와 수신자와의 거리 등의 물리적 환경 또한 의사소통을 방해하는 요소가 될 수 있다. 의사소통을 할 때는 두 사람의 대화가 방해를 받지 않는 안정되고 조용한 곳을 정하는 것이 좋다.

이외에도 효과적인 의사소통을 방해하는 요인들을 다음과 같이 세 가지의 측면에서 구분하여 제시할 수 있다(김창걸, 1996). 첫째, 전달자와 수신자에 관련된 방해요인으로 준거기준의 차이, 지위상의 차이, 전달자의 의사소통기술 결여, 전달자의 의식적 제한, 전달자의 신뢰성 결여, 수신자의 평가적 · 선택적 경청을 들 수 있다. 둘째, 의사소통 상황과 수단에 관련된 방해요인으로는 언어상의 장애, 지리적 거리, 보고량의 과중과 타 업무의 압박 등이 있다. 셋째, 의사소통의 변질에 관련된 방해요인으로는 생략, 왜곡, 증폭과 확산을 들 수 있다.

2) 효과적인 의사소통을 방해하는 대화의 걸림돌 요소

효과적인 의사소통을 방해하는 대화의 유형이 있다. 김종운과 박성실(2011)은 대화의 걸림돌 요소들을 다음과 같이 아홉 가지로 제시하였다.

① 명령이나 강요: 상대방에게 공포감이나 심한 저항을 유발한다.

② 경고, 위협: 상대방에게 공포감과 굴욕감을 주거나 원망, 분노, 반항을 유발시킨다.

③ 훈계, 설교: 이와 같은 말은 상대방으로 하여금 의무감이나 죄책감을 유발시킨다.

④ 충고, 해결방법 제시: 타인으로 하여금 자신의 문제를 스스로 해결할 수 없다고 느끼게 한다. 물론, 경우에 따라 스스로 결정을 내리는 것에 어려움을 느끼는 상황이라면 이와 같은 말이 도움이 될 수도 있다.

⑤ 논리적인 설득, 논쟁: 상대방의 방어적인 자세와 반론을 유발시킨다. 따라서 되도록 상대방에게 자신의 입장을 관철시키거나 설득시키려고 하는 것은 좋지 않다.

⑥ 비판, 비평, 비난: 이러한 말은 상대방이 무능력하고 어리석으며 형편없다는 것을 암시하는 표현이다.

⑦ 욕설, 조롱: 이러한 말은 상대방으로 하여금 자신이 가치 없고 사랑받지 못한다고 느끼게 하며 자아상을 파괴할 수 있다.

⑧ 이해와 공감이 없는 동정, 위로: 이러한 말에 충분한 이해와 공감이 있다면 상대방에게 위로와 힘을 줄 수 있지만 형식적인 동정이나 위로는 오히려 상대방으로 하여금 강한 적개심을 유발시킬 수 있다.

⑨ 캐묻기, 심문: 이런 말을 상대방에게 하면 상대방은 무슨 의도로 말하는지 혼란에 빠져 불안 내지 두려워하거나 짜증이 날 수 있다. 이외에도 과거의 경험이나 선입견, 상대방에 대한 불필요한 고정관념도 효율적인 의사소통을 방해할 수 있고 자기 자신의 욕구에 따라 타인의 메시지를 해석하거나 대화를 할 때 소음, 온도, 마음을 산란하게 하는 여러 가지 물리적 환경도 의사소통의 방해요소이자 걸림돌이 될 수 있다.

〈표 5-2〉 의사소통의 장애요소

번호	구분	예시
1	명령이나 강요	"너는 반드시", "당신은 꼭", "~해야 할 것이다."
2	경고, 위협	"만약 ~하지 않으면", "~하는 게 좋을 걸. 그렇지 않으면…"
3	훈계, 설교	"너는 ~해야만 한다", "~하는 것이 너의 책임이야."
4	충고, 해결방법 제시	"내가 말하고자 하는 것은", "~하는 게 어렵겠냐?", "내가 네게 충고하자면~"
5	논리적인 설득, 논쟁	"네가 왜 틀렸냐 하면", "문제가 되는 것은", "그래, 그렇지만…"
6	비판, 비평, 비난	"너는 신중하게 생각하지 않아.", "너는 게을러서"
7	욕설, 조롱	"이 울보야.", "그래, 너 잘났구나!"
8	이해와 공감이 없는 동정, 위로	"걱정하지 마라.", "앞으로 나아질 거야.", "기운을 내!"
9	캐묻기, 심문	"왜?", "누가?", "무엇을~", "어떻게~"

출처: 김종운·박성실(2011).

5. 효과적인 의사소통

효과적인 의사소통을 위해서는 의사소통의 일반적 원칙에 대한 기본적인 이해가 필요하다. 여기서는 의사소통의 원칙에 대한 이해를 바탕으로 의사소통능력을 향상시키는 데 필요한 방법을 알아보기로 한다.

1) 의사소통의 일반원칙

효과적인 의사소통을 위해서는 우선 의사소통의 인간화가 전제되어야 하는데, 이는 상호 신뢰적 분위기의 조성, 이해적인 경청(감정이입적 혹은 역지사지적 청취), 명확한 피드백의 장려라는 세 가지 조건을 충족시켜야 한다(조남두 · 윤경원, 2010). 이러한 조건과 더불어 Redfield가 제시하는 다음과 같은 일곱 가지 의사소통의 원칙을 이해하는 것이 필요하다(황진우, 1997).

(1) 명료성

이상적인 커뮤니케이션은 발신자가 그 의도하는 바를 말하고, 그가 말하는 의미를 수신자가 정확하게 이해하여야 한다. 그러기 위해서는 간결한 문장과 평이한 용어를 사용하여야 한다. 그리고 의사소통되는 내용의 구조가 체계화되어야 한다. 또한, 내용표현에 있어서 각 어구의 정확성을 기하여야 한다.

(2) 일관성

커뮤니케이션의 일관성(consistency)이 있어야 하며, 처음의 명령과 나중의 명령이 모순되어서는 안 된다. 즉, 전달내용의 전후가 일관되어야 한다.

(3) 적기적시성

커뮤니케이션은 너무 이르거나 너무 늦게 해서는 안 되며, 알맞은 시기를 택하여 행하여야 한다.

(4) 분포성

커뮤니케이션은 발신자로부터 명확하게 수신자에게 전해져야 한다. 전달되지 않은 커뮤니케이션이나 다른 사람에게 전달된 정보는 아무 소용이 없거나 경로관리상 혼란을 가져올 뿐이다. 수신자가 누구인지 확실히 정하면 사용할 커뮤니케이션 수단도 달라진다.

(5) 적량성

커뮤니케이션은 적정량(adequancy)을 기하여야 하며, 너무 많은 경우나 너무 적은 경우에는 수신자의 이해를 방해한다.

(6) 적응성과 통일성

적응성(adaptability)이란, 커뮤니케이션의 융통성 · 개별성 · 현실적응성 등을 말한다. 통일성(uniformity)이란, 각 커뮤니케이션이 전체로서 통일된 정책의 표현이 되게 하는 것이다. 관리자는 이 적응성과 통일성을 잘 조화시키기 위하여 노력하여야 한다.

(7) 관심과 수용

커뮤니케이션은 수신자의 관심(interest)과 그것을 받아들일 수 있는 능력과 자세의 가능성이 있을 때에 비로소 능률적으로 이루어질 수 있다. 여하튼 커뮤니케이션은 적극적으로 반응을 얻는 데 그 목적이 있는 것이다.

2) 효과적인 의사소통방법

인간관계는 말하는 사람과 듣는 사람이 의사소통을 바탕으로 서로가 주고받는 사회적 영향이라고 할 수 있다. 여기서는 관심 기울이기, 상대방의 말 자르지 않기, 평가 · 조언 · 충고는 다음에, 화법 활용하기, 나-전달법 사용하기 등의 효과적인 의사소통능력을 향상시키는 데 필요한 방법을 살펴보기로 한다(김종두, 2017; 김종운, 2021; 민혜영 외, 2018; 이형득, 1989).

(1) 관심 기울이기

관심 기울이기는 상대방을 대하는 비언어적인 태도를 가리킨다. 효과적인 관심 기울이기 행동을 통하여 우리는 상대방으로 하여금 보다 안전하고 평안한 느낌을 가지고 대화를 할 수 있도록 도울 수 있으며, 그와 더불어 친밀한 관계를 형성할 수 있게 된다(이형득, 1989).

① 좋은 자세: 몸의 위치, 움직임, 표정 등이 관심도를 전달하기 때문에 타인과 관계할 때 신체적으로 이완되고 평안하고 자연스러운 자세를 취하는 것이 중요하다. 때로 다리를 꼬고 앉거나 팔짱을 끼고 앉아 있는 모습은 관심과 도울 준비가 제대로 되어 있지 않다는 메시지를 상대방에게 전달할 수 있다.

② 온화한 시선의 접촉: 상대방에게 부드러운 시선을 유지함으로써 관심을 전달할 수 있다. 그러나 상대방을 뚫어지게 응시하는 것은 오히려 위협을 느끼게 하거나 기분 상하게 하는 결과를 초래할 것이다. 온화한 시선을 보냄으로써 상대방에게 주의를 기울이고 있으며, 그가 전달하고자 하는 내용을 경청하고 있다는 사실을 알릴 수 있다.

③ 상냥한 얼굴표정과 음색: 유쾌한 얼굴표정, 격려의 미소, 그리고 수용적이고 친절한 음조는 상대방에 대한 관심과 흥미를 전달하게 한다.

④ 즉각적인 언어 및 비언어적 반응: 대화의 기본예절은 상대방의 이야기를 잘 듣고 있고 그에 대한 반응을 해 주는 것이다. 상대방이 전달하고자 하는 의사를 이해하려고 애쓰고 있다는 사실을 나타내는 언어 및 비언어적 반응을 상대방의 말이 끝난 직후에 해 준다. 기본적인 언어적 표현으로는 "아! 그래요?", "그랬었군요.", "정말?", "설마..." 등과 같은 감탄사 위주의 반응이 상대방에게 긍정적으로 받아들여진다. 비언어적 표현으로는 눈

마주침, 고개 끄덕임과 같이 지금 이야기를 잘 듣고 있다는 모습을 보여 주는 것이다.

(2) 상대방의 말 자르지 않기

일상적인 대화에서 상대방의 말이 끝날 때까지 기다리는 것이 중요하다. 그러나 많은 사람들이 알고 있으면서도 쉽게 실천하지 못하는 부분이기도 하다. 대화 중 다음과 같은 원칙을 지키도록 한다.

> 80%는 듣고, 20%는 말한다. 인간의 귀가 두 개이고, 입이 한 개인 것은 두 번 듣고 한 번 말하라는 의미이다. 소통의 기본은 상대방의 말을 잘 경청해 주는 것이다. 질문은 상대방의 말이 끝난 후에 한다.

(3) 평가 · 조언 · 충고는 다음에

대화를 할 때 상대방의 말을 끝까지 듣지 않거나 자신의 경험이나 이야기에 근거하여 상대방을 판단하여 조언을 하고자 하면, 대화의 내용이 산만해지거나 초점이 흐려진다. 따라서 최대한 상대방의 말을 끝까지 듣고, 그의 감정상태, 상황, 생각, 표현하는 것 이외의 속마음을 파악하고자 해야 한다. 조언을 하고자 한다면 이야기를 끝까지 듣고 하여도 충분하다.

(4) 화법 활용하기

① 일상생활 중 의사소통의 가장 먼저는 '소통'이다. 이는 직장생활에서도 마찬가지이다.

② 나는 한 번 칭찬하고, 상대방은 두 번 칭찬한다. 그리고 여기 없는 사람은 세 번 칭찬한다.

③ 상대방의 실수를 자꾸 반복하여 말하지 않는다.

④ 화가 났을 때 크게 숨을 쉰다.
⑤ 하나의 주제에 대해 핵심메시지를 전달하는 방식의 의사소통 습관을 기른다.
⑥ 다수의 사람들에게 이야기를 할 때에는 첫째, 둘째, 셋째와 같이 정리를 하면서 말한다.

(5) 나-전달법 사용하기

의사소통을 잘하는 방법은 얼마나 말을 잘하는가가 아니고 얼마나 잘 들어 주는가 하는 것이다. 하지만 항상 들어 주기만 할 수는 없는 것이 의사소통에서의 과정이다. 경우에 따라 내가 상대방에게 어떤 말을 해야 할 경우가 있다. 나-전달법(I-message)은 상대방의 어떤 행동으로 인하여 나의 기분이 나쁠 때, 나의 그런 생각과 감정을 가진 책임이 나에게 있음을 상대방에게 효과적으로 전달하는 방법이다. 즉, 상대방의 행동에 대한 나의 반응을 판단이나 평가 없이 알려 줌으로써 반응에 대한 책임을 내가 지는 것이다.

반면, 너-전달법(You-message)은 상대방에게 문제의 책임을 지게 하면서 부정적인 감정을 느끼게 하는 것으로, 인간관계에서 방어적이고 적대적인 태도를 갖게 된다. "나잇값 좀 해라.", "너는 게으르다.", "네 잘못이다.", "정말 나쁘구나." 등의 표현은 너-전달법에서 흔히 쓰는 메시지로, 상대방을 판단하고 비난하거나 무시하는 말이다. 이러한 말은 상대의 자존심을 상하게 하고 책임을 상대에게 떠넘김으로써 책임감을 배울 수 있는 기회를 박탈한다. 이러한 메시지를 전달받은 상대방은 자신을 무능력하고 무가치한 존재로 생각하게 된다.

나-전달법은 일반적으로 다음과 같은 단계로 이루어진다(김종운, 2013).

첫째, 문제가 되는 상대방의 행동과 상황을 구체적으로 말한다. 둘째, 상대방의 행동이 다른 사람에게 미치는 부정적 영향에 대해 설명한다. 셋째, 그에 따른 나의 느낌을 말한다. 예를 들어, "너는 지저분하고 게으르다."라는 너-전달법을 "네 방이 지저분한 것을 보면 네가 커서도 집 안을 더럽게 하고 살까 봐 걱정된다."와 같이 나-전달법으로 전환시킬 수 있다. 이러한 나-전달법은 인간관계에서 나의 감정을 드러내고, 피드백을 주고받으며, 상대방의 행동변화를 유도하는 효과적인 의사소통기술이라 할 수 있다.

두 사람 이상이 공동의 목표를 달성하려면 그들 상호 간에 협동과 협조가 이루어져야 한다. 이러한 협동과 협조는 스스로 이루어지는 것이 아니라 상호 간에 의사소통을 통해서 이루어지는 것이다. 의사소통이 원활하게 이루어지지 않으면 개인과 조직 모두에게 바람직하지 못한 결과가 야기된다. 개인으로서는 조직에 부적응적 정서장애의 원인이 될 수도 있으며, 조직은 조직운영의 능률에 장애가 될 수도 있다. 따라서 의사소통과정에서 다양한 의사소통기술을 활용하여 정확하고 적절한 피드백을 주고받음으로써 조직원과 조직 모두가 공통으로 이해할 수 있는 효과를 거둘 수 있도록 해야 할 것이다(오기봉, 2016).

나는 좋은 경청자인가?

다음 문항을 읽고 자신에게 해당하는 칸에 ○표 하시오.

'전혀 그렇지 않다'는 1점, '보통이다'는 3점, '매우 그렇다'는 5점으로 표시하기 바랍니다.

1	나는 타인의 말 듣기를 좋아한다.	1	2	3	4	5
2	나는 내가 커다란 관심을 보이거나 호의적으로 말하는 사람에게 보다 주의를 집중한다.	1	2	3	4	5
3	나는 타인이 말할 때 그의 어휘력과 비언어적인 의사소통 능력을 평가한다.	1	2	3	4	5
4	나는 정신이 산만하지 않도록 한다. 주위가 산만하면 조용한 자리로 옮기도록 권유한다.	1	2	3	4	5
5	타인들이 나로 하여금 이야기를 하지 못하게 방해할지라도 나는 그들에게 주의를 기울여 경청한다.	1	2	3	4	5
6	타인이 말할 때에는 이야기가 끝날 때까지 기다려 준다.	1	2	3	4	5
7	나는 나와 관심사를 같이하는 사람에게 흥을 돋운다.	1	2	3	4	5
8	타인의 말을 들으면서도 개인적인 생각으로 오락가락한다.	1	2	3	4	5
9	나는 타인이 말할 때 그가 전하고자 하는 바를 잘 이해할 수 있도록 상대방의 비언어적 의사소통에 깊은 관심을 표명한다.	1	2	3	4	5
10	나는 다소 난해한 대화를 나눌 때 애써 아는 척한다.	1	2	3	4	5
11	나는 타인의 말을 들으면서 대답할 것에 대해 골똘히 생각한다.	1	2	3	4	5
12	나는 타인이 잘못을 저지르고 있다고 생각되면 더 충분히 설명할 수 있도록 질문을 던진다.	1	2	3	4	5
13	나는 나 스스로 이해하지 못하더라도 상대방은 이해하도록 노력한다.	1	2	3	4	5
14	나는 타인의 말을 청취할 때 그의 입장에서 서서 듣고 사물을 바라볼 수 있도록 노력한다.	1	2	3	4	5
15	대화를 나눌 때 상대방의 메시지를 정확하게 이해했음을 확인시켜 주기 위해 청취한 메시지를 복창한다.	1	2	3	4	5

※ 채점방식

각 칸에 적혀 있는 점수를 합산하여 나온 점수를 다음의 연속선상에 표시하시오.

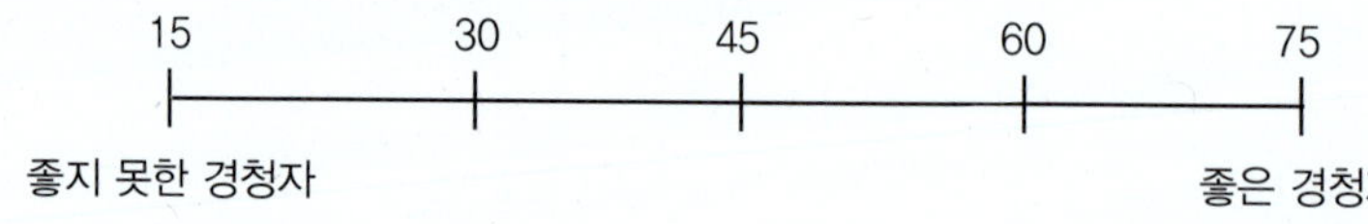

출처: 이한겸·이수용(2000).

제6장

리더십 이론

리더는 조직의 목표 달성을 위해 구성원의 특성을 잘 파악해야 하고, 이들을 통합하여 시너지 효과를 이끌어 내는 역할이 중요하다. 훌륭한 리더십의 발휘를 위해서 이 장에서는 리더십의 개념, 특징 및 기능, 리더십 이론들의 변천 과정을 살펴보고 자신의 리더십 유형을 진단해 보고자 한다.

1. 리더십의 개념

Maxwell의 "모든 일의 성패는 리더십에 달려 있다."는 리더십의 가치와 중요성을 단적으로 표현한 말이다. 리더십은 가정, 학교, 동아리, 직장, 단체 등 우리의 일상에서 접하는 현실적 문제이다(이해선 · 김은미, 2016).

리더십의 개념에 대한 정의는 많은 학자에 의해서 다양하게 정의되고 있다. "집단의 구성원들로 하여금 특정 목표를 지향하게 하고 그 목표 달성을 위해 실제 행동을 하도록 영향력을 행사하는 것"(Stogdill, 1957), "집단의 목표를 위해 사람들이 스스로 노력하도록 영향력을 행사하는 활동"(Terry, 1960), 조직의 목표와 목적을 성취하거나 변형하기 위한 새로운 구조나 과정을 선도하는 것"(Lipham, 1964), "조직의 일상적 지시사항을 기계적으로 준수하게 하는 것에 덧붙여 영향력을 증진시키는 것"(Katz & Kahn, 1978), "목표의 선택과 성취를 위해서 사람들이 지휘, 지도되며, 영향을 받는 것"(Scott, 1974), "주어진 상황 속에서 목표를 달성하기 위하여 개인 또는 집단활동에 영향을 미치는 과정"(Hersey & Blanchard, 1977) 등이 그것이다. 리더십에 관한 이러한 정의들이 공유하고 있는 유일한 가정은 리더십이 사회적으로 영향을 미치는 과정을 수반한다는 점이다. 그 과정에서 집단이나 조직 속에서 활동이나 관계를 구조화하기 위해 한 개인이 다른 사람에게 의도적으로 영향력을 행사한다(Yukl, 1994). 즉, 리더십이 발휘되는 것은 개인, 집단 또는 조직이 의도적으로 협동,

영향, 지도, 감독 또는 협의를 통하여 공동의 목적을 형성하거나 달성하는 데 타인의 사고, 감정 또는 행위에 영향을 줄 때이다.

리더십의 개념에 있어 가장 중요한 것은 '조직 내에서 어떤 특정의 사람이 다른 사람들을 조직의 목적 달성에 자발적으로 협력하도록 하는 능력 또는 기술'이라는 점을 유념할 필요가 있다. 그런 점에서 진정한 리더십은 기본적으로 리더로서의 자질이나 지도력, 통솔력 등을 나타낸다고 하지만 상급자의 직권에 의한 헤드십이나 절대군주국가의 통치(統治) 또는 지배(支配)와 다르다. 즉, 리더십은 그 기능의 수행을 피지도자의 자발성에 기대한다는 점과 집단의 성질에 따라 특성이 반드시 고정적이지 않다(채성준, 2020). 특히, 오늘날처럼 변화의 속도가 빠른 시기에는 각자의 위치에서 각각 신속하고 효율적인 의사결정을 내려야 하기 때문에 개개인마다 별도의 주체적인 리더십이 필요하다(장광애, 2017).

리더십을 가지고 미래에 대한 통찰력으로 조직의 성장에 영향력을 미치는 공통된 목표를 제시하며, 그 목표를 달성할 수 있도록 조직 구성원과 팀워크를 이루어 성과를 내는 과정을 주도하는 사람을 리더라고 볼 수 있다(장광애, 2017). 요즘 다수의 이익보다 자신과 자신이 소속된 집단의 이익을 우선하는 사회지도층의 반복되는 행태로 리더십의 위기를 맞고 있다. 우리 사회에 만연하고 있는 집단 이기주의와 다양한 갈등현상은 바로 리더십의 부재에서 오는 것으로, 신뢰할 수 있는 사회적 리더가 필요하다(임성은, 2018).

2. 리더십의 특징 및 기능

1) 리더십의 특징

훌륭한 리더십의 발휘는 조직 구성원들이 성공적으로 업무를 수행할 수 있는 여건을 형성하고 동기를 부여한다. 이러한 지도성에 대한 개념은 대체로 다음과 같은 특징이 있다(윤재풍, 1991).

첫째, 리더십은 목표와 관련된다. 즉, 리더십은 조직이나 집단이 달성하고자 하는 미래상과 관계를 가지고 조직에서 설정한 목표를 전제로 행동을 전개하는 과정이다.

둘째, 리더십은 지도자와 추종자 간의 관계이다. 지도자는 그가 통솔하는 조직이나 집단 전체의 목표와 그 자신의 권위에 의거하여 추종자의 행동에 영향을 미친다.

셋째, 리더십은 공식적 계층제의 책임자만 갖는 것은 아니다. 지도성을 어떤 상황에서 조직의 목표를 달성하기 위하여 그 조직이나 조직 구성원의 행동을 자극하고 영향을 미치는 과정으로 파악한다면, 리더십은 반드시 공식적인 조직 책임자의 전유물만은 아니다. 즉, 조직 책임자의 직권(hardship)과 구별되어야 하며, 리더십은 동료 간 및 조직 전체에서 행사된다.

넷째, 리더십은 추종자에게 일방통행식의 상의하달 형태로 행동을 강요하는 것이 아니라, 조직 구성원과의 상호작용 과정을 통하여 발휘된다. Gardner는 의사소통이 리더십을 위한 만능도구라고 하였는데, 리더십의 실패가 의사소통에 달려있다는 것이다.

다섯째, 리더십은 지도자의 권위(authority)를 통해서 발휘된다. 즉, 지도자가 타인의 행동을 유발하고 인도하며, 조정 내지 통합할 수 있는 능력에 따라서 발휘된다. 이러한 권위는 Weber가 제시하고 있는 공식적인 법적 지위뿐만 아니라, 전문적인 기술 능력과 기타 여러 가지 지도자의 자질 및 특성과도 관련이 있다.

이와 같은 리더십은 조직환경에 가장 중요한 관점 중 하나이며, 일반적으로 조직의 문제점을 개선하고 조직이 환경변화에 적응하게 하며, 구성원에게 동기를 부여한다. 일찍이 Machiavelli는 리더가 성공하려면 능력을 반드시 갖춰야 한다고 주장하였다. 그래야 리더가 기회를 인식하고 포착할 수 있으며, 상대보다 생각이 앞서고 그들과 하는 싸움에서 승리할 수 있다고 설명한다. 운(運)은 모든 전략적 판단에서 중요한 역할을 차지한다. 최대한 치밀하게 세운 계획이

예기치 못한 상황이 닥쳤을 때에는 운으로 말미암아 완벽히 전복할 수도 있으나, 역량 있는 리더는 가능성이 기회로 바뀌는 때를 인식하고 경쟁자나 상대방보다 더 빨리 반응하여 오히려 전화위복으로 활용할 수 있다는 것이다(채성준, 2020).

2) 리더십의 기능

리더십의 기능이란 리더의 지도적 역할을 의미하며, 조직의 목표설정, 자원의 동원, 조직활동의 통제, 통합, 조정의 세 가지를 들 수 있다(채성준, 2020).

(1) 목표설정

리더는 조직 또는 집단이 나아갈 방향을 제시하는 목표를 설정하는 기능을 수행한다. 이 경우 지도자에게 가장 중요시되는 일은 조직 내 개인들의 목표를 조직의 목표에 일치시키는 일이다. 대단히 어려운 일이겠으나, 이것은 조직 구성원들에게 그들의 가치관을 조직목표로 유도하여 내재화(內在化)시킴으로써 가능해진다.

(2) 자원의 동원

조직의 목표를 달성하기 위하여 리더는 그 구성원들에게 인적·물적 자원과 상징적 수단을 최대한 동원하여 적절하게 배분하고 충족시켜야 한다. 그래야만 구성원들은 리더십에 따르고 각자의 역량을 최대한 발휘한다.

(3) 조직활동의 통제, 통합, 조정

리더는 그 조직의 구성원들이 목표를 성공적으로 달성할 수 있는 방향으로 노력하게끔 조직활동을 통제(control), 통합(integration), 조정(coordination)하는 역할을 한다.

3. 리더십 이론의 변천

리더십에 대한 연구는 학자마다 다르지만, 다음과 같이 분류될 수 있다(이해선 · 김은미, 2016).

- 효과적인 리더는 그렇지 못한 리더와 다른 일련의 특성을 지니고 있다는 가정에서, 리더와 리더가 아닌 사람을 구분하고 효과적인 리더와 비효과적인 리더를 구분하려는 '특성이론(特性理論)'
- 가장 효과적인 리더의 행동유형이 있다는 가정에서 리더의 행동이 부하에게 어떤 반응을 일으키는가를 연구하는 '행위이론(行爲理論) 또는 행동이론(行動理論)'
- 모든 상황에 적합한 최선의 리더십은 존재하지 않는다는 가정에서 리더의 행동과 부하의 반응, 그리고 상황의 차이에 따른 리더십의 효과를 연구하는 '상황이론(狀況理論)'
- 최근에는 과거의 여러 리더십의 이론을 수정 · 보완한 다양한 이론, 새로운 연구 및 발상을 통해 이전의 이론과는 차원이 다른 리더십 이론으로 발전하고 있음

〈표 6-1〉 리더십 이론의 발전과정

리더십 이론	연구 기간	중요한 연구의 측면
특성이론	1940년대	성공적인 리더의 자질(지능, 성격 및 신체적 특징)에 대한 리더십 이론
행위이론	1950~60년대	효율적인 리더가 보이는 행동 유형에 대한 리더십 이론
상황이론	1970~80년대 초반	효율적인 리더십에 작용하는 환경적 상황요소를 밝힌 리더십 이론
변혁추구이론	1980년대 초반 이후	조직 구성원들의 몰입과 헌신을 이끌어 내기 위한 정서적 측면의 리더십 이론(교환적 리더십, 변혁적 리더십)
육성이론	2000년 이후	조직의 효율성을 위하여 조직의 모든 구성원이 리더십을 갖추어야 하며, 교육을 통하여 리더십이 개발될 수 있다는 리더십 이론(셀프 리더십, 수퍼 리더십, 서번트 리더십, 감성 리더십)

출처: 곽삼근(2006).

1) 특성이론

특성이론은 리더십 이론의 접근방법 가운데에 가장 먼저 발달한 것으로, 리더는 태어나는 것이지 학습이나 경험에 의해 만들어지는 것이 아니라고 가정하여, 지도자가 아닌 사람들로부터 지도자를 구분하는 특성을 확인하는 데 초점을 두었다. 즉, 이들은 리더는 선천적인 지도자적 특성을 지니고 있다고 보고, 성공적인 리더가 공통으로 가지고 있는 지적 · 정서적 · 육체적 특성과 자질을 연구의 대상으로 하였다.

Barnard(1946)는 지도자의 자질로 활동성, 인내력, 설득력, 책임, 지적 능력을 제시하였으며, Stogdill(1948)은 지도자의 특성에 관한 조사연구에서 지도성의 특성으로 연령, 신장, 체중, 정력, 건강, 용모, 언어의 유창성, 지능, 학력, 지식, 판단력과 결단력, 창의력, 적응력, 지배력, 주도력, 지구력, 야심, 성실성과 신념, 자신감, 기분 억제, 낙관적 기질, 정서적 통제, 사회경제적 지위, 사회활동과 사회적 이동, 사회적 기능, 인기, 권위, 협동 등이 포함된다고 하였다.

이와 같이 특성이론에서는 지도자의 특성이나 자질은 학자들에 따라 다르나 일반적으로 신장, 지구력, 건강, 외모, 지능, 자신감, 우월감, 판단력 등으로 종합하며, 이러한 자질을 소유한 자는 지도자가 될 수 있고, 그렇지 못한 자는 지도자가 될 수 없다는 것이다(김규태 외, 2014).

그러나 지금까지의 수많은 연구에도 불구하고 특성론의 접근방법을 활용한 연구문헌들에서는 일관된 연구결과를 거의 찾아볼 수가 없다. Jennings(1961)는 "50년간에 걸친 연구에서도 리더와 비리더를 식별케 하는 하나의 퍼스널리티 특성이나 일련의 특성도 확인할 수 없었다."라고 하였으며, Wall과 Hawkins(1964)는 "그와 같은 자질을 찾기 위한 지난 100년간의 조사 연구의 결과는 성공적인 리더십에 대한 개인의 육체적 · 정신적 결정요소란 전혀 존재하지 않음을 입증한다."라고 단언하였다. 결론적으로, 리더의 개인적 특성을 리더십에 영향을 미치는 결정적 요인으로 볼 수는 없지만 이것을 여러 상황요인과 더불어 리더십 효과성의 한 변인으로 간주할 때 특성이론이 전혀 무의미한 것은 아니다(Alderfer, 1969).

2) 행위이론

리더십을 이해하는 또 하나의 방법은 성공적인 리더가 어떻게 행동하는가를 알기 위하여 효과적인 리더와 비효과적인 리더의 행동을 비교하는 것이다. 즉, 어떤 조직 내에서 어떤 지도자의 형태가 조직의 발전에 효과적인가를 탐구하는 것이다.

(1) 아이오와대학교의 리더십 연구

지도성에 관한 행동과학적 접근의 효시를 이루는 실험적 연구는 미국의 아이오와대학교에서 Lewin의 지도하에 Lippit와 White에 의해 이루어진 것이다(Lewin et al., 1939).

Lewin 등은 지도자의 행위 유형과 각 유형이 집단의 태도와 생산성에 미치는 영향력을 분석하였다. 이 연구팀은 11세의 초등학생 20명을 5명씩 4개의 집단으로 나누어 한 집단은 통제집단으로 하고, 나머지 3개 집단에 대해서는 사전에 훈련받은 초등학교 교사들로 하여금 세 가지 유형(전제형, 민주형, 자유방임형)의 지도자 역할을 연출하게 하였다(조남두 · 윤경원, 2010).

① 전제형 지도자: 지도자는 조직 구성원(follower)의 의견을 들으려 하지 않으며, 조직의 목표와 그 운영방침 및 상벌을 지도자가 독단적으로 결정하고, 지도자 자신이 조직의 기능을 독점하려 한다.

② 민주형 지도자: 조직의 계획과 운영 방침은 지도자의 조언에 따라 집단 구성원의 토의를 거쳐 결정하며, 업적이나 상벌을 객관적인 자료에 의하여 평가하고 수여한다.

③ 자유방임형 지도자: 지도자는 조직의 계획이나 운영상의 결정에 관여하지 않고, 외부인(outsider)과 같은 수동적 입장에서 행동하며 조직 구성원들에게 모든 일을 방임해 버린다.

아이오와 대학교의 리더십 연구들을 요약하면 다음과 같다(김규태 외, 2014).

첫째, 조직의 생산성은 민주형 리더십에서 가장 높았으며, 자유방임형 리더십에서 가장 낮았다.

둘째, 주어진 세 가지 리더십 스타일 중 구성원들은 민주형 스타일을 가장 선호하였으며, 그다음으로 자유방임형, 전제형 스타일을 선호하였다.

셋째, 전제형 리더십은 권위에 의한 반발로 야기된 구성원의 공격형 행동이나 무관심한 행동을 유발하였다.

넷째, 자유방임형 리더십은 전제형 리더십보다 더 많은 공격형 행동을 야기하였다. 특히, 권위형 리더십 아래서 무관심한 행동을 보이던 구성원들도 리더십 스타일이 자유방임으로 바뀌자 공격적 행동으로 변했다.

이 연구는 민주형 지도자가 이끄는 집단은 생산성과 구성원의 만족도가 가장 높으며 존경을 받으면서 집단을 지속적으로 이끌고 나갈 수 있다는 것을 보여 주고 있으나, 실험 대상이 11세 소년이며, 미국이라는 지역적 상황과 소집단을 대상으로 하였기 때문에 현실적으로 그 결과를 일반화하는 데는 주의가 필요하다.

(2) 오하이오주립대학교의 리더십 연구

오하이오주립대학교의 연구는 집단과 조직의 목표를 달성하는 데 중요한 지도자 행위에 초점을 두었다. 즉, 지도자의 행위는 어떤 유형이며, 이 지도자 행위는 작업집단의 성취와 만족에 어떤 영향을 주는가에 관심을 두었다.

여기에서 현재 널리 알려진 LBDQ(Leader Behavior Description Questionnaire)가 개발되었는데, 구조중심과 배려중심 차원에서 각각 15문항씩 모두 20문항으로 구성되어 있으며, 5단계의 척도 중에서 하나를 골라 답하도록 되어 있다. 연구결과 그들은 최종적으로 리더십의 차원을 구조중심 차원(initiative structure)과 배려중심 차원(consideration)으로 나눌 수 있다고 보았다. LBDQ 점수에서 배려중심과 구조중심 차원의 평균점을 도출하여 리더십 유형을 다음의 네 가지로 분류할 수 있다.

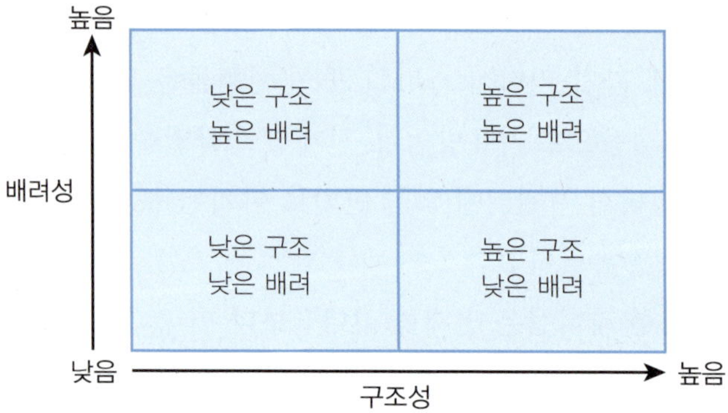

[그림 6-1] 오하이오주립대학교의 리더십 유형 사분도

출처: Lunenburg & Ornstein(2000).

구조중심은 '리더 자신과 조직 구성원 간의 관계를 묘사하고 분명한 조직 패턴, 의사소통 통로 및 작업절차 방법을 확립하려고 노력하는 지도자의 행동'을 말한다. 또한, 배려중심은 '리더와 집단 구성원 간의 관계에 있어 우정과 상호 신뢰, 존경 및 온정을 나타내 보이는 행동'을 의미한다. 즉, 구조중심은 조직의 목표를 달성하기 위한 지도자의 행동을, 배려중심은 조직 구성원의 사회 · 심리적 욕구를 충족시키려는 지도자의 행동을 말한다(이상기 · 옥장흠, 2007).

오하이오주립대학교 연구자들은 구조중심 차원과 배려중심 차원의 행동이 하나의 연속선상의 양극단이 아니라 각기 서로 구분되는 상호 독립된 차원임을 발견하였으며, 효과적인 지도자는 양 차원의 지도자 행위가 모두 높게 나타나는 경향이 있다고 지적하였다. 즉, 한쪽 차원에서 높은 점수를 보인다고 해서 반드시 다른 한쪽 차원에서 낮은 점수를 보이지 않는다는 점과 함께 지도자의 행동은 이와 같은 상호 독립된 두 가지 행동의 조합에 의하여 기술될 수 있다고 하였다.

(3) 미시간대학교의 연구

미시간대학교의 연구는 대학교 내 사회조사연구소의 소장이었던 Likert를 중심으로 이루어졌다. 그의 관심은 관료적인 기업기구가 인간의 소질이나 가능성을 상실시키고 있다는 지적에서 출발하였으며, 좀 더 효과적인 관리방법을 제시하는 데 있었다. 이러한 그의 관심은 종업원들의 생산성 조사연구를 통하여 실행되었는데, 그 결과 종업원들의 생산성은 동일한 일을 하고 있음에도 불구하고 생산성이 높은 부문과 그렇지 않은 부문이 존재한다는 사실을 발견하였다. 그리고 이와 같은 사실은 감독자의 감독방식, 즉 지도성의 차이에서 기인하고 있음을 최종적으로 확인하게 되었다(이상기 · 옥장흠, 2007). 그는 여러 회사의 관리자와 하급자들과의 인터뷰를 통하여 리더의 행동유형을 직무중심(job-centered)과 종업원중심(employee-centered)이라는 양 차원으로 구분하였다. 연구결과, 직무중심적 리더는 리더가 수행해야 할 과업과 직무의 기술적인 측면이나 과업성취를 위한 계획 · 절차를 중시하는 반면, 종업원중심 리더는 인간적 측면에서 종업원의 문제를 해결하고 종업원들의 자발적인 작업활동을 통해 높은 조직목표를 달성하려고 하는 데에 보다 많은 관심이 있었다. 이러한 연구결과에 의한 감독자의 유형에서는 직무를 중시하는 리더보다 구성원 간의 개성이나 욕구를 존중하는 리더가 집단의 생산성이 높아진다는 것을 지적하였다.

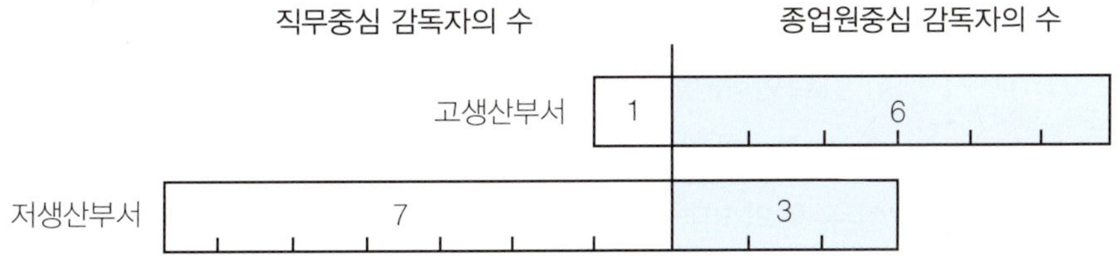

[그림 6-2] 직무중심 감독자와 종업원중심 감독자의 수

출처: Likert(1961).

(4) Blake와 Mouton의 관리망 연구

Blake와 Mouton(1991)은 관리망(managerial grid)을 통해 다섯 가지 유형의 리더십을 추출하였다. 그들은 지도자 성향의 양 차원을 생산에 대한 관심(concern for production)과 인간에 대한 관심(concern for people)으로 규정하였다. 이론상으로는 81가지의 리더십 유형이 나올 수 있으나, 다음의 다섯 가지 유형이 가장 핵심적인 것이다(윤정일 외, 2009).

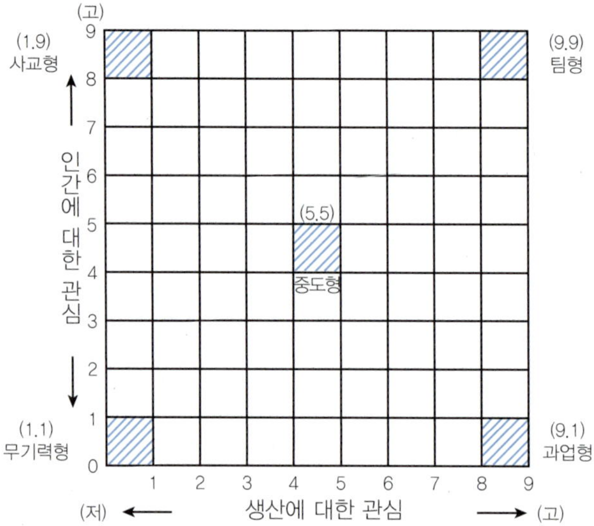

[그림 6-3] Blake와 Mouton의 관리망과 리더십 유형

출처: Blake & Mouton(1991).

- (1.1)무기력형: 이러한 유형의 리더는 조직에 계속 고용될 수 있을 정도의 최소한으로 요구되는 과업만을 수행한다.
- (9.1)과업형: 이 유형의 리더는 권력, 권위, 통제를 통하여 생산을 극대화하는 데 관심을 쏟는다.
- (1.9)사교형: 이러한 유형의 리더는 생산을 위하여 구성원을 독촉하기보다는 오히려 고무하고 지원한다. 그 결과 생산성이 저하되는 일이 있어도 구성원 간의 호감을 유지하는 데 주된 강조를 한다.

- (5.5)중도형: 이 유형의 리더는 현상에 순응하고 중도를 유지하여 이럭저럭 잘해 나가는 데 집중한다.
- (9.9)팀형: 이러한 유형의 리더는 집단 구성원의 광범한 참여를 통하여 양적 · 질적 개선을 위한 목표 중심적 접근방법을 활용한다.

Blake와 Mouton의 리더십 이론은 가장 효과적인 지도자는 생산과 인간에 대한 관심이 모두 높다는 가정에서 출발한다. 즉, (9.9)팀형의 지도성 유형이 가장 이상적이라고 지적하면서도 산업조직에서의 연구결과에 의하면 가장 전형적인 관리자 유형이 (5.5)중도형이고, (9.9)팀형, (9.1)과업형, (1.9)사교형, (1.1)무기력형의 순으로 나타났다고 밝혔다(최종진 외, 2012).

3) 상황이론

지도자의 특성적 접근 그 자체만으로는 리더십 현상을 폭넓게 설명할 수 없다는 한계점을 가짐에 따라 행태적 접근에서는 지도자의 행동을 양차원으로, 즉 인화와 과업중심으로 구분하였다. 그러나 행태적 접근도 지도자를 조직성과나 조직 구성원의 만족도와 같은 효과차원과는 연결시키지 못하였다. 따라서 리더십의 다양한 현상을 보다 구체적으로 기술하고 설명할 필요성이 대두되었다(정일환 외, 2013).

Korman은 리더십의 효과와 개념적인 연계성을 규명하지 못한 점을 지적하고, 이를 극복하기 위해 조직에서 인화차원의 상황적 변수를 고려하기 시작하였는데, 이것이 1970년대에 나타난 상황이론이다. 상황이론에 의하면 효과적인 리더십은 지도자의 개인적 특성, 지도자의 행위, 리더십 상황의 요인들 간의 상호작용에 의하여 결정된다. 즉, 효과적인 리더십은 어느 한 가지 요인으로 설명할 수 없다는 전제를 토대로 한다. 상황이론은 지도자의 특성이나 행위의 중요성을 부정하지 않지만, 지도자의 특성이나 행위는 지도자가 지도성을 발휘하는 상황적 맥락 속에서 고려되어야 한다는 것을 강조한다(Lunenburg & Ornstein, 1991).

(1) Fiedler의 상황이론

Fiedler(1967)는 리더십에 관한 연구를 통하여 리더십의 효과성 모형을 개발하였다. 그에 의하면 리더십의 효과성은 리더십의 유형이 상황에 얼마나 적합한지에 의해 결정된다.

① 리더십 유형과 LPC 점수

Fiedler는 지도자의 동기유발구조를 측정하기 위하여 독특한 방법을 개발하였는데, 즉 지도자의 '가장 싫어하는 동료척도(LPC: least preferred coworker scale)'를 개발하였다. LPC는 16개의 의미 변별척도(semantic differential scale)로서 좋음과 나쁨, 높음과 낮음, 강함과 약함의 조합을 통한 상황으로, 하나의 연속선상에서 매우 호의적, 약간 호의적, 비호의적 상황인 8단계로 되어 있다.

LPC 측정은 지도자의 동기구조를 밝히는 것이다. LPC 점수가 높은 지도자는 대인관계를 밀접하게 가지려는 동기성향이 우세하다. 그러므로 LPC 점수가 높은 지도자는 부하와의 사교를 강조하고 필요하다면 적극적이고 지원적인 태도를 취하는 관계지향적 지도성을 발휘한다. 반면에 LPC 점수가 낮은 지도자는 과업목표 달성에 우선적으로 동기를 부여한다. 그러므로 LPC 점수가 낮은 지도자는 직무를 훌륭히 완수하는 데만 관심이 있으며 부하를 다룰때에도 과업지향적 지도성을 발휘한다.

LPC 척도

함께 일하기 가장 싫었던 사람을 생각해 보십시오. 그 사람이 지금 함께 일하는 사람이라도 좋고 과거에 함께 일한 경험이 있는 사람이라도 좋습니다. 그러나 그 사람이 개인적 또는 감정적으로 가장 싫어한 사람일 필요는 없고, 다만 함께 일을 수행하기에 어려웠거나 어려운 사람이어야 합니다. 그 사람의 여러 측면에 대해서 해당하는 곳에 '✓'표 하시오.

즐거운 사람	8	7	6	5	4	3	2	1	즐겁지 않은 사람
우호적인 사람	8	7	6	5	4	3	2	1	비우호적인 사람
거부적인 사람	1	2	3	4	5	6	7	8	수용적인 사람
도움을 주는 사람	8	7	6	5	4	3	2	1	도움을 주지 못하는 사람
열정적이지 않은 사람	1	2	3	4	5	6	7	8	열정적인 사람
긴장하는 사람	1	2	3	4	5	6	7	8	심신을 편하게 해 주는 사람
거리를 두는 사람	1	2	3	4	5	6	7	8	친근한 사람
냉담한 사람	1	2	3	4	5	6	7	8	다정한 사람
협동적인 사람	8	7	6	5	4	3	2	1	비협동적인 사람
지원적인 사람	8	7	6	5	4	3	2	1	적대적인 사람
따분한 사람	1	2	3	4	5	6	7	8	흥미 있는 사람
다투기 좋아하는 사람	1	2	3	4	5	6	7	8	조화를 이루기 좋아하는 사람
자신 있는 사람	8	7	6	5	4	3	2	1	주저하는 사람
능률적인 사람	8	7	6	5	4	3	2	1	비능률적인 사람
우울한 사람	1	2	3	4	5	6	7	8	쾌활한 사람
개방적인 사람	8	7	6	5	4	3	2	1	방어적인 사람

출처: Fiedler(1967).

② 리더십 스타일과 상황의 적합성

Fiedler의 상황이론에 의하면, 리더십의 효과성은 다음의 상황측정을 위한 세 가지 요인에 따른 상황의 호의성(situational favorableness)에 달려 있다.

- 리더와 구성원 간의 관계: 집단의 구성원들이 리더를 지원하고 있는 정도를 나타낸다.
- 과업의 구조화 정도: 구성원들이 맡은 과업이 명확히 정의되어 있는가의 정도를 의미하며, 이는 목표의 명확성, 목표에 이르는 수단의 다양성, 의사결정의 검정가능성 등에 의해 결정된다.
- 리더의 지위권력: 리더의 직위가 집단 구성원들로 하여금 명령을 수용하게 만들 수 있을 정도로서 구성원들에게 보상이나 처벌을 줄 수 있는 재량권 등을 의미한다.

Fiedler 연구의 가정은 어떤 지도자가 상황에 따라 자신의 리더십 스타일을 다양하게 변화시켜 갈 수 있다기보다는 상황을 조절해서 자신의 리더십 스타일에 맞도록 해야 한다고 보았다. 만약, 상황 조절이 쉽지 않다면 그 상황에 적합한 리더십 스타일을 가진 리더를 영입하는 것이 바람직하다는 것이다.

Fiedler의 모형은 상황변수를 도입한 최초의 이론이라는 점이다. 리더십 효과를 상황변수와 리더십 유형에 의해 결정함으로써 효과성을 높이는 데 공헌했다는 점, 지도자에게 도움이 되는 이론이라는 점, 리더십에 대한 과학적 연구의 새로운 계기를 마련함으로써 이를 검증하기 위한 많은 연구가 이후에 수행되었다는 점 등에서 높이 평가받고 있다(이병환 외, 2012).

그러나 Fiedler의 모형은 너무 이론적이라는 평과 함께 다음과 같은 비판을 받는다(Robbins, 1983).

첫째, 상황변인(contingency variables)이 복잡하고 예측하기 곤란하다는 점이다. 다시 말해, 리더와 구성원 관계가 어느 정도 좋으며, 과업이 어느 정도 구조화되어 있고, 리더가 어느 정도의 지위와 권력을 보유하고 있는가를 측정하기 어렵다.

둘째, Fiedler의 상황이론 모형은 구성원들의 특성에 대해서는 거의 주의를 기울이지 않고 있다.

셋째, 리더나 구성원들의 기술적 숙련도 변화에 전혀 주목하지 않고 있다.

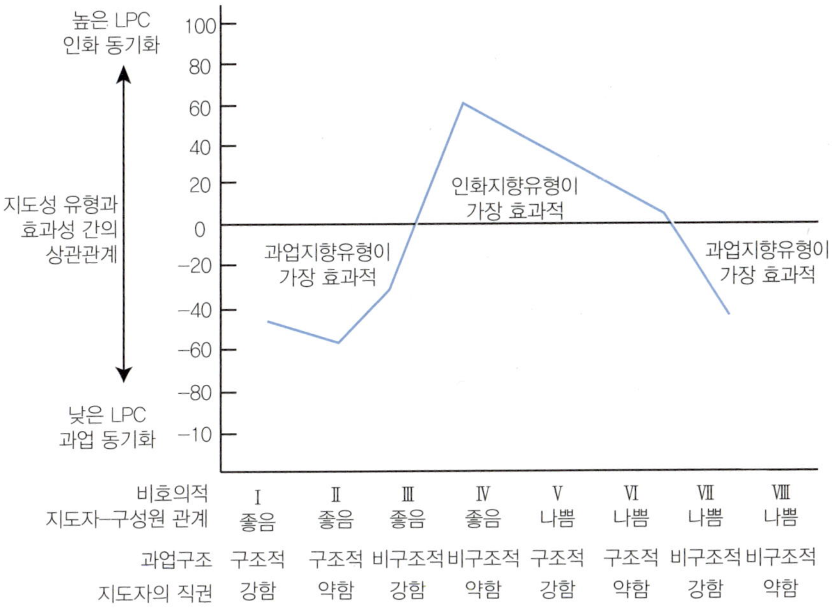

[그림 6-4] Fiedler의 리더십 상황 모형

출처: Hoy & Miskel(1987).

(2) Hersey와 Blanchard의 상황이론

Hersey와 Blanchard의 상황적 지도성 이론에서는 조직 구성원의 과업에 대한 성숙도와 지도성 유형의 효과성 및 적절성에 초점을 두고 있다. 즉, 조직 구성원들의 성숙수준에 따른 지도자의 지도성 유형은 효과적이거나 아니면 비효과적일 수 있으며, 이러한 차이는 상황에 대한 지도성 유형의 적절성에 있다고 보는 것이다. 그들은 지도자 행동을 과업중심 행동(task behavior)과 관계중심 행동(relationship behavior)으로 구분하였다(윤정일 외, 2009).

- 과업중심 행동: 지도자는 부하직원에게 무슨 과업을 언제, 어떻게 수행해야 할 것인가를 지시함으로써 일방적인 의사소통에 전념한다.
- 관계중심 행동: 지도자는 사회 · 정서적인 지원, 즉 '심리적 위로'를 제공하고 일을 촉진하는 행동을 함으로써 쌍방적인 의사소통에 전념한다.

그들은 이러한 행동이 어떠한 상황에 적합한지를 검토하였고, 구성원의 성숙도를 지도자 행동의 효과성에 영향을 주는 상황적 핵심변인으로 보았다. 조직 구성원의 성숙도는 직무성숙도(job maturity)와 심리적 성숙도(psychological maturity)로 나누어진다. 직무성숙도는 교육과 경험에 영향을 받게 되는 개인적 직무수행 능력을 의미하며, 심리적 성숙도란 성취욕구와 책임감을 가지려 하는 의지를 반영한 개인적 동기수준을 의미한다.

Hersey와 Blanchard는 지도자 행동과 구성원의 성숙도를 조합하여 [그림 6-5]와 같은 상황적 지도성 모형을 개발하였다. 이 모형에서는 구성원들의 성숙수준이 연속선상에서 미성숙으로부터 성숙으로 진행됨에 따라 효과적인 리더십 유형이 움직여 간다는 것이다. 그러므로 주어진 상황에서 어떤 지도성 유형이 가장 효과적인가를 결정하기 위해서는 구성원의 성숙수준을 측정하여 성숙도를 나타내는 연속선상의 한 점에서 위쪽으로 90도 각도의 직선을 그으면 효과성 곡선의 어느 한 점과 교차하는데, 바로 이 점이 그 상황에서 가장 적절한 리더십 유형이라는 것이다. 즉, 리더십의 효과성을 좌우하는 것은 상황과 적절한 리더십 유형의 결합에 의해 나타난다. 기본적인 리더십의 유형은 지시형(directing), 지도형(coaching), 지원형(supporting), 위임형(delegating)으로 나누어진다.

- 지시형: 높은 과업, 낮은 관계성 유형이며, 구성원의 동기와 능력이 낮을 때 효과적이다.
- 지도형: 높은 과업, 높은 관계성 유형이며, 구성원이 적절한 동기와 낮은 능력을 갖고 있는 경우에 효과적이다.
- 지원형: 낮은 과업, 높은 관계성 유형이며, 구성원이 적절한 능력과 낮은

동기를 가지고 있는 경우에 효과적이다.

- 위임형: 낮은 과업, 낮은 관계 유형이며, 구성원이 적합한 동기와 적합한 능력을 가질 때 효과적이다.

Hersey와 Blanchard의 리더십 이론은 한 지도자가 조직 구성원의 성숙도에 따라 점차 리더십 유형을 변화시켜 나감으로써 리더십의 효과를 극대화할 수 있다는 점과 조직 구성원의 성숙도에 상응하는 리더십 유형을 제시하였다는 점에서 그 의의를 찾을 수 있다. 그러나 상황 변수로서 구성원의 성숙도만 강조한 것은 재검토해 보아야 할 문제이다(김수영 · 전제상, 2005).

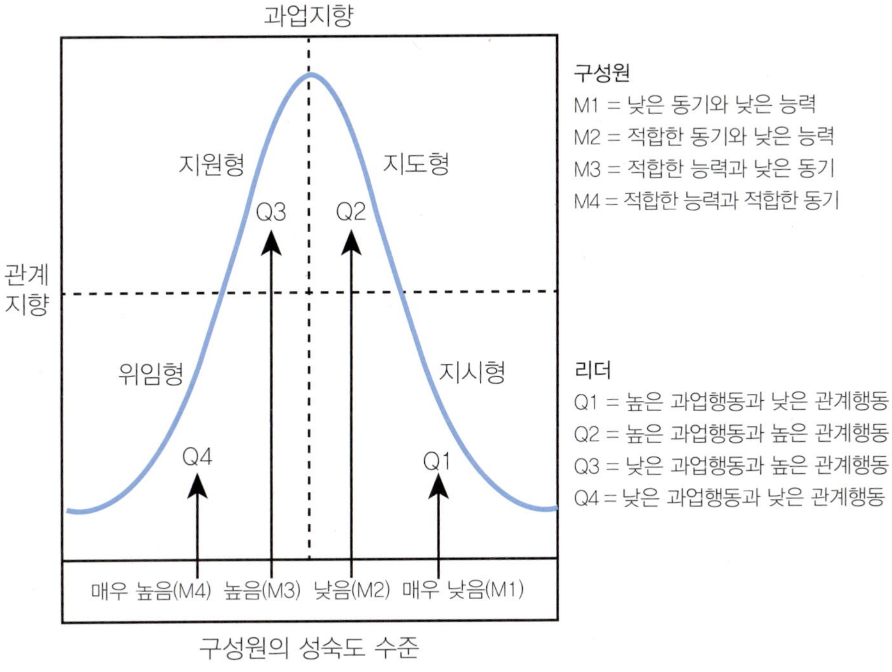

[그림 6-5] Hersey와 Blanchard의 상황적 리더십 모형

출처: Hersey & Blanchard(1988).

4) 최근의 리더십 이론

리더십 이론은 특성이론, 행위이론, 상황이론 등을 거치면서 많은 발전을 이룩하였다. 최근에는 이러한 이론을 수정 · 보완한 이론과 이전과는 다른 새로운 리더십 이론들이 등장하였다.

(1) 변혁적 리더십

변혁적 리더십(transformational leadership) 이론은 1978년 Burns에 의해 처음 제시되었고, Bass에 의해 가장 명료하게 주장되었다. 변혁적 리더십 이론은 이전의 지도성 이론이 모두 거래적 리더십(transactional leadership) 이론에 불과하다는 비판을 바탕으로 한다. 따라서 변혁적 리더십 이론은 거래적 리더십 이론과의 비교를 통해 명확하게 이해될 수 있다.

거래적 리더십이란, 어떤 가치 있는 것을 획득할 목적으로 한 개인이 다른 개인과 교환 혹은 거래의 형태를 띠는 상호관계를 가질 때 그가 주도권을 확보함으로써 발생하는 리더십 유형을 의미한다. 변혁적 리더십은 지도자가 다른 사람들이 새로운 관점으로 그들의 일을 보도록 자극하고, 조직의 사명이나 비전을 인식하도록 하며, 동료와 구성원들의 능력과 잠재력을 더 높은 수준으로 개발하고, 그들 자신의 이익을 초월하여 집단에 이익이 되는 것을 지향하도록 동기유발 하는 등의 행동을 할 때 볼 수 있다(Bass, 1981). 또한, 변혁적 지도자는 더욱 도전적인 목표를 설정하고 거래적 지도자보다 더 높은 성과를 성취한다.

Hoy와 Miskel(2005)은 변혁적 리더십의 핵심개념을 다음과 같이 네 가지로 요약하고 있다.

① 이상적인 영향력(idealized influence): 변혁적 리더는 중요한 사안에 대한 분명한 입장을 밝히면서, 높은 윤리적 · 도덕적 기준을 설정하고, 목표설정과 달성에 있어서 조직의 구성원과 위험을 공유하며, 자신의 욕구보다

타인의 욕구를 더 고려하고, 개인의 이익보다는 조직의 이익을 위해 행동함으로써 존경과 신뢰를 받는다.

② 영감적 동기유발(inspirational motivation): 조직문제가 해결될 수 있다고 믿도록 집단 구성원의 기대를 변화시키는 것이다. 변혁적 지도자는 조직에 대한 비전과 매력적인 미래를 창조하는 일에 구성원들을 참여시키고 그들이 충족하기를 원한다는 기대를 분명하게 전달하여 단체정신, 낙관주의, 열성과 헌신 등을 이끌어낸다.

③ 지적 자극(intellectual stimulation): 변혁적 리더는 문제가 가지는 근본적인 가정에 의문을 제기하며, 이를 바탕으로 문제를 재구조화하며, 종래의 상황을 새로운 방식으로 접근함으로써 구성원들도 혁신적이면서 창의적인 접근을 할 수 있도록 자극한다.

④ 개별적 관심(individualized consideration): 변혁적 리더는 각 개인의 성취 및 성장 욕구에 특별히 관심을 기울이며, 타인의 욕구나 장점을 활용하며 그들의 멘토가 되기도 하고, 구성원들을 도와 잠재력을 보다 높은 수준으로 발전시켜 자신의 발전에 책임을 지도록 한다(Avolio, 1994).

대체로 변혁적 리더십은 우리가 이상적인 지도자에 관해 기술할 때 마음속에서 그리는 지도자상에 가깝다. 변혁적 지도자는 단순히 거래적 행동으로 시간을 소비하는 것이 아니라 구성원의 기대와 동기를 지속적으로 자극하여 높은 수행과 발전을 유도한다. 변화와 도전의 시대를 맞이하면서 각 조직의 구성원과 지도자들의 리더십은 새로운 패러다임으로 변하지 않으면 안 된다. 비전을 제시하고, 솔선수범하고, 인력을 개발하고, 팀을 만들어 조직을 변혁하는 것이 시대가 요구하는 지도자 형태라고 해도 무리는 아니다.

(2) 감성 리더십

감성 리더십(emotional leadership)이란, 리더가 가지고 있는 감성적이고 사회적인 스킬을 개발하고 응용하여 다른 사람에게 건설적인 노력을 발휘하도록 영향력을 행사하는 것이다. 감성적 지도자는 자기인식능력, 자기관리능력, 사회인식능력, 사회적 기술능력이 뛰어난 지도자를 가리키며, 이러한 감성적 리더가 발휘하는 지도성을 감성 리더십이라 부른다(Goleman et al., 2002).

감성 리더십의 구성요인을 살펴보면, 자기인식능력은 자신의 감성을 명확하게 이해하는 능력으로서 감성이해력, 정확한 자기평가, 자신감을 특징으로 한다. 자기관리능력은 자기 자신의 감성을 효과적으로 관리하는 능력으로, 자기통제력, 신뢰성, 자기관리, 책임의식, 적응력, 성과달성지향, 주도성 등을 특징으로 한다. 사회적 인식능력은 다른 사람의 감성을 명확하게 이해하는 능력이며, 감정이입, 조직파악력, 고객 서비스 정신을 특징으로 한다. 관계관리능력은 다른 사람의 감성을 효과적으로 관리하는 능력으로, 영감을 불러일으키는 능력, 영향력, 타인지원성, 연대감 형성, 커뮤니케이션, 변화촉진력, 갈등관리능력 등을 특징으로 한다.

〈표 6-2〉 감성 리더십의 구성요인

구성요인	세부요인	정의	하위요인
개인 역량	자기인식능력	자신의 감성을 명확하게 이해하는 능력	• 감성 이해력 • 정확한 자기평가 • 자신감
	자기관리능력	자신의 감성을 효과적으로 관리하는 능력	• 자기 통제력 • 신뢰성, 자기관리 및 책임의식, 적응력 • 성과달성 지향, 주도성
사회적 역량	사회적 인식능력	다른 사람의 감성을 명확하게 이해하는 능력	• 감정이입, 조직 파악력 • 고객 서비스 정신
	관계관리능력	다른 사람의 감성을 효과적으로 관리하는 능력	• 영감을 불러일으키는 능력 • 영향력, 타인 지원성, 연대감 형성 • 커뮤니케이션, 변화 촉진력, 갈등관리능력

출처: Goleman et al.(2002).

감성 리더십은 다음과 같은 단계를 거쳐 구축되며, 결과적으로 구성원의 협력을 이끌어 내고 새로운 방식의 문제해결을 촉진함으로써 창조적인 조직성과 창출에 기여할 수 있다(채성준, 2020).

첫째, 자기통제 단계로, 리더는 자신의 감정표현이 조직 전체에 미치는 영향을 정확히 인식하고 부정적인 감정을 스스로 조절할 수 있어야 한다. 같은 집단에서 일하는 사람들 간에는 불안, 시기, 행복 등의 감성이 전이(emotional contagion)되며, 이는 조직의 성과나 분위기에 영향을 미친다. 연구결과에 따르면, 구성원들 간에는 부정적인 감정이 긍정적인 감정보다 전염성이 높다고 한다. 우리나라와 같이 근무시간이 길고 관계지향적인 문화가 강한 환경은 상대방의 감정에 더 많이 노출되면서 감정이 쉽게 전염될 수 있는 구조다. 특히, 리더는 성과에 대한 압박으로 스트레스가 크고 부정적인 감정에 쉽게 노출되는 편이다. 이들은 자신의 부정적인 감정을 쉽게 표현할 수 있는 위치에 있기 때문에 리더로 인한 감정 전염은 조직에 직접적인 영향을 미칠 수 있다. 따라서 리더는 자신과 다른 사람의 감정을 이해하고 조절할 줄 아는 감성역량을 키울 필요가 있다.

둘째, 조직 내 신뢰구축 단계로, 구성원을 대상으로 마음에서 우러난 신뢰와 존중을 표현해 감성 리더십의 기반을 마련하는 과정이다. 이를 위해 리더는 구성원들과 정기적인 티타임, 온라인 대화 등 다양한 소통 채널을 갖는 것이 필요하다.

셋째, 개별적 관심과 배려 단계로, 구성원에게 맞춤형 배려를 제공해 감동을 줄 수 있다.

넷째, 긍정적인 집단감성의 형성 단계로, 리더와 구성원의 개별 관계를 넘어서 조직 전체의 우호적 · 협조적 관계를 구축하는 것이다.

(3) 서번트 리더십

서번트 리더십(servant leadership)은 경영 연구가 Greenleaf에 의하여 처음 제시되었다. 그는 서번트 리더십을 "타인을 위한 봉사에 초점을 두며, 종업원, 고객 및 커뮤니티를 우선으로 여기고, 그들의 욕구를 만족시키기 위해 헌신하는 리더십"이라고 정의하면서, 우선 리더(지도자)이기 전에 서번트(봉사자)가 되어야 하며, 구성원들이 스스로 역량을 개발할 수 있는 환경을 조성해 주어야 한다고 주장한다.

서번트 리더십 교육으로 유명한 그린리프(Greenleaf) 연구센터의 Spears 연구소장은 서번트 리더의 주요 특성으로 경청하는 자세, 공감대 형성 노력, 부하들의 고통 치유에 관심, 분명한 인식을 통한 대안 제시, 맹종 아닌 설득에 의한 동반, 폭넓은 사고를 통한 비전 제시, 예리한 통찰력으로 미래 예측을 하도록 도움, 청지기 정신, 부하들의 성장을 위한 몰두, 조직 구성원들 간 공동체 형성에 조력 등을 제시하였다. 즉, 서번트 리더는 구성원들에 대한 인간적인 배려와 공감대 형성이 필수적이며, 이를 위해 경청, 공감, 설득의 과정이 지속적으로 이루어져야 한다.

(4) 수퍼 리더십

수퍼 리더십(super leadership)은 Manz와 Sims에 의해 제안된 지도성이론이다. 조직이 공식적인 권력과 권위, 그리고 간섭과 통제라는 전통적 방식에 의해 관리되기 때문에 비효율적이라는 전제하에 구성원들의 자발적인 리더십을 개발하여 활용하는 새로운 방식의 수퍼 리더십을 토대로 한 조직관리방식을 제안한 것이다(주삼환 외, 2003). 즉, 조직 구성원 각자가 스스로를 통제하고 자신의 삶에 진정한 주인이 될 수 있도록 자율적 지도력을 개발하는 데 중점을 두는 지도성의 개념이라고 할 수 있다.

Manz와 Sims은 수퍼리더가 구성원의 자율적 리더십을 증진시키는 과정을 [그림 6-6]과 같이 7단계로 설명하고 있다.

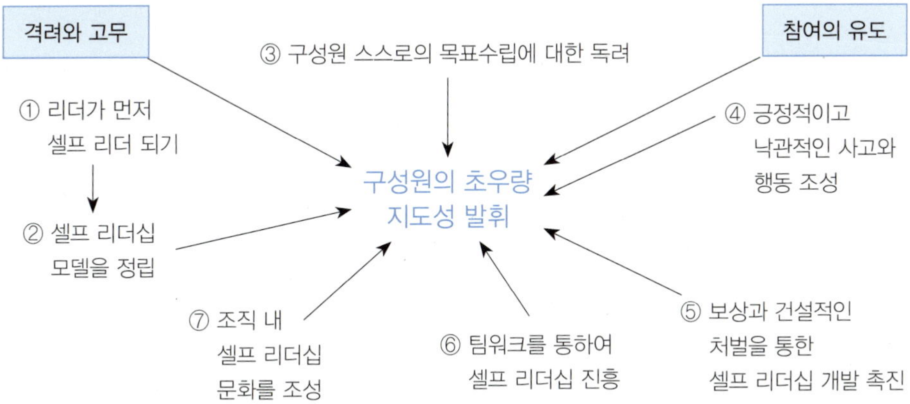

[그림 6-6] 수퍼 리더십에 이르는 7단계 모형

출처: 이군현(1997).

요컨대, 수퍼 리더십은 조직 구성원 각자가 스스로를 통제하고 자신의 삶에 진정한 주인이 될 수 있도록 자율적 리더십을 개발하는 데 중심을 두는 리더십 개념이라고 할 수 있다. 이때 자율적 리더십은 조직 구성원 개개인이 자율성을 발휘하게 되는 것을 의미하며, 수퍼 리더십은 지도자가 조직 구성원 개개인을 지도자로 성장시킴으로써 단순히 '구성원의 지도자'가 아니라 '지도자의 지도자'가 되게 하여 모든 구성원을 지도자로 변혁시키는 리더십이다(주삼환 외, 2003).

4. 나의 리더십 유형

타고난 성격과 습관, 성품에 따라 리더의 문제해결 방안은 다양하게 나타난다. 당신은 어떤 리더십의 소유자인가? 꼼꼼하게 스스로를 점검해 보자.

나의 리더십 유형 진단

각 문항을 읽고 전혀 아니면 1점, 아니면 2점, 보통이면 3점, 대체로 그렇다고 생각되면 4점, 매우 그렇다고 생각하면 5점에 체크한다.

	항목	점수
1	의견 충돌이 있으면 감정적 언쟁보다는 합의점을 찾는다.	①②③④⑤
2	대화할 때 상대방의 말을 적극적으로 듣는다.	①②③④⑤
3	상대에게 충고할 때 우선순위를 두어 중요한 것부터 말한다.	①②③④⑤
4	상대방이 개선될 수 있도록 관심을 가지고 자극한다.	①②③④⑤
5	같이 진행했던 프로젝트가 좋지 않은 결과를 냈을 때 내가 책임진다.	①②③④⑤
6	상대가 어떤 계획을 세웠을 때 그것이 잘 실행되고 있는지 관심을 가지고 물어본다.	①②③④⑤
7	이슈나 관심사에 대해서 상대와 자주 토론하는 시간을 갖는다.	①②③④⑤
8	어떤 문제가 발생했을 때 상대의 입장에서 생각한다.	①②③④⑤
9	현실적이고 구체적인 계획을 세운다.	①②③④⑤
10	상대가 어떤 계획을 실천하려고 할 때 많은 도움을 준다.	①②③④⑤
11	다른 사람들에게 용기를 주는 행동을 자주 한다.	①②③④⑤
12	계획을 세우면 실행할 방법(무엇을, 언제, 어디서 등)에 대해서 명확히 한다.	①②③④⑤
13	하루에 세 번 이상 칭찬한다.	①②③④⑤
14	상대에게 질문을 많이 한다.	①②③④⑤
15	상대가 변명을 하거나 고집을 부리는 경우 화를 내지 않고 개선책을 토의한다.	①②③④⑤
16	상대방의 잘못된 점을 발견했을 때 한 번에 한 가지만 이야기한다.	①②③④⑤
17	어떤 계획을 세우고 나면 실천 의지를 주변에 알린다.	①②③④⑤
18	계획된 일을 실행할 때 방해나 장애물이 생기면 포기하기보다 극복 방법을 먼저 생각한다.	①②③④⑤
19	나의 행동이 미래에 어떤 결과를 가져올지 생각하면서 신중하게 행동한다.	①②③④⑤
20	주변에서 일어나는 일에 관심이 많다.	①②③④⑤
21	해결책을 제시하기보다는 스스로 해결할 수 있도록 돕는다.	①②③④⑤
22	계획을 행동에 옮기면 어떤 결과가 올 것인지 먼저 상상한다.	①②③④⑤
23	선입견과 편견이 별로 없다.	①②③④⑤
24	상대방을 설득하거나 나의 의견을 강요하지 않는다.	①②③④⑤
25	상대방에게 위기의식을 느끼게 하여 안 좋은 행동을 바꾸게도 한다.	①②③④⑤

나의 리더십 유형 채점과 결과해석

순번	점수	a	b	c	d	e
1	① ② ③ ④ ⑤					
2	① ② ③ ④ ⑤					
3	① ② ③ ④ ⑤					
4	① ② ③ ④ ⑤					
5	① ② ③ ④ ⑤					
6	① ② ③ ④ ⑤					
7	① ② ③ ④ ⑤					
8	① ② ③ ④ ⑤					
9	① ② ③ ④ ⑤					
10	① ② ③ ④ ⑤					
11	① ② ③ ④ ⑤					
12	① ② ③ ④ ⑤					
13	① ② ③ ④ ⑤					
14	① ② ③ ④ ⑤					
15	① ② ③ ④ ⑤					
16	① ② ③ ④ ⑤					
17	① ② ③ ④ ⑤					
18	① ② ③ ④ ⑤					
19	① ② ③ ④ ⑤					
20	① ② ③ ④ ⑤					
21	① ② ③ ④ ⑤					
22	① ② ③ ④ ⑤					
23	① ② ③ ④ ⑤					
24	① ② ③ ④ ⑤					
25	① ② ③ ④ ⑤					
	합계					

〈채점방법〉

각 문항의 점수를 테이블의 빈칸에 적는다.

예를 들어, 1번의 점수가 '보통이다'로 3점이라면 b란에 3을 쓰면 된다.

2번의 점수는 '그렇다'로 4점이라면 a란에 4를 적으면 된다.

각 문항의 점수를 모두 각 빈칸에 적었으면,

a, b, c, d, e 별(세로)로 항목별 점수를 합해서 합계란에 기입한다.

각 항목별 점수는 가장 높은 점수가 자신의 리더십 스타일이다.

〈결과해석〉

1. a - 펀(Fun)형 리더

당신은 조직 구성원들의 열정과 에너지를 자발적으로 이끌어 내는 데 탁월한 리더이다. 세대 차이를 넘어 구성원들과 함께 공감하며 그들의 눈높이에서 이해하고 동기를 부여한다. 격려와 지원을 아끼지 않는 스타일로, 구성원들을 이끌어 가고 구성원들 또한 리더를 믿고 함께하고자 하려는 경향이 강하다. 또한, 구성원들에게 가족과 같은 리더이며, 동시에 포근하고 포용력 있는 따뜻한 카리스마를 가진 리더로 인정받고 있다. 관계 지향적이기 때문에 성과는 물론, 인재육성과 함께 구성원 스스로가 참여하도록 하고 잠재능력을 이끌어 내 계발할 수 있도록 하는 좋은 리더라고 할 수 있다.

그러나 상대를 편안하게 해 주는 것이 리더의 전부는 아니다. 만일 질책할 일이 있다면 따끔하게 지적해 개선책을 찾는 것도 당신의 업무성과를 위해서 꼭 필요한 일이다.

2. b - 경제형 리더

당신은 핵심을 잘 간파하고 세상과 사회를 보는 예리한 판단력을 가진 리더로, 주위의 신뢰를 얻고 있다. 문제에 대한 정확한 상황 판단으로 현실을 직시하며, 구성원 개개인이 갖고 있는 문제와 능력을 이성적으로 파악하는 능력이 뛰어나다. 어떤 행동이나 그 결과에 대한 지식과 경험을 존중하고 핵심을 꿰뚫어 보는 능력이 뛰어나 구성원들이나 본인에게 빈틈이 없는 예리한 스타일로 인정받고 있다.

그러나 불필요한 갈등이나 감정을 귀찮아하는 타입이다. 인간관계에 있어서 감정적인 것도 배제할 수 없음을 감안해 직선적인 부분을 자제하는 것이 좋다.

3. c – 시인형 리더

당신은 현상과 세상을 다각도로 보는 깨어 있는 리더이다. 현실에 만족하지 않고 어떤 현상의 이면까지도 간파하는 능력이 있어 미래를 예측하고 대비하려고 노력한다. 다양한 관점을 포용하고 탁월한 관찰력과 직관을 가지고 상대를 이해할 줄 아는 리더로 인정받고 있다.

그러나 상대에 따라 직설적인 정답을 제시하거나 경험을 통한 충고를 해줘야 하는 경우도 있음을 잊지 말아야 한다.

4. d – 예언가형 리더

당신은 체계적이고 계획에 대한 실행력이 뛰어난 리더이다. 주도면밀하며 아이디어가 많고 아이디어를 조직으로 행동으로 계획화하는 것에 능하다. 상상과 생각을 구체화하는 능력이 뛰어나서 현실적으로 가능한 계획을 우선시하고 목표지향적이므로 감정보다 논리적이고 시스템적인 사고를 선호한다. 당신은 자신의 계획하에 구성원들의 능력을 구조화시켜 최고로 발휘할 수 있게 하는 장점이 있다.

그러나 계획을 실행함에 있어 수행하는 사람들의 의사를 존중해 줄 필요도 있다. 정해진 계획을 일방적으로 수행하기만 하면 직원들의 반발이나 나태를 불러올 수 있기 때문이다.

5. e – 오뚜기형 리더

당신은 유연성이 뛰어난 리더이다. 다양한 구성원의 요구를 조화시키고 갈등 해결 능력이 뛰어나며 실패에 대한 두려움보다는 그것을 밑거름으로 변화와 도전을 주도하는 리더로 인정받고 있다. 사람들에 대한 관심을 가지고 열정적으로 리드하기 때문에 직원들이 당신으로부터 관심을 받고 있다는 것을 느끼고 열심히 업무에 임할 수 있게 해 준다.

나의 리더십 유형은 ________________ 이다.

출처: 이해선·김은미(2016).

제7장

대인동기유발

인간은 인간관계에서 충족하고자 하는 다양한 대인동기를 지니고 있다. 사람마다 중요시하는 대인동기의 종류는 각기 다르며, 개인 내에서도 여러 가지 대인동기마다 그 강도가 다르다. 이 장에서는 대인동기의 개념, 구분, 대인동기의 내용 및 과정 이론을 살펴보고자 한다.

1. 대인동기의 개념

동기(motivation)라는 단어는 라틴어 'movers(움직이다)'에서 유래되었으며, 욕구(need or desire), 충동(impulse), 본능(instinct)이라는 용어로 불리기도 한다. 타인의 행동을 유발하고 목표 달성을 위한 목표를 제공하며, 그것을 위해 구성원의 활동과 노력을 통합하는 요인으로 알려져 있다. 다시 말해, 타인의 행동을 유발하고 방향을 주며 통합시키는 내적 요인 또는 구체적인 목표 달성을 위해 계획적으로 방향을 지어 주는 활동이라 할 수 있다(Hoy & Miskel, 2013). 여러 학자들의 동기에 대한 개념을 살펴보면 다음과 같다.

〈표 7-1〉 동기의 개념

학자	내용
Atkinson(1964)	행위의 방향과 강도 및 지속에 대한 직접적인 영향
Young(1961)	인간과 동물의 행위를 결정짓는 요인
Lindsley(1957)	어떤 목표를 지향하는 행동을 일으키고 방향을 잡아 주고 유지하는 힘의 총합
임규혁(2001)	인간행동과정에서 행동의 활발성을 증감시키고 행동의 방향을 정해 주는 심리적 요인으로서 개체의 행동을 특정한 목표로 이끄는 내적 충동상태
강유정 외(2019)	인간의 행동을 일으키게 하는 근원적인 힘으로 행동을 목표로 이끌어 가는 에너지

인간의 사회적 행동에는 이러한 동기적 요인에 의해 유발되는 것이 많다. 인간관계를 지향하게 하고 사회적 행동을 유발하는 동기적 요인을 대인동기(interpersonal motives)라고 하며, 이러한 대인동기는 사회적 행동의 원동력이라고 할 수 있다(권석만, 2004).

Gage와 Berliner(1991)는 동기의 개념을 이해하면 행동과 학습의 흥미 있는 사실들을 좀 더 잘 이해하고 설명하는 데 도움을 준다고 보았다. 행동을 지속시키기 위한 적절한 강화물을 결정하기 위해, 목표지향적인 행동을 설명하기 위해, 다양한 과제를 하는 데 걸리는 시간의 양을 설명하기 위해 동기의 개념이 사용된다. 예를 들어, 배가 고프면 먹을 음식을 찾고, 목이 마르면 갈증이 해소될 만한 마실 것을 찾는다. 그리고 매력적인 흥분을 하는 것은 이렇게 반응하는 미지적 심리원인인 동기가 있기 때문이다. 그러므로 동기의 개념은 어떤 자극이 강화인자의 기능을 갖게 되는 이유, 행동의 목표지향, 그리고 어떤 과제에 투입하는 시간의 양을 설명하기 위해서 필요한 것이다(장성화, 2021).

이와 같은 동기는 개인으로 하여금 특정한 목표를 원하게 하고 그 목표를 달성하기 위한 행동을 시작, 지속, 조절하는 세 가지의 기능을 하는데, 구체적으로 살펴보면 다음과 같다(Ford, 1992).

첫째, 동기는 목표지향적 행동을 유발하는 기능을 한다. 즉, 목표를 달성하기 위해 특정한 행동을 하도록 행동의 방향을 결정한다. 갈증을 느낄 때는 음식을 찾지 않고 물을 찾는 것처럼 갈증의 해소라는 목표를 향한 일련의 행동을 하도록 인도한다.

둘째, 동기는 목표지향적 행동을 지속하게 하는 추진력을 제공한다. 갈증을 느낄 때 물을 구하지 못하면 지속적으로 물을 구하도록 하는 기능을 한다.

셋째, 동기는 목표지향적 행동을 조절하는 기능을 한다. 즉, 갈증을 느껴 물을 찾아 충분히 마시면 더 이상 물을 찾지 않는 것과 같다.

이처럼 동기란, 행동의 발생, 방향, 강도, 지속성을 설명하는 데 사용되는 이론적 구인으로서, 인간이 목표를 달성하는 데 도움을 준다.

2. 대인동기의 구분

동기는 그 내용이나 발생 원인에 따라 여러 가지 방식으로 구분할 수 있다. 이러한 동기의 형태를 구분해 보면 다음과 같다.

1) 생리적 동기와 심리적 동기

생리적 동기는 그 생리적 근거가 분명하고 태어날 때부터 갖추어진 동기로서, 모든 인간이 공유하는 동기이다. 이들은 개체와 종족의 보존에 기여하고 진화의 과정에서 선택되어 왔으며, 우리의 생물학적 유산을 이룬다. 여기에는 음식, 수분, 산소, 따뜻함, 고통 회피, 자극 추구 등에 대한 개인의 생리적 욕구들을 비롯하여 번식을 위한 생물학적 욕구가 포함된다. 심리적 동기는 생리적 근거보다는 학습의 영향이 더 뚜렷한 동기이다. 이들은 다른 종들과 공유되지도 않고 모든 개인에서 발견되지도 않는다. 따라서 사람마다 다른 동기를 지니며, 동기를 만족시키는 방법도 달라진다.

2) 선천적 동기와 후천적 동기

동기는 유전에 의해 선천적으로 주어지는 것도 있고 후천적으로 학습되는 것도 있다. 선천적 동기를 본능이라고 부르는 학자도 있다. McDougall(1960)과 같은 사회심리학자는 인간의 군집성을 본능이라고 보았다. 즉, 마치 개미가 집단을 이루어 살듯이 인간도 본능적으로 집단생활을 하는 것으로 보았다. 인간은 오랜 진화 과정에서 생존력을 높이는 많은 행동양식을 유전자 속에 간직하여 대대손손 전달해 왔다. 유전자 속에 저장된 행동정보는 뇌신경구조나 생리적 기제에 영향을 주어 특정한 자극이 주어지면 일련의 행동이 의식적 자각 없이 유발되게 한다. 그러나 일반적으로 본능은 특정한 종에만 나타나고 그 행동패턴이 구체적으로 정형화되어 있는 선천적 반응성향을 지칭하는데, 인간의 선천적 동기는 매우 다양한 행동으로 융통성 있게 나타나기 때문에 본능과 구분하기도 한다.

인간의 대인동기에는 후천적 경험에 의해 학습된 것들이 많은데, 사회가 발전하고 복잡해질수록 인간행동의 동기에서 생득적인 동기보다는 학습된 동기가 더욱 중요한 역할을 한다. 또한, 선천적 동기는 후천적 경험에 의하여 강화되거나 약화될 수 있으며 변형되기도 한다. 특히, 부모의 양육태도는 아동의 대인동기에 중요한 영향을 미친다. 예를 들어, 신생아는 무력하기 때문에 음식, 안전, 편안함을 위해 부모에게 의존해야만 한다. 이러한 기본적 욕구가 부모에게서 적절히 잘 충족되면 부모와 긍정적 감정이 연합되어 부모와 타인에 대한 긍정적인 대인동기로 발전될 수 있다. 그러나 이러한 욕구가 좌절되면 부모와 타인에 대해서 회피적이거나 적대적인 대인동기가 형성될 수도 있다(권석만, 2022).

3. 대인동기이론

1) 내용이론

동기부여의 내용이론은 사람들의 동기요인을 개인의 욕구(needs)라고 보고, 어떤 요인, 즉 어떤 욕구가 더 크게 동기부여를 시키는가를 구명하고자 하는 이론이다. 내용이론에서는 인간의 기본적인 욕구가 무엇이며, 조직 균형에서 유인(inducement)요소가 무엇인가에 대한 것을 중심으로 연구하는 이론들이다(박양근 외, 2016).

(1) Maslow의 욕구위계론

Maslow는 '개인행동은 일반적으로 특정 시점에서 가장 강한 욕구에 의해서 결정된다.'라고 정의하면서 생리적 욕구, 안전의 욕구, 소속 및 사랑의 욕구, 존경의 욕구, 자아실현의 욕구 등 5단계 욕구위계론을 주장했다가, 인지적 욕구, 심미적 욕구, 초월적 욕구 등을 추가로 제시하였다(Maslow, 1970). Maslow가 제시한 여덟 가지 욕구위계를 제시하면 아래와 같다(김규태 외, 2014).

① 생리적 욕구(Biological and Physiological needs): 욕구 단계상 출발점이며, 인간 생명 유지를 위한 기본적 욕구로서, 신체적 · 물질적 욕망(의식주, 성 등)과 관련된다.

② 안전의 욕구(Safety needs): 정신적 · 육체적 안정을 얻고 싶어 하는 욕구이다. 조직 구성원이 직장의 안정성과 작업환경의 안전 등을 추구하는 것과 밀접히 관련되며, 근무환경, 보수, 수당, 휴가, 복지후생 등이 해당된다.

③ 소속 및 사랑의 욕구(Belongingness and Love needs): 동료집단에 소속되고, 인간관계를 형성하여 상호작용하고자 하는 욕구이다. 조직 구성원은 공식 혹은 비공식 집단에 소속되어 동료들과 어울려 우정을 나누며 교제를 한다.

④ 존경의 욕구(Esteem needs): 타인으로부터 높은 평가와 존경을 받고 싶어 하는 욕구로서, 조직에서의 승진과 인정을 받으려고 한다.

⑤ 인지적 욕구(Cognitive needs): 문화나 교육을 통한 지적 욕구이다. 어떤 특정한 대상이나 경험에 대한 재음미와 발견을 통한 이해와 배움을 추구하려고 한다.

⑥ 심미적 욕구(Aesthetic needs): 문화예술의 추구, 자연환경을 통한 아름다움을 추구하려는 욕구이다. 외적인 아름다움보다는 오히려 정서적이고 감상적이며 감성적인 내적 미를 추구하려고 한다.

⑦ 자아실현의 욕구(Self-Actualization needs): 자신의 잠재력을 인식하고 자아충족적이며 계속적인 자아발전 및 창조적이 되고자 하는 욕구이다.

⑧ 초월적 욕구(Transcendence needs): 타인의 자아실현을 코칭하고 돕는 욕구이다.

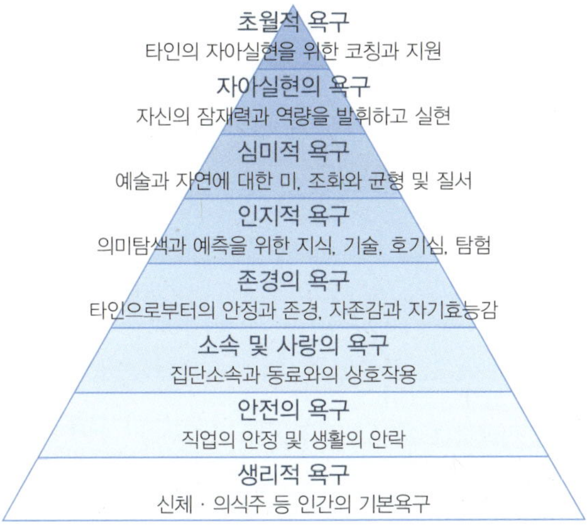

[그림 7-1] Maslow의 욕구위계론

Maslow이론의 핵심은 이러한 욕구위계론이 개인이나 사회적으로 보편성을 지니는 것으로 보고 있으며, 인간의 욕구단계에서 하위수준의 욕구가 만족이 되어야만 다음 단계의 욕구들을 추구한다는 것이다. 따라서 상위동기로의 발달은 하위동기의 충족을 전제로 이루어진다. 또한, 하위욕구의 충족에 의해 상위욕구가 발전하여 행동에 영향을 미치더라도 하위욕구에 불만족이 생기면 우리의 행동은 하위욕구의 충족을 위해 퇴행하게 된다. 이렇듯 인간의 동기는 서로 위계적인 관계를 지니고 있으며, 상위동기로의 발달은 하위동기의 안정된 충족을 필요로 한다.

(2) Alderfer의 ERG이론

Alderfer는 Maslow이론의 문제점을 극복하고자 제시되었으며, Maslow가 제시한 욕구의 다섯 단계를 세 단계로 통합 · 발전시켜 ERG이론을 제시하였다.

① 존재의 욕구(Existence Need): 인간이 생존을 유지하기 위해 필요한 욕구이다. Maslow의 생리적 욕구와 안전의 욕구 일부가 포함된다.

② 관계의 욕구(Related Need): 사회적 존재로서 타인과 인간관계를 맺으려

고 하는 욕구이다. Maslow의 대인관계 측면의 안전의 욕구와 소속 및 사랑의 욕구, 그리고 존경의 욕구 일부가 포함된다.

③ 성장의 욕구(Growth Need): 개인적 성장을 위한 개인의 노력과 관계된 모든 욕구를 말한다. Maslow의 존경의 욕구와 자아실현의 욕구를 포함한다.

〈표 7-2〉 Maslow의 욕구위계론과 ERG이론과의 관계

욕구위계론	ERG이론
자아실현의 욕구 존경(자기 자신)의 욕구	성장의 욕구
존경(대인관계)의 욕구 소속 및 사랑의 욕구 안전(대인관계)의 욕구	관계의 욕구
안전(물질적)의 욕구 생리적 욕구	생존의 욕구

출처: Hoy & Miskel(1996).

Alderfer의 ERG이론과 Maslow의 욕구위계론을 비교해 보면, 첫째, Maslow는 강도가 큰 우세한 욕구만이 동기요인으로 작용한다고 주장하였으나, Alderfer는 세 수준의 욕구가 어느 정도 동시에 작용할 수 있다고 주장하였다. 둘째, Alderfer의 이론은 하위욕구가 만족되어야만 상위욕구가 추구되는 만족-진행 과정뿐만 아니라 상위욕구를 추구하는 데 실패하면 그보다 하위욕구를 추구하게 된다는 역진행과정의 개념을 주장한다. 셋째, Maslow의 이론과는 달리 Alderfer는 하위단계의 욕구가 충족되지 않아도 상위단계의 욕구가 발생할 수 있다고 주장한다.

(3) Herzberg의 2요인이론

Herzberg는 동기를 유발하는 요인을 위생요인과 동기요인이라는 두 가지 요인으로 구분하여 2요인이론을 제시하였으며(Herzberg, 1966), 인간의 유형을 위생요인에 의한 환경에 대한 불만족형 인간과 동기요인에 위한 직무내용에

대한 만족형 인간으로 구분하였다.

2요인이론에서 먼저, 욕구가 환경에 관한 것이고 환경이 직무불만족을 예방할 수 있는 기본적 기능을 가지고 있다고 하여 이를 위생요인(hygiene factors) 또는 이를 환경에 대한 불만족이라 하여 환경요인이라고 한다. 이것은 업무가 수행되고 있는 작업환경 및 작업조건, 직무불만족을 예방하는 기능을 하며, 조직의 정책과 관리, 감독, 작업조건, 대인관계, 금전, 지위, 신분, 안정 등을 포함한다. 한편, 욕구는 사람을 보다 우수한 업무수행을 하도록 동기부여 하는 데 유효하기 때문에 이를 동기요인(motivators)이라고 한다. 이것은 조직 구성원이 더욱 우수한 업무 수행을 위한 동기부여에 적합한 요인으로, 직무 그 자체와 관련되며, 자기성취, 성취에 대한 인정, 도전적이고 보람 있는 과업수행, 책임의 증대, 승진 등이 해당된다(Hoy & Miskel, 2013). 그러나 위생요인과 동기요인이 완전히 별개의 것은 아니고 서로 중복되거나 또는 그 비중이 크다는 것으로서 우리는 이것을 상대적인 개념으로 파악해야 한다.

2요인이론의 핵심은 '만족'과 '불만족'을 연속선상의 양극에 위치하는 반대하는 개념으로 보던 종래의 관점과는 다르게 만족과 불만족은 서로 독립된 별개의 차원으로 본다는 것이다. 즉, 만족의 반대는 불만족이 아니라 만족이 없는 상태인 '무만족(no satisfaction)'이며, 불만족의 반대는 만족이 아니라 불만족이 없는 '무불만족(no disatisfaction)'이라는 사실을 끌어내었다.

〈표 7-3〉 Herzberg의 2요인이론

위생요인	동기요인
부하 및 동료 직원과의 대인관계	성취
감독유형	승진
정책과 관리	인정
작업조건	일 그 자체
개인의 삶	성장
직업 안정성과 보수	책임감
↓	↓
불만족	만족

출처: Hoy & Miskel(2013).

Herzberg의 이론은 피고용인의 감정을 새로운 접근으로 이해했다는 점과 피고용인들의 동기를 유발할 수 있는 직무설계(job design)에 대한 시사점으로 많은 주목을 받았다.

(4) McGregor의 X · Y이론

미국의 경영학자이자 심리학자인 McGregor(1960)는 인간의 본성에 대한 가정을 근거로 하여 인간의 동기를 X이론과 Y이론으로 구분하였다. X이론은 Maslow의 생리적 욕구, 안전욕구, Herzberg의 위생요인과 관련이 있다. 한편, Y이론은 Maslow의 소속 및 사랑의 욕구, 존경의 욕구, 자기실현의 욕구, Herzberg의 동기요인과 관련이 있다. 다시 말해, X이론은 외재적 동기에, Y이론은 내재적 동기에 가깝다.

X이론 지향 인간은 일하기를 싫어하며, 야망이 없고 책임지기를 싫어하고 통제에 순응하면서 조직문제에 창의력을 발휘하지 못하며, 생리적 욕구나 안전욕구 단계의 동기를 부여해야 한다고 보았다. 이러한 X이론에서의 관리자의 관리전략은 직원들의 행동에 대해 감독 · 통제하고 시정 · 책임지며 처벌 · 통제 · 위협 등을 선호한다고 가정한다. 반면에 Y이론 지향 인간은 작업환경을 적절히 제공하면 직무를 자발적이고 창의적으로 수행하며, 사회적 · 존경 · 자기실현 단계의 욕구를 선호한다고 본다. Y이론에서 관리자의 관리전략은 개인목표와 조직목표를 조화될 수 있도록 하며, 관리자는 직무를 통하여 욕구가 충족되고 개인이 발전할 수 있도록 하는 것이다.

〈표 7-4〉 X이론과 Y이론 비교

특성	X이론	Y이론
작업태도	일이란 원래 대부분의 사람들에게 있어서 하기 싫은 것이다.	일이란 작업조건만 잘 정비되면 놀이를 하는 것이나 쉬는 것과 같이 극히 자연스러운 것이다.
야망	대부분의 사람들은 야망이 없고 책임지기를 싫어하고 지휘받기를 좋아한다.	조직목표를 해결하는 데는 자기통제가 불가결하다.
창조성	대다수의 사람들이 조직문제를 해결하는 데 창의력을 발휘하지 못한다.	조직문제를 해결하기 위한 창의력은 누구나 가지고 있다.
동기화	동기부여는 생리적 욕구나 안전욕구의 단계에서만 가능하다.	동기부여는 생리적 · 안전욕구의 계층에서는 물론, 사회적 · 존경 · 자아실현의 욕구계층에서도 가능하다.
통제	대다수의 사람은 엄격히 통제되어야 하고 조직목표의 달성을 위해서는 강제되어야 한다.	사람은 적절하게 동기가 부여되면 일에 자율적이고 창의적이다.

출처: Owens & Valesky(2011).

McGregor는 인간의 본질에 관한 X이론은 잘못된 것이라고 보고 Y이론을 제시하였는데, 즉 대개의 사람들은 조건만 맞으면 일을 노는 것처럼 여길 수 있는 존재이며 스스로 자기를 지시하고 통제할 수 있으며 사회적 존재, 자기실현 등의 상위욕구에 의하여 동기가 부여될 수 있는 존재임을 가정하였다. 그러나 이러한 Y이론은 지나치게 이상주의적이라는 비판을 받는다. 즉, 모든 사람이 자율성, 책임감 등을 가지고 싶어 하는지는 의문이며, 또한 조직에 있어서도 관리자의 직접적인 명령이나 지시가 더 효과적일 때가 있다.

(5) Argyris의 미성숙-성숙이론

Argyris(1957)는 조직의 관리방법이 구성원의 행동과 성장에 어떠한 영향을 미치는가를 연구하여 미성숙-성숙이론(immaturity-maturity theory)을 제시하였다. 그는 개인이 여러 해에 걸쳐 성숙해 가는 과정에서 퍼스낼러티가 [그림 7-2]와 같이 일곱 가지 차원의 변화를 일으킨다고 보았다. 이와 같은 변화는 연속적인 것이며, 건강한 성격은 변화의 연속성에 따라 미성숙에서 성숙 단계로 나아간다.

미성숙	성숙
① 수동적 행동	능동적 행동
② 의존성	독립성
③ 제한된 행동	다양한 행동
④ 변덕스럽고 천박한 흥미	더 깊고 강한 흥미
⑤ 단기적 전망	장기적 전망
⑥ 종속적 지위	동등하거나 우월한 지위
⑦ 자아의식 결여	자아의식과 자기통제

[그림 7-2] 성숙-미성숙의 연속체

출처: 김규태 외(2014).

Argyris는 지시적이고 과업중심적인 조직의 특성, 즉 과업의 전문화, 명령과 지시의 통일성, 관리와 감독 등 과학적 관리법, 관료제 등의 특성이 공식조직 자체 속에 구성원을 미성숙하게 하는 것으로 보았다(Lunenburg & Ornstein, 2012). 즉, 많은 조직에서 구성원은 그 조직의 관리방식에 의해 개인의 성숙이 방해받아 자기 환경에 대해 최소한의 영향력밖에 행사할 수 없게 되어 오히려 수동적 · 의존적 · 종속적인 행동이 조장되어, 결과적으로 미성숙한 행동을 보이게 된다고 보았다. 나아가 전통적 조직은 인간의 자아실현과 같은 고차적 욕구를 인정하지 않으려 하고 인간적 욕구를 위협하면서, 인간을 종속적이고 순종하게 만들면서 미성숙행동을 바라고 있다는 것이다.

그러나 개인은 욕구가 중요한 것이며, 그 욕구의 성취가 중요한 것이다. 만약, 개인이 개인목표보다 조직목표가 우선한다는 것을 알게 되면, 개인의 심리적 에너지는 불만 · 갈등 · 긴장 또는 더 나아가 조직 파괴 등의 행동으로 나타나게 된다.

2) 과정이론

동기부여의 과정이론은 인간욕구를 중심으로 하는 이론이 아니라 동기부여가 변수와 변수들 간에 상호연관성을 검토하여 어떠한 과정으로 이루어지는

가에 중점을 두는 이론들이다.

(1) Vroom의 기대이론

Vroom(1964)은 어떤 행동을 할 때, 개인은 자신의 노력 정도에 따른 결과를 기대하게 되며 그 기대를 실현하기 위하여 어떤 행동을 결정한다는 기대이론(expectancy theory)을 제안했다. 즉, 기대이론은 조직 속의 인간을 매우 복잡한 존재로 파악하며 동기 과정에서 개인의 지각이 중요한 역할을 한다고 강조하는 이론으로, 개인은 사고력, 추리력 등을 지니고 있어서 조직 속에서 어떻게 행동하는 것이 좋을 것인가에 대한 이해득실을 미리 예견하는 의식적 과정을 통해서 행동을 결정한다고 본다.

기대이론에서 개인은 행동의 결과로 나타날 수 있는 성과에 관한 기대를 가지고 있으며, 사람마다 성과에 대한 선호는 다른 것으로 가정한다. Vroom에 의하면 인간의 행동요인(Motive) 방향은 유인가, 수단성, 기대감의 세 가지 요인에 의해 결정된다.

- 유인가(Valence): 특정 보상에 대해 갖는 선호의 강도
- 수단성(Instrumentality): 어떤 특정한 수준의 성과를 달성하면 바람직한 보상이 주어지리라 믿는 정도
- 기대감(Expectancy): 어떤 활동이 특정 결과를 가져오리라고 믿는 가능성

[그림 7-3] Vroom의 기대이론 모형

출처: Lunenberg & Ornstein(2008).

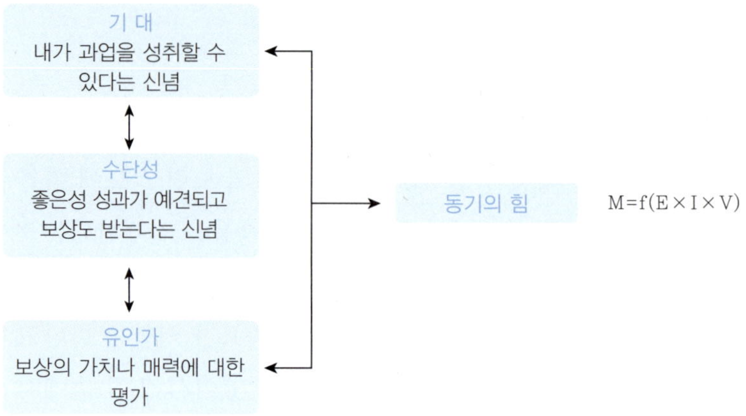

[그림 7-4] 기대이론에서의 동기의 힘

출처: Hoy & Miskel(2008).

인간행동의 방향은 그 사람에게 의미 있다고 여겨지는 방향으로 움직이게 되고, 또한 그 의미 있는 것을 실제로 얻을 수 있는 확률이 높은 방향으로 행동하게 된다는 것이다. 기대이론의 장점은 상대방으로부터 기대하는 행동이 일어나지 않을 경우 왜 그러한 행동을 하지 않았는지 분석 가능하게 해 준다. 그러나 인간을 철저하게 합리적인 동물로 파악한다는 데 한계성을 가진다(장성화, 2021).

(2) Porter와 Lawler의 기대이론

Porter와 Lawler는 Vroom의 기대이론을 확장하여 결과와 동기부여를 연결시키는 데 그치지 않고 여러 변수를 첨가하여 독자적으로 이론을 발전시켰다. 그들은 직무만족이 성과(과업수행)에 영향을 미친다는 종전의 전통적 관점과는 정반대로 성과(과업수행)가 직무만족에 영향을 미친다고 본다. Porter와 Lawler의 기대이론은 Vroom의 기대이론과는 달리 노력이 성과로 직접 연결되는 것이 아니라, 개인의 능력과 특성 그리고 역할지각에 따라 과업수행이 달라지고 성과 후에 따라오는 보상과 그 보상을 어떻게 지각하느냐에 따라 만족이 결정된다고 본다(이병환 외, 2012).

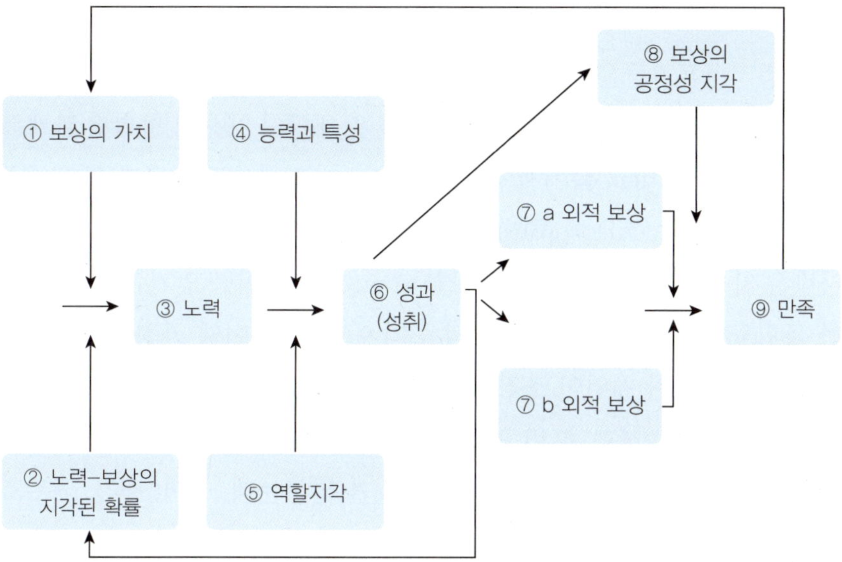

[그림 7-5] Porter와 Lawler의 성과-만족 모형

출처: Porter & Lawler(1968).

Porter와 Lawler의 기대이론을 요약해 보면 다음과 같다(송화섭, 1992), 첫째, 직무수행능력은 과업성취와 거기에 결부된 보상에 부여하는 가치, 그리고 어떤 노력이 보상을 가져다줄 것이라는 기대에 의해 좌우된다. 둘째, 노력에 의한 직무성취가 개인에게 만족을 줄 수 있는데, 만족을 주는 힘은 거기에 결부된 내재적 및 외재적 보상에 의해서 강화된다. 셋째, 내재적 및 외재적 보상이 있더라도 그것이 불공정하다고 지각되면 개인에게 만족을 줄 수 없다.

그러나 기대이론은 첫째, 이론의 내용이 너무 복잡하여 검증 자체가 매우 어려우며, 둘째, 변수에 대한 조작적 정의가 애매하여 기대이론 주장자들 간에 통일성이 결여되어 있다. 셋째, 가장 만족이 큰 쪽으로 인간의 행동이 동기화된다는 기대이론의 쾌락주의 가정은 인간행위의 올바른 설명이 되지 못하며, 넷째, 기대이론이 주장하는 바와 같이 과연 인간이 복잡한 계산 과정을 거쳐 행동을 하는지와 같은 문제점이 지적될 수 있다(신유근, 1985).

(3) Adams의 공정성이론

많은 동기이론가들은 인간의 동기를 설명하기 위해 공정성(Equity)의 개념을 검토해 왔다. Adams(1963)의 공정성이론은 개인이 자신의 사회적 관계를 평가할 때 타인과의 비교 속에서 이루어진다는 가정에서 출발하고 있기 때문에 사회적 비교이론(social comparison theory)이라고도 한다.

사람은 자신이 수행한 일로 받은 결과(outcoms)와 이를 얻기 위해 자신이 투자한 투입(input)에 대한 특정한 신념을 가지고 있다. 이때 공정성을 결정짓는 요인으로, 투입이란 개인이 조직을 위해 기여하는 모든 것을 의미하며 그 요인으로는 교육, 지능, 경험, 훈련, 태도 등이 포함된다. 그리고 결과는 개인이 보상을 포함하여 조직으로부터 받는 모든 것을 말하는데, 급여, 승진, 근무조건, 인정, 부가적 혜택 등을 말한다.

[그림 7-6] 공정성이론의 논리

출처: Steers(1988).

공정성이론에 따르면, 사람들은 자신의 투입-결과의 비율을 타인의 투입-결과의 비율과 비교하며, 이 비율이 동등할 때 고용자와 공정한 거래를 하고 있다고 느끼게 되며, 직무에 대한 만족을 느낀다. 반대로 불공정하다고 느낄 경우에는 직무에 대하여 불만을 갖거나 불안을 느끼게 되어 긴장감(과대보상일 경우에는 부담감, 과소보상일 경우에는 불쾌감)이 조성되는데, 이때 사람은 긴장감을 감소시키고 공정성을 회복하도록 동기화되며, 이를 위하여 대체로 다음 여섯 가지 행동 중 하나를 취하게 된다(Steers & Porter, 1983).

① 투입 조정: 비교대상과 비교하여 낮은 급여를 받고 있다고 느끼면 직무에 대한 시간과 노력을 감소시키거나 급여 인상을 요구할 것이다. 반면에 과대 보상을 받는다고 느끼면 직무수행의 양과 질을 높이게 될 것이다.

② 결과 조정: 투입을 증가시키는 대신 결과를 감소시키거나, 투입을 감소시키는 대신 결과를 증가시킴으로써 공정성을 회복할 수 있다.

③ 투입이나 결과에 대한 인지적 왜곡: 불공정성에 따른 긴장과 불일치를 감소시키기 위해 양립할 수 없는 지각의 어느 하나를 수정하려고 애쓴다. 만약, 타인이 자신보다 불균형하게 높은 성과를 받을 경우에, 그는 타인이 자신보다 많은 직무 지식이나 지능을 가지고 있는 것으로 추론함으로써 자신의 지각을 왜곡시킨다. 반대로 자신이 불균형하게 많이 받을 경우에는, 자신이 타인보다 많은 경험이나 지식을 가지고 있다고 그 자신을 확신시킴으로써 이를 정당화할 것이다.

④ 비교대상의 투입과 결과의 변경: 비교의 대상이 되는 동료에게 투입을 감소시키도록 압력을 가하거나 조직을 떠나도록 압력을 넣을 수도 있다. 혹은 비교 대상이 실제로 자신보다 열심히 일을 하므로 보다 큰 성과나 보상을 받을만하다고 믿는다.

⑤ 비교대상의 변경: 만약 자신의 투입-결과 비율이 타인과 비교하여 불공정하다고 느끼면 공정성을 회복하기 위해 비교대상을 바꿀 수 있다.

⑥ 조직 이탈: 다른 직무나 부서로의 이동 또는 직장을 그만둠으로써 공정성을 회복할 수 있다.

(4) Locke와 latham의 목표설정이론

목표설정이론은 Locke와 Latham에 의해 개발된 이론이다. 이들은 목표를 달성하려는 의도(intention)가 행동에 동기를 부여하는 일차적인 힘이 된다고 가정하였다. 목표는 개인이 의식적으로 성취하려고 하는 것으로, 개인으로 하여금 수용 가능한 성취 수준과 행위의 방향을 정해 주는데, 이때 목표의 내용과 강도가 매우 중요한 요인이 된다. 목표의 내용은 하려고 하는 활동이나 얻고자 하는 성과와 관련을 가지며, 목표의 강도는 개인이 목표에 대해서 부여하는 중요성의 정도와 관련을 갖는다. 그러므로 이 이론에서는 목표의 내용과 강도가 동기유발을 위한 중요한 기제가 된다고 주장한다.

Locke와 Latham(1990)은 동기를 극대화시키는 성공적인 목표설정의 긍정적인 효과를 다음과 같이 제시했다.

첫째, 목표는 즉시적인 과업에 대한 주의력을 증가시켜 준다. 즉, 목표는 개인들을 집중하게 함으로써 선택에 영향을 미친다.

둘째, 목표는 활동에 투입하는 노력을 증진시킨다. 즉, 목표는 사람들로 하여금 다른 것들을 무시하면서 목표 관련 행동을 하도록 한다.

셋째, 목표가 일단 명료화되면 목표를 포기하려는 시도가 감소되고 지속성이 증가된다.

넷째, 목표 설정은 구체적인 과업수행 전략, 즉 과업수행 방법을 개발하도록 고무시켜 줌으로써 동기와 과업수행 수준을 증가시킨다.

한편, Locke는 인간의 행동은 가치와 의도(목표)라는 두 가지 인지에 의해 결정된다고 보고 [그림 7-7]과 같은 논리를 제시하였다.

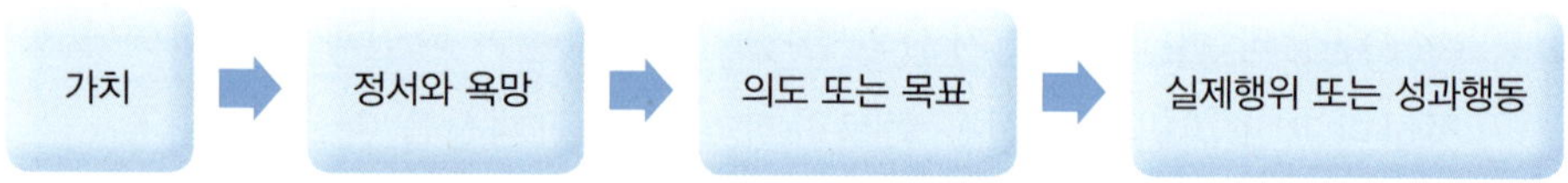

[그림 7-7] Locke의 목표설정이론의 논리

출처: Steers(1988).

한 개인이 지닌 가치는 그 가치와 일치하는 무엇인가를 하려는 욕망(desire)을 일으키게 하고, 이러한 정서와 욕망의 결과로 어떤 목표를 설정하게 된다. 그리고 이러한 목표는 실제 행동이나 성과를 결정하는 요인이 된다. Locke는 목표가 실제 행위 또는 성과를 결정하는 주요 요인임을 강조하고 있으나, 그 목표가 어떠한 속성을 가져야 하는가에 대해서는 체계적인 해답을 주지 못하고 있다. 이러한 점에서 Steers가 제시한 여섯 가지의 좋은 과업 목표의 특징은 참고할 만하다(Steers, 1984).

① 목표의 구체성: 막연한 목표보다는 구체적인 목표가 성과를 높일 수 있는 행동을 불러일으킨다. 구체적인 목표는 목표의 모호성을 감소시켜 주고

행동방향을 명확하게 제시해 주기 때문이다.

② 목표의 곤란성: 쉬운 목표보다는 다소 어려운 목표가 동기를 유발시킨다. 도전감이 문제해결에 많은 노력을 집중하도록 자극하기 때문이다.

③ 목표설정에의 참여: 구성원이 목표설정 과정에 참여함으로써 성과가 향상될 수 있다.

④ 목표노력에 대한 피드백: 노력에 대하여 피드백이 주어질 때 성과가 올라간다.

⑤ 목표 달성에 대한 동료 간 경쟁: 일반적으로 동료 간 경쟁이 성과를 높일 수 있다. 그러나 지나친 경쟁은 오히려 해가 될 수도 있음을 알아야 한다.

⑥ 목표의 수용성: 일방적으로 강요되고 지정된 목표보다는 구성원들이 자발적으로 수용한 목표가 더 큰 동기를 유발시킬 수 있다.

이상의 목표설정이론을 요약해 보면 [그림 7-8]과 같이 구체적이고 도전적이지만 달성 가능한 목표가 목표 성취를 위한 구체적인 과업전략의 개발뿐 아니라 집중력, 노력 및 지속성을 증가시키기 때문에 동기를 증가시킬 수 있다. 또한, 목표 달성 과정에서 피드백은 주의력, 노력, 지속성을 강화시키며 효과적인 목표 달성 전략을 수정하는 정보를 제공하는 기능을 수행한다.

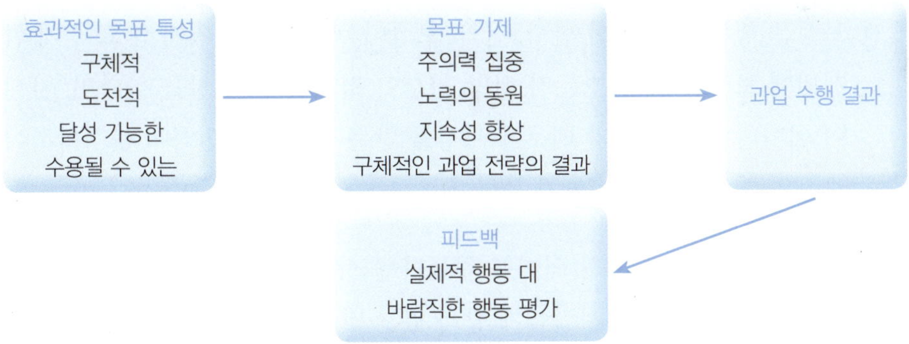

[그림 7-8] 목표설정이론의 논리

출처: Hoy & Miskel(2013).

(5) 강화이론

강화이론은 어떤 행동이 지속적으로 유지될 것인가는 자신의 내적 결정보다 그 행동이 가져오는 결과에 대한 환경의 반응에 의해 결정되는 경향이 있다는 것이다. 즉, 특정 행동의 결과가 긍정적 보상을 받게 되면 그 행동은 점점 강화되어 지속적인 행동 패턴으로 자리를 잡게 된다는 것이 강화이론이다. 대표적인 학자인 Skinner에 따르면, 복잡한 행동이나 습관 등은 행동으로 인한 결과, 즉 어떤 행동을 보인 이후에 나타나는 보상에 관심을 둔다. 바람직한 행동을 강화하기 위한 바람직한 보상의 방법은 다음과 같다(장성화, 2021).

① 어떠한 행동이 바람직한 행동인지에 대해 구체적으로 보상대상의 행동을 명확하게 설정하여야 한다. 따라서 보상을 받는 사람도 자신의 어떠한 행동이 보상대상이 되는지를 정확하게 인식할 수 있어야 한다.
② 행동의 중요성에 따라 보상의 정도도 달라야 하며, 중요성에 대한 비중에 관계없이 그저 바람직하다고 무조건 보상을 하게 되면, 정말로 바람직한 행동이 무엇인지가 불명확하여, 중요하다고 여기는 행동의 지속화를 기대하기 힘들다.
③ 보상에서 일관성이 있어야 한다. 보상받을 만한 행동을 했을 때는 반드시 보상을 해 주고 같은 강도의 보상이어야 한다.
④ 보상은 행동 즉시 해야 한다. 만약, 보상이 바로 이루어지지 않고 후에 한꺼번에 보상을 해 준다든지 상당 기간이 경과된 후 보상을 한다면, 자신이 어떠한 행동을 했기 때문에 보상을 받는지에 대한 인식이 불명확하여 보상의 효과가 그다지 크지 못하다.

인간관계에서 강화이론의 의미를 찾는다면 상대방이 나에 대해 어떠한 행동을 하는가 하는 것은 그 사람에게 달려 있는 것이 아니라, 내가 그 사람의 행동에 대해 어떠한 반응을 보이느냐에 달려 있다. 즉, 상대방의 특정 행동 자체가 바람직하다고 여겨지면 그에 상응하는 칭찬을 한다든지 다른 보상을 통해 긍정적인 보상을 해 줌으로써 그 행동이 지속되도록 유인할 수 있다. 반대로 그 사람의 행동이 마음에 들지 않는다면 부정적인 반응을 통해 그 행동이 다시 반복되지 않도록 통제할 수 있다는 것이다. 강화이론에서 제시하는 긍정적 또는 부정적 보상은 정도의 차이는 있지만, 인간의 행동에 영향을 줄 수 있다는 것은 부정할 수 없다(장성화, 2021).

(6) 사회교환이론

사회교환이론은 Homans(1958), Thibaut와 Kelley(1959)에 의해 체계화되었다. 이에 의하면 인간의 상호관계란 단순한 교섭에 의해서 이루어지는 것이 아니라, 그 결과로 얻어지는 '보상'과 소요되는 '대가'를 상호 비교하여, 전자가 후자를 초과하거나 적어도 균형을 이룰 때 비로소 유지된다(오만록, 2015). 즉, 사회에서 인간관계는 상호 주고(costs)받는(rewards) 과정에서 이루어지며, 쌍방이 그 관계의 결과 남는 것(profits)이 있다고 여겨질 때 상호관계가 지속되며, 그렇지 않으면 관계를 개선하거나 중지하여 새로운 관계를 지향한다.

Skinner의 행동주의 심리학을 인간에게 적용하여 사회교환이론을 체계화한 Homans에 의하면, 모든 인간의 행동은 개인이 주어진 상황에서 지출하는 대가에 비하여 얼마만큼의 보상을 얻을 수 있는지를 판단하여 행하게 되는데, 이러한 상호작용관계에서 사회질서가 생성된다고 간주하였다(Homans, 1958). 심리학적 측면에 중점을 둔 Homans의 사회교환이론을 정리하면 다음과 같다(Wilson, 1983)

① 인간은 과거 · 현재 · 미래에 걸친 상호작용을 통한 손익을 신중하게 고려하는 합리적인 동물이기 때문에 인간은 과거에 보상받은 경험이 있는 행동은 되풀이하고, 다시 보상받을 것을 기대한다.

② 모든 인간이나 사회조직은 금전과 권력, 명예, 사회적 인정을 제공해 줄 자원을 가진 사회적 관계에 관여한다.

③ 사회관계는 개인이 소유하고 있는 자원을 상호작용적인 관계에 있는 상

대방이 소유하고 있는 더 귀중한 자원과 교환하려는 의도에 의해 이루어진다.

④ 교환관계에 임하는 개인이나 사회조직은 그 관계에서 최대의 이익을 보장하는 상대방과 상호작용을 하게 된다.

⑤ 사회는 이득을 추구하는 개인 또는 사회집단들 간의 복잡한 교환관계망으로 구성된다.

한편, Homans가 심리학적 측면(개인적인 측면)에 중점을 둔 사회교환이론을 체계화한 데 반해, Blau(1964)는 사회교환이론이 단지 개인과 개인 간의 관계에만 적용되는 것이 아니라, 사회조직이나 사회집단의 사회구조과정을 설명하는 데도 활용될 수 있다고 보았다. 즉, 개인 간의 상호교환이 심리적 · 물리적 · 사회적 보상의 추구로 이해될 수 있듯이, 사회조직은 집단과 집단이 동의(합의)와 갈등을 가지면서 재화와 권력의 이익을 얻으려고 노력함으로써 유지된다고 본다(오만록, 2015).

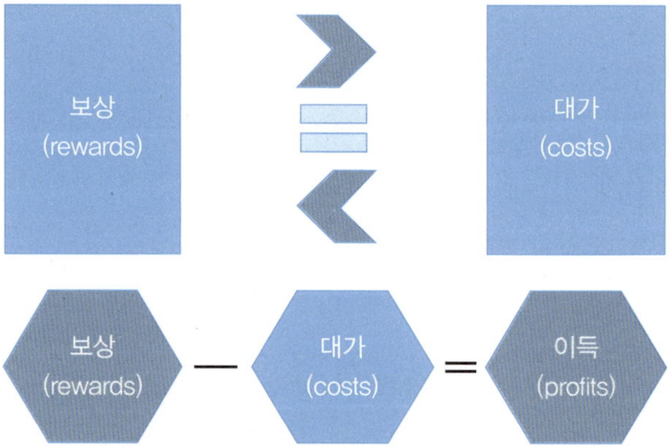

[그림 7-9] 사회교환이론

출처: 오만록(2015).

이와 같은 사회교환이론은 인간관계를 아주 계산적 · 타산적인 경제적 관계로 보고 인간을 단순한 경제적 동물로 본다는 측면에서 많은 비판의 여지가 있다. 또한, 인간관계는 순수하게 그 사람이 좋아서라든지 우연한 기회에 서로 만나 마음을 주고받다 보면 자연스럽게 형성되는 것이지, 매력적인 면이 무엇이고 그 관계를 통해 얻어질 보상에 대해 계산하고 사람을 대하는 것은 아니라는 것이다. 따라서 인간관계 형성과정에서 의식적으로 계산하거나 이익을 따지지 않는다 하더라도 우리가 마음속에 가지는 그 사람에 대한 인상이라든지, 그 사람을 만난 후 남은 감정 등이 곧 그 관계에 대한 결과를 가리킨다고 할 수 있다(장성화, 2021).

제8장

스트레스와 인간관계

현대사회에서는 사람들이 스트레스로 인해 자신의 삶뿐만 아니라 타인과의 인간 관계를 훼손시키고 있다. 이에 본 장에서는 스트레스의 정의와 원인, 해소방안을 살펴보고 스트레스를 효과적으로 처리하는 사람에 대해 알아보고자 한다.

1. 스트레스의 정의와 원인

1) 스트레스의 정의

스트레스는 정신적 · 신체적 자극으로 인한 변화를 일으키는 정신적 긴장감(부담 또는 압박)을 뜻한다. 심리학 또는 생물학에서는 스트레스 요인에 대해 경계하고 대항하려는 심신의 변화 과정을 의미한다. 스트레스가 없는 사람은 죽은 사람이다.

스트레스(stress)의 어원은 라틴어 'strictus' 또는 'stringere'에서 유래되었으며, '단단하게 당기다(to draw tight)'이고, '과세하다(taxes)', '긴장하다(strains)', '제한하다(restrict)' 등의 의미를 포함한다. 어원적으로 스트레스는 스트레스적인 상황을 동반하는 감정(feelings)을 느끼는 것이다(Salas et al., 1996). 스트레스는 17세기에는 역경 혹은 고통을 기술하는 데 사용되었으며, 18세기 후반에는 힘(force), 압박(pressure), 긴장(strain), 강한 노력(strong effort)의 의미로 활용되었다(Hinkle, 1973).

스트레스는 즐거운 것이든 즐겁지 않은 것이든지 간에 신체 기관에 어떤 부담을 주는 압박감으로 인하여 비특정적인 신체 반응이 일어나는 것을 말한다. 치과에 가서 치료받는 것은 스트레스를 받는 일이다. 그러나 사랑하는 사람과의 열정적인 입맞춤은 맥박을 빠르게 하고, 호흡이 빨라지고 심장을 마구 뛰게 한다. 세상의 어느 누가 스트레스를 받기 때문에 기쁨을 가져다주는 일을 포기하겠는가? 우리는 완전히 스트레스를 피할 수는 없다.

학자들이 제시한 스트레스 개념 정의를 세 가지 의미의 측면에서 살펴보면 다음과 같다.

첫째는 자극(stimulus)에 초점을 둔 정의로, Janis와 Mann(1977)은 스트레스를 높은 정도의 불쾌한 감정을 초래하고, 정상적 정보 흐름에 영향을 미치는 환경적인 변화로 정의한다. 또한, Singer(1992)는 스트레스를 사람들에게 부정적인 결과와 긍정적인 태도를 유발하게 하는 것으로 이해하고, 스트레스를 사람들이 스트레스 요인이라고 명명되는 환경적인 사건에 반응을 표시하는 육체적 · 심리적 반응을 포함하는 것이라고 정의한다. 이와 같이 자극에 초점을 둔 경우에, 스트레스는 조직 구성원의 측면에서 적응적 반응(adaptive response)을 요구하는 환경에 있어서의 자극을 의미한다.

둘째는 반응(response) 혹은 결과에 초점을 둔 정의로, Levi(1967)는 스트레스란, 유기체(organism)에 있어 심리적인 긴장적 반작용(strain reactions)이며, 환경적 자극으로 명명되는 다양한 스트레스 요인이 발생할 때 표출한다는 것이다. Ivancevich와 Matteson(1982)은 스트레스란, 개인적 특성과 심리적 과정에 의해 게재되는 적응적 반응(adaptive responses)이며, 이는 외부적인 활동 · 상황 · 사건에 영향을 받으며, 또한 공간적 · 물리적 환경과 심리적인 요구에 영향을 받는다고 하였다. Altman 등(1985)은 스트레스로 인한 결과에 초점을 두어 스트레스란 압박, 걱정 및 긴장에 관한 감정이라고 정의한다. Harris와 Hartman(2002)은 스트레스란, 지각된 위협(perceived threats)에 대한 각 개인의 반응으로 정의한다. 스트레스 요인들은 임박한 위험(impending danger)의 원인 혹은 원천으로 간주한다. 이와 같이 반응 혹은 결과에 초점을 둔 경우에, 스트레스는 직무요구에 대처할 수 있는 개인적 능력이 미흡할 때 경험하게 되는 감정을 의미한다.

셋째는 자극-반응(stimulus-response) 및 환경적인 상황에 초점을 둔 정의로, McGrath(1978)는 스트레스란 환경적인 상황에 연계되어 있으며, 이는 개인의 능력과 자원을 초월하여 위협적인 요구로 지각되는 환경적인 상황에서 발생하는 것으로 이해하고 있다. Quick과 Quick(1984)은 스트레스란 개인과 조직상황의 요구(demand)에 의해 기인하며, 이들 요구를 관리하기 위한 자원(지식, 기술, 능력, 사회적 지지체계, 개인적 특성 등)과 불일치하여 발생하는 긴장이라고 하였다. Daniels(1996)는 스트레스란 환경에 대한 개인적 지각(individual perception)이 바라는 것과 상당한 차이가 있을 때 발생하는 심리적인 과정(psychological process)으로 정의하고 있다. 즉, 지각과 바람 사이의 차이는 심리적 불일치를 초래하여 스트레스가 유발된다는 것이다. Salas 등(1996)은 스트레스란 어떤 환경적인 요구가 개인이 소유한 자원을 초과하여 바람직하지 못한 생리적 · 심리적 · 행태적 · 사회적 결과를 초래하는 과정이라는 것이다. 즉, 스트레스란 위협적이고 도전적인 것으로 평가되는 환경적인 사건에 대해 반응할 수 있는 각 개인의 능력(capacity)을 초월하여 위험한 것으로 인지되는 부정적인 감정적 반응이라는 것이다. 이와 같이 자극-반응(과정적인 측면)에 초점을 둔 경우에, 스트레스 요인은 조직 구성원으로부터 적응적 반응이 요구되는 직무조건 혹은 조직상황을 의미하고, 스트레스는 직무요구(job demand)가 조직 구성원에게 영향을 미치는 전체적인 과정을 의미한다.

스트레스란, 조직 구성원의 내 · 외적 환경적인 사건으로 인한 스트레스 요인에 대해 반응하는 긴장과 불안에 대한 주관적인 감정(the subjective feeling of strain and anxiety)이며, 여러 가지 산출물을 수반한다. 즉, 스트레스는 자극뿐만 아니라 각 개인의 내 · 외적인 측면에서 육체적 · 심리적 반응(reaction)을 산출하는 전체과정을 의미한다. 나아가 스트레스는 두 가지 측면을 공유한다. 스트레스는 회피하고 싶은 부정적 함축(negative connotation)이 포함되고, 다른 측면에서 스트레스는 단순히 불쾌한 사건 혹은 경험이 아니라 흥분, 자극, 기쁨 등을 일으키는 긍정적인 면도 존재한다.

2) 스트레스의 원인

우리의 삶은 스트레스의 연속이라고 해도 과언이 아니다. 대부분의 사람들이 어떤 형태로든 스트레스에 노출되어 있고, 실제로 "스트레스가 쌓였어."라는 말은 주위에서 흔하게 듣는다. 하지만 정작 스트레스의 실체를 충분히 파악하고 있는 경우는 드물고, 우리가 대개 어떤 일에 스트레스를 느끼게 되는지 모르는 경우가 대부분이다.

스트레스의 원인은 스트레서(stressor) 또는 유발인자(trigger)라고 하는데, 외적 원인과 내적 원인을 <표 8-1>과 같이 나누어 볼 수 있다.

〈표 8-1〉 스트레스 외적 · 내적 원인

원인		내용
외적 원인 (external stressor)	사회적 스트레스	• 과업, 야근, 잔업이 많은 경우 • 조직사회에서의 규칙이나 규정 또는 마감시간 • 책임이 무거운 일을 하고 있는 경우 • 대출, 구조조정, 파산, 도산 같은 문제를 안고 있는 경우
	인간관계에서 오는 스트레스	• 직장상사, 동료, 부하직원과의 원만치 못한 인간관계 • 가정 내의 문제 • 친척과의 문제 • 친구와의 문제
	정신적 스트레스	• 가족이나 친척의 병 또는 죽음 • 육아나 자신의 건강 • 불행, 재산 상실, 실연, 장래에 대한 불안 • 중대한 결정, 사업이나 시험의 실패, 중요한 업무, 시험, 행사 전의 정신적인 부담
	물리적 · 환경적 스트레스	• 너무 덥거나 추울 때 • 고기압 또는 저기압 • 근로형태로 인해 발생하는 물리적 · 화학적 자극 • 소음, 대기오염 • 너무 어둡거나 밝을 때 • 진동, 한정된 공간 등 환경이 나쁜 곳에서 생활하거나 일하고 있는 경우
	육체적 스트레스	• 질병, 상처로 인한 고통, 일 또는 가사 등의 피로
	기타	• 통근, 열쇠 잃어버림, 기계적 고장 등의 일상적이며 복잡한 일

원인		내용
내적 원인 (internal stressor)	생활 양식의 선택	• 카페인, 충분하지 못한 잠, 과중한 스케줄
	부정적인 자신과의 대화	• 비관적인 생각, 자기 비하, 과도한 분석, 심신의 핸디캡
	마음의 올가미 (mind traps)	• 비현실적인 기대, 독선적인 소유, 과장되고 경직된 사고
	스트레스가 잘 생길 수 있는 개인 특성	• A형, 완벽주의자, 일벌레, 비뚤어진 성격에서 오는 심리적인 스트레스

또한, 디스트레스(distress)가 있다. 디스트레스는 자신의 목표에 집착해 과도하게 자신을 육체적 · 정신적으로 혹사 시킬 때에 오며, 수주 이상 불안, 긴장이 지속되는 경우 문제가 나타나기 시작한다. 흔하게는 자신을 돌보지 않고 무리한 기준이나 목표를 위해 자신을 과도하게 몰아세울 때 나타난다. 문제는 그 기준이나 목표가 너무나 정당한 것이고 합리적이어서 주변이나 자신 스스로 문제 삼기 어렵다는 것이다. 또 스스로를 몰아붙이는 것도 그 정도가 장기적인 경우에는 스스로 지쳐 있다는 것을 인지하기 어렵다는 것이다. 디스트레스 진행의 예를 살펴보면 <표 8-2>와 같다.

〈표 8-2〉 디스트레스 진행

1. 자기 기준에의 집착

목표를 세우고 최선을 다하는 것은 좋은 일이다. 하지만 때로는 비현실적인 목표를 세우기도 하고 현재의 조건으로 불가능한 목표를 세우기도 한다. 문제는 그러한 목표를 이루지 못하는 것이 자신의 노력 부족이라고 생각하고 자신을 몰아세우는 것이다. 노력을 해도 도달할 수 없고 그러니 더 자책하고 자신을 혹사시키고 그러다 소진이 오는 것이다. 흔히 인간관계에서 스트레스를 받는 사람들이 대표적이다. 친구 관계에서 지나치게 이상적인 기준을 세운다. '친구라면 모든 것을 희생하고 서로에게 헌신해야 한다.'라는 정도의 기준이다. 자신도 그 기준을 도달하지 못해 늘 괴로워하고 자책하며 상대방이 기준에 어긋나게 행동하면 상처받고 실망하는 것이다. 나도 피곤하고 상대도 지쳐 관계가 유지되지 않는다. 이러한 기준은 마음속에만 있어 보이지도 않고 표현되기도 애매해서 당사자는 '잘할 때는 잘하는 데 대하기 까다로운 사람' 정도로 생각되고 본인도 일을 열심히 하는 데 왜 마음처럼 잘 진행되지 않는지 속상해한다.

2. 육체적 · 정신적 혹사

위와 같은 상황이 진행되면 상황을 극복하기 위해 자신의 노력 부족을 원인이라 생각하고 스스로 무리하는 경향이 생긴다. 물론, 이러한 무리는 좋은 결과를 가져오기보다는 몸과 마음이 지치는 소진을 가져온다. 한 번 소진이 오면 장시간 무기력, 무의욕 상태에 빠지게 된다. 아무것도 하고 싶지 않고 할 수도 없는 이 상태는 지쳐있는 몸과 마음을 회복하기 위한 방어 상태로 생각해야 하는데 당사자는 안 그래도 스스로 노력 부족으로 자책하는 상태에서 거꾸로 더 몰아붙이게 되어 무기력과 과부하가 반복되는 악순환이 온다. 흔히 마음은 불안하고 쫓기는데 집중도 안 되고 몸도 피곤해 무기력한 상태가 지속되며 쉬어도 피곤하고 불안이 가중되어 제대로 쉬지도 못하면서 점점 더 지쳐가게 된다.

3. 코르티솔(스트레스 호르몬)

스트레스를 받으면 우리 몸의 부신에서는 '코르티솔'이라는 스트레스 호르몬이 나온다. 한편에서는 스트레스에 몸을 대응시키기도 하지만 스트레스가 해소되지 않고 만성화되는 경우 면역력을 약화시키고 다른 만성 질환을 가져올 수 있다. 또한, 뇌에 영향을 줘서 기억력을 감소시키거나 학습능력을 저해하기도 한다. 코르티솔은 신체 대사에 관여되는 다양한 역할을 해서 스트레스 치료를 위해 인위적으로 조절하지는 않으며, 만성적으로 증가되어 있는 경우 진단에 참고하기도 한다.

스트레스의 원인을 앞에서 살펴보았는데 구체적으로 직군이나 대상에 따라 원인이 차이가 날 수 있다. 데이터솜(2020)에 의하면 직장인 스트레스의 가장 큰 원인은 연봉이나 업무량이 아닌 '인간관계'인 것으로 나타났다.

생활밀착 일자리를 제공하는 벼룩시장구인구직이 직장인 1,225명을 대상으로 '직장인과 스트레스'에 대해 조사한 결과, 전체 응답자의 86.7%가 '직장생활을 하면서 스트레스를 받은 적이 있다'고 답했다. 이러한 응답은 '중소기업'에 근무하는 직장인이 87.9%로 가장 높았고 '중견기업(87.8%)', '대기업(87.5%)' 직장인이 근소한 차이로 뒤를 이었다. '공기업(78.1%)'에 근무하는 직장인은 상대적으로 스트레스가 낮은 것으로 집계됐다.

직장생활 연차별로는 '10년 이상'이 89.5%로 가장 스트레스를 많이 받고 있었으며 '1년 미만(88.6%)', '5년 미만(87.1%)', '10년 미만(85.1%)', '3년 미만(82.4%)'의 순이었다. 스트레스의 주요 원인으로는 '상사 · 동료와의 인간관계'가 25.2%로 가장 많았다. 이어 '과도한 업무량(23.7%)', '낮은 연봉(13.1%)', '상사 · 고객 · 거래처의 갑질(9.9%)' 등을 스트레스의 원인으로 들었다.

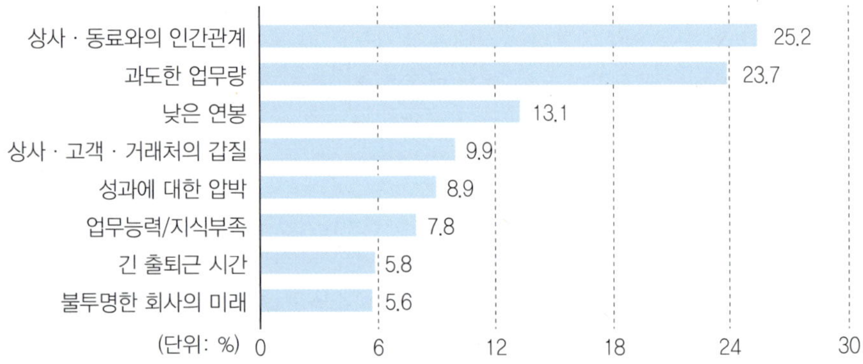

[그림 8-1] 직장인 스트레스의 주요원인

스트레스로 인한 신체적 · 정신적 변화로는 '성격이 예민해졌다(23.3%)'는 응답자가 가장 많았고 '만성피로에 시달린다(18.8%)', '두통 · 소화불량이 생겼다(17.8%)', '불면증이 생겼다(9.8%)', '이유 없는 분노를 느낄 때가 많아졌다(8.3%)' 등의 응답이 이어졌다. 직장인들은 '잠자기(23.8%)', '술 · 담배(12.7%)', '친구 · 지인과의 대화(12.3%)', '운동(11.6%)', '여행 및 문화생활(10.7%)', '맛집 탐방(7.7%)', '취미생활(6.7%)' 등을 통해 스트레스 해소를 한다고 답했다. 직장인에게 스트레스를 이겨 내는 능력인 회복탄력성 정도를 점수로 환산해 직접 입력하게 한 결과, 평균 4.8점(10점 만점)에 그친 것으로 보아 이러한 노력들이 큰 도움이 되지는 않는 것으로 나타났다.

2. 스트레스의 진단 및 영향

1) 스트레스 자가 진단

한국인의 스트레스를 진단하는 한국판 지각된 스트레스 척도(PSS: Perceived Stress Scale)가 있다. 이 척도는 일상생활에서 주관적으로 느끼는 스트레스의 정도를 평가하기 위한 척도이다.

PSS 문항을 잘 읽고, 지난 1개월 동안 각 문항에 해당하는 내용을 얼마나 자주 느꼈는지 체크해 주십시오.

	문항	전혀 없었다 (1)	거의 없었다 (2)	가끔 있었다 (3)	꽤 자주 있었다 (4)	매우 자주 있었다 (5)
1	지난 한 달 동안, 예상치 못한 일이 생겨서 기분 나빠진 적이 얼마나 있었나요?					
2	지난 한 달 동안, 중요한 일들을 통제할 수 없다고 느낀 적은 얼마나 있었나요?					
3	지난 한 달 동안, 초조하거나 스트레스가 쌓인다고 느낀 적은 얼마나 있었나요?					
4	지난 한 달 동안, 짜증 나고 성가신 일들을 성공적으로 처리한 적이 얼마나 있었나요?					
5	지난 한 달 동안, 생활 속에서 일어난 중요한 변화들을 효과적으로 대처한 적이 얼마나 있었나요?					
6	지난 한 달 동안, 개인적인 문제를 처리하는 능력에 대해 자신감을 느낀 적은 얼마나 있었나요?					
7	지난 한 달 동안, 자신의 뜻대로 일이 진행된다고 느낀 적은 얼마나 있었나요?					
8	지난 한 달 동안, 매사를 잘 컨트롤하고 있다고 느낀 적이 얼마나 있었나요?					

	문항	전혀 없었다 (1)	거의 없었다 (2)	가끔 있었다 (3)	꽤 자주 있었다 (4)	매우 자주 있었다 (5)
9	지난 한 달 동안, 당신이 통제할 수 없는 범위에서 발생한 일 때문에 화가 난 적이 얼마나 있었나요?					
10	지난 한 달 동안, 어려운 일이 너무 많이 쌓여서 극복할 수 없다고 느낀 적이 얼마나 있었나요?					

채점결과

점수	진단 결과
0~13점	당신이 느끼고 있는 스트레스 정도는 정상적인 수준으로, 심리적으로 안정되어 있습니다.
14~16점	검사 결과, 약간의 스트레스를 받고 계신 것으로 보입니다. 스트레스를 해소하기 위해 운동이나 가벼운 산책, 명상 등 자신만의 스트레스 해소법을 찾아보는 것이 좋겠습니다.
17~18점	검사 결과, 중간 정도의 스트레스를 받고 있는 것으로 보입니다. 스트레스를 해소하기 위해 적극적인 노력을 하실 필요가 있으며, 원하신다면 전문가에게 도움을 요청해 보십시오.
19점 이상	검사 결과, 심한 스트레스를 받고 있는 것으로 나타나고 있어, 일상생활에서 어려움을 겪고 있을 가능성이 높아 보입니다. 상담센터에 방문하시어 추가적인 검사를 받아보시거나, 전문가와 자신의 상태에 대해 이야기해 볼 것을 권합니다.

출처: 서울대학교 관악학생생활관 홈페이지.

2) 스트레스의 영향

스트레스의 영향은 스트레스의 정도에 따라 다양한 방식으로 영향을 미친다. 여기에서는 국가정신건강정보포털과 이영균(2004)의 연구를 요약 제시하였다.

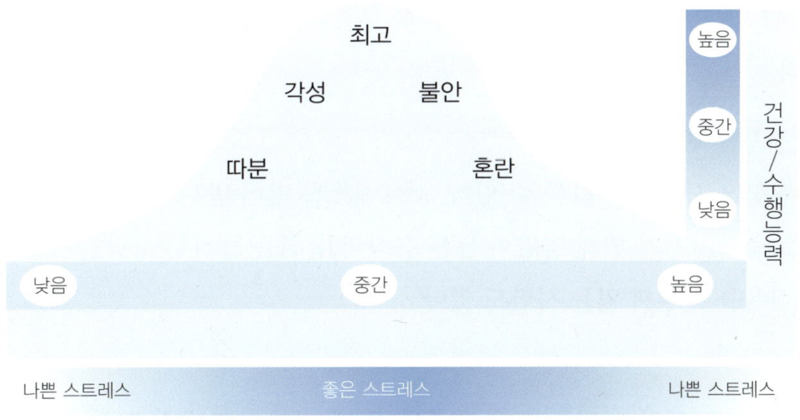

[그림 8-2] 스트레스의 영향

(1) 스트레스의 신체적 영향

스트레스가 몸에 미치는 영향은 뇌의 매우 특정한 부분인 시상하부에 의해 조절된다. 이 흥미로운 영역은 거의 레이더처럼 작동한다. 두려움과 불안으로 가득 찬 정신적 장애에 매우 민감하다. 그것은 이 모든 메시지를 위협으로 해석하고, 즉시 우리 몸에 경고 신호를 보내고 탈출하라고 알린다. 경고 신호가 울리면, 우리 몸에서 믿을 수 없을 정도로 복잡한 반응이 촉발된다. 우선 뇌하수체와 부신피질이 스트레스 호르몬을 분비한다.

① 호흡기와 심장 관련 증상

스트레스 호르몬은 호흡기 계통과 심혈관계에 직접적인 영향을 미친다. 우리 몸 전체에 산소가 풍부한 혈액을 빠르게 공급하기 위해서 호흡이 빨라지며, 따라서 위협에 가능한 한 빨리 반응할 수 있게 된다. 여기서, 빈맥과 고혈압이 발생할 수 있으므로 커다란 위험이 된다. 또 다른 현상도 발생한다. 이는 우리가 이러한 위협으로부터 '탈출'할 수 있도록 근육에 더 많은 산소를 공급하기 위해 혈관을 좁힌다. 여기서 심장과 뇌로 가는 산소와 영양분이 적어진다.

② 소화기관에 미치는 영향

스트레스는 우리 몸의 소화계에도 영향을 미친다. 복통, 궤양의 출현, 소화장애, 위 역류, 설사나 변비, 메스꺼움과 구토, 대장염 및 장염 등의 증상이 나타난다.

③ 비만 또는 체중 감소

이 영향은 사람마다 다를 수 있다. 스트레스를 많이 받는 상황에서 감정적인 욕구를 충족시키기 위해 열량이 높은 음식의 섭취를 늘리는 사람들이 있다. 반면에 식욕을 완전히 잃는 사람도 있다.

④ 탈모

스트레스로 인한 탈모는 매우 흔하다. 혈액 내의 코르티솔 수치가 높아지면 모낭이 약해지고 점차 탈모가 발생한다. 또한, 원형 탈모증으로 고생할 수 있는데, 작은 부위에 그치거나 국부적인 대머리가 될 수도 있다.

⑤ 월경의 변화

만성 스트레스는 보통 호르몬 체계에 심각한 영향을 미친다. 여성에게 나타나는 가장 두드러진 증상 중 하나는 매우 불규칙한 월경 주기이다. 월경 주기가 지연되거나, 하지 않을 수도 있고, 생리량이 평소보다 적을 수도 있다.

⑥ 면역력 약화

스트레스는 우리 몸의 면역 체계에 큰 영향을 줄 수 있다. 감정적 스트레스는 우리의 방어력을 약화시킨다. 만약, 우리가 제대로 대처하지 못한 채 오랫동안 스트레스를 받는다면, 면역 체계의 반응은 줄어들고 그래서 여러 가지 조건에 더욱 취약해진다.

(2) 스트레스의 심리적 영향

① 우울증

우울증은 생물학적으로 감정을 조절하는 뇌의 기능에 문제가 생겨 유발되는 것이며, 스트레스 등의 외부 사건, 개인의 성격 등 복합적 요인으로 인해 발생한다. 우울증은 친척 중 우울증을 앓은 적이 있거나 의존적이고 자신감이 없어 스트레스를 쉽게 받는 성격인 경우, 그리고 스트레스가 많은 경우 잘 발병한다. 연구결과에 의하면 우울증 환자들은 정상인보다 과거 9개월 동안에 불쾌한 스트레스를 4배 정도 많이 경험했다고 보고되었다.

② 불면증

불면증은 스트레스로 인한 신경증의 흔한 증상으로, 잠이 드는 것이 어렵거나 밤 동안 자주 깨고, 깨고 나면 다시 잠드는 데 어려움이 있거나 자고 일어나도 개운하지 못한 경우를 말한다. 불면증은 야간 수면의 어려움뿐 아니라 낮 동안의 피곤함, 의욕 상실, 집중 곤란 등의 문제를 일으킬 수 있다.

③ 불안장애

일상생활에서 과중한 스트레스나 심리적 갈등으로 인해 불안한 느낌이 과도하고 광범위하게 다양한 신체증상을 나타내며 지속하는 상태를 말한다. 불안장애의 종류는 짧은 시간에 극도의 불안이나 공포가 엄습하는 '공황장애', 자신의 의지와 관계없이 생각이나 행동을 반복하는 '강박장애', 심한 스트레스를 경험할 때 나타나는 '외상 후 스트레스장애'가 있다.

④ 적응장애

스트레스에 의한 반응으로 불안, 우울 등의 감정적 증상이나 폭력성을 띠거나 대인관계에 문제가 발생하는 등의 문제 행동을 보이는 것을 적응장애라고 한다. 스트레스를 받은 후 3개월 이내에 사회 통념상 일반적인 반응을 넘어서 학업, 직업, 인간관계에 심각한 장애를 초래하면 적응장애로 볼 수 있다.

3. 스트레스의 해소 방법

스트레스 해소 방법은 여러 가지가 있다. 아래에는 나무위키에서 제시한 스트레스 해소 방법을 소개하였다.

① 스트레스의 원인을 제거하거나 멀리하기: 가장 근본적이며 효과가 좋은 방법은, 예를 들어 게임에서 계속 똑같은 자리에서 죽어서 화가 난다면 그곳으로 가지 않거나, 그냥 게임을 끄고 다른 걸 하면 된다. 하지만 인간관계에 의한 스트레스나 직무상의 스트레스는 간단히 원인을 없앨 수 없다. 상사를 해고하거나 하극상을 일으키는 것은 쉽지 않기 때문이다. 그러므로 극단적인 방법 중에는 스트레스를 벗어나기 위해 퇴사하는 방법이 있다.

② 스트레스를 받아들이기: 스트레스를 안 받을 수는 없다는 사실을 인정하고 벗어나려고만 하지 말고 자신이 스트레스를 받고 있다는 것을 받아들일 때 극복할 기회를 가지게 된다.

③ 이완: 눈과 눈 주위를 마사지하고 따뜻하게 해 준다. 또한, 목의 긴장을 풀어준다.

④ 호흡법: 코로 숨을 들이마시면서 넷까지 센다. 아랫배에 힘을 주면서 폐에 공기가 차도록 윗배를 부풀린 채 숨을 멈추고 넷까지 센다. 천천히 숨을 내쉬면서 넷까지 센다. 현기증이 일어나면 멈춘다.

⑤ 생각하는 방식 바꾸기: 우울한 감정과 불안, 분노에서 벗어나기 위해서는 원인을 찾아야 한다. 원인을 찾으면 손바닥 뒤집기를 하듯이 부정적인 것을 긍정적으로 생각한다.

⑥ 명상: 명상을 하면서 스트레스를 받았던 기억이나 그에 대한 걱정을 떨쳐버린다. 명상을 통해 화, 분노 및 짜증 등이 사라지고 객관적으로 볼 수 있는 힘을 길러 준다. 다만, 잡생각이 지나치게 많을 경우 오히려 스트레스를 가중할 수 있으니 유의해야 한다.

⑦ 긍정적인 자아개념: 자신이 처한 환경을 최대한 긍정적으로 생각해야 한다. 똑같은 상황에서 낮은 자긍심과 부정적 자아개념을 가진 사람은 높은 자긍심과 긍정적 자아개념을 가진 사람보다 많은 스트레스를 받을 수 있다.

⑧ 자기주장을 표현하는 훈련하기: 자기주장은 자신의 의견, 감정, 욕구를 명확하게 표현하지만 상대방의 감정을 해치거나 비난하지 않는 대화법이다. 자신의 생각을 말하되 정중한 말투로 말한다.

⑨ 방향: 향, 양초, 아로마 오일 등 방향제를 이용해 공간에 향을 낸 뒤 휴식을 취한다. 향은 심리적 안정 효과가 있다.

⑩ 취미: 스트레스를 해소하는 가장 좋은 방법 중 하나가 자신이 좋아하고 즐겨하는 취미 생활을 하는 것이다. 자신이 좋아하는 일을 하는 것 그 자체로도 스트레스의 원인이 되는 생각을 떨쳐낼 수가 있다.

⑪ 운동: 스트레스를 줄일 수 있는 가장 효과가 좋은 방법 중 하나이다. 적당한 운동은 엔도르핀을 분비해 몸과 마음을 이완시켜 스트레스에 대해 능동적으로 대처할 수 있는 방법이다. 다만, 신체적인 원인으로 인해 생긴 스트레스의 경우 몸을 피로하게 만드는 운동은 오히려 스트레스를 악화시킬 수 있다.

⑫ 산책: 스트레스를 받았을 때 가만히 앉아만 있으면 잡념이 쌓일 수 있다. 산책을 하면서 몸을 움직이면 부정적인 생각을 줄일 수 있다. 공원 같은 곳에 가서 최소 10분 동안 걸으면서 나무를 자주 보고 자연의 소리를 들으면 마음이 저절로 안정될 것이다. 주변에 마땅한 공원이 없다면 길거리에서라도 산책을 하는 것은 괜찮다.

⑬ 게임: 게임도 취미이기에 자신의 성향에 맞는 게임을 하게 되면 스트레스를 풀 수 있다. 다만, 흥분을 잘하는 사람일 경우 오히려 스트레스를 더 받을 수 있으니 주의해야 한다.

⑭ 독서: 독서는 좋은 스트레스 해소법으로, 책을 읽으며 마음의 평정심을 찾을 수 있다. 물론, 책의 내용이 과도하게 비판적이거나 부정적일 경우

오히려 책을 읽으면서 스트레스를 유발할 수도 있으니 책의 종류를 잘 선택할 필요가 있다.

⑮ 맛있는 음식 먹기: 맛있는 음식을 먹는 것, 특히 단 음식은 상당한 만족감을 준다. 물론, 지나치게 많이 먹게 될 경우 부작용은 각오해야 하기에 적당히 먹는 게 좋다.

⑯ 일탈: 여기서 말하는 일탈은 절대 범죄행위를 일컫는 것이 아니며, 일상에서 벗어나 쾌락을 느낄 수 있고 남에게 해를 끼치지 않는 행위를 말한다. 예를 들면, 철저하게 하루 일과 시간을 지키거나 식이요법을 오랜 시간 반복하던 사람이라면 '오늘은 이건 때려 치고 휴식하자!'나 '오늘 하루쯤은 외식이라도 하자!' 같은 느낌이다. 물론, 이것 역시 과도하게 자주 반복되면 오히려 일탈이 새로운 일상이 되어버리고, 기존의 일상생활에 대해서 더 큰 스트레스를 받게 될 수 있기 때문에 적정선을 지킬 필요가 있다.

4. 스트레스에 대응하는 사람의 특징

스트레스를 효과적으로 처리하는 사람과 그렇지 못한 사람은 다음의 공통점이 있다.

1) 스트레스를 정복하는 사람들

① 문제해결에 낙천적이고 좌절에도 불구하고 사기가 높다.

② 근본적 혹은 이상적인 해결책을 구하기 전에라도, 해결해야만 될 즉각적 문제와 장애물에 초점을 맞추어 행동한다. 큰 문제를 해결 가능한 작은 문제로 나누어 본다. 소위 실용주의자에 가깝다.

③ 가능한 많은 전략과 전술 중에서 해결책을 선택하고, 결코 배수진을 쓰지

않는다. 삼국지의 제갈공명 스타일이다.

④ 가능성이 있는 다양한 결과를 생각해 보고, 대응책을 세운다.

⑤ 남의 제안에 개방적이고 융통성이 있다. 하지만 최종 결정권은 가진다. 내 자신의 문제이니 내가 나서겠다는 식이다.

⑥ 판단력이 흐려질 수 있으므로 극단적인 감정을 피하려 노력하며 매우 침착하다.

2) 스트레스에 정복당하는 사람들

① 자신에 대한 기대가 과도하고, 경직된 시야를 가지고 있다. 판단의 기준에 융통성이 없고, 타협이나 남에게 도움을 구하는 것을 꺼린다.

② 어떤 상황에서는 마땅히 어떻게 행동해야 한다는 식으로 견해가 좁고 절대적이어서 관용적일 여지가 없다.

③ 편견에 사로잡혀 있고, 그럴듯한 견해에 충동적으로 따르거나 매우 피암시성이 강하다.

④ 지나치게 부정을 하거나 합리화를 사용하고, 당면한 문제에 초점을 맞추지 못한다. 문제를 덮어두려고 하는 사람들이다. 손바닥으로 태양을 가리려 한다.

⑤ 알맞은 대안(차선책)을 찾지 못하기 때문에, 수동적이고 스스로 행동을 시작하지 못한다. 우유부단하다.

제9장

갈등과 인간관계

사회에서 갈등은 필요 불가결한 것이다. 이에 이 장에서는 먼저 갈등의 원인과 유형을 알아보고 갈등을 원활하게 해결할 수 있는 갈등해결전략과 평화적 갈등해결을 위한 원칙에 대해 살펴보고자 한다.

1. 갈등의 정의와 원인

1) 갈등의 정의

갈등은 '칡 갈(葛)' 자와 '등나무 등(藤)' 자의 조합으로, 국립국어원에 따르면 '칡과 등나무가 서로 얽히는 것'과 같은 상태와 같이 개인이나 집단 사이의 목표나 이해관계의 차이로 서로 적대시하거나 충돌하는 것이다.

사회에서 갈등은 필요 불가결한 것이며, 예방도 필요하지만 어떻게 해소하는지가 더 중요하다. 갈등을 통해 개인 및 조직의 문제점을 드러내어 통합 및 발전의 계기가 될 수 있고, 침체된 조직과 사회에 활력을 불어넣어 주는 순기능도 있다.

갈등의 개념에 대한 구체적인 정의는 다음과 같이 요약할 수 있다.

1. 나와 차이가 있음을 인지

나와 상대방 간에 어떤 차이가 있음을 스스로 인지하는 것을 기본적으로 갈등이라고 한다.

2. 차이의 부정적 작용

나와의 차이가 부정적으로 작용할 때 갈등이 발생했다고 볼 수 있다.

3. 부정적 감정 도출

차이로 인해 부정적으로 영향을 미치게 되고, 그로 인해 계속해서 부정적 감정이 나타나는 것이 갈등이다.

4. 두 개 이상의 결과 상존 불가

두 개의 서로 다른 목적을 달성하고자 하여 차이가 발생하는 것을 의미한다. 이러한 과정에서 상대와 내가 호전적 · 경쟁적 · 경제적인 차원에서 경쟁을 하게 되면 갈등을 일으키게 된다. 협상에 있어서도 내가 이기고 상대는 져야 하는 win-and-lose의 관계가 형성될 수밖에 없는 것이다.

2) 갈등의 원인

갈등의 원천은 주어진 사회의 사회적 욕구에 대한 표출과 밀접한 관계를 갖는다. 이는 사회체제의 구조적 차원과 역사적 맥락, 정서적 차원 및 문화적 가치, 그리고 사람 간의 상호작용과 의사소통으로 세분화할 수 있다.

사회적 욕구를 기반으로 커뮤니케이션, 정서, 가치, 역사, 구조 등의 충돌을 통해 갈등이 발생됨을 알 수 있다. 갈등의 정도를 시간의 흐름에 따라 갈등 발생 → 갈등 증폭 → 갈등 유지 → 갈등 감소 → 갈등 해소로 구분할 수 있다. 즉, 갈등의 진행 단계가 갈등의 발생 이후에 증가하는 시기를 지나 감소하여 해소되는 것으로 정리될 수 있다.

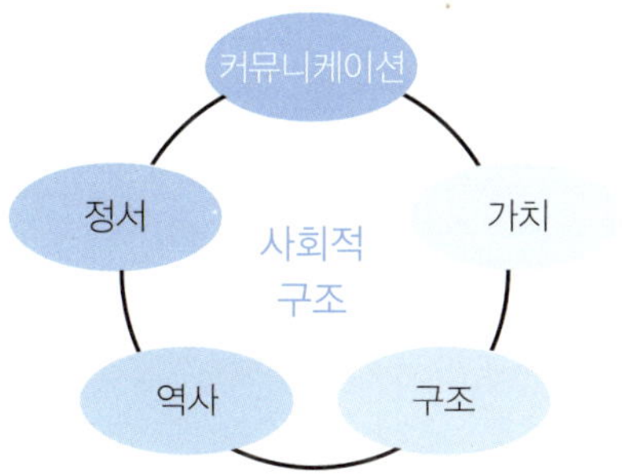

[그림 9-1] 사회적 욕구

출처: 지속가능발전위원회(2004).

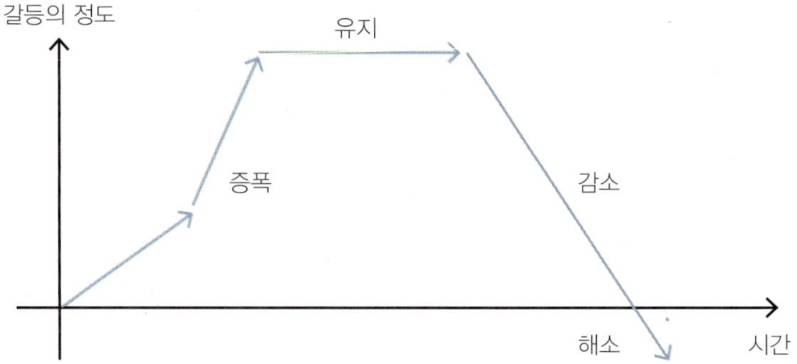

[그림 9-2] 갈등의 진행과정

출처: Pruitt, Dean. & Jeffrey, Rubin(1986).

[그림 9-2]의 그래프를 보면, 처음에는 아주 천천히 진행되다가 어느 순간이 되면 갈등이 증폭됨을 알 수 있다. 그리고 어느 상황이 되어서는 그 갈등이 더 이상 증폭되지 않고 정지 상태에 있다가 점점 갈등이 풀려 내려오기 시작하다가 해소되어 나간다.

이러한 갈등 진행 과정에 따른 원인은 <표 9-1>과 같다.

〈표 9-1〉 갈등 진행 과정에 따른 원인

증폭	유지	감소
• 흑백논리가 뚜렷할 때 • 보다 확실한 증거 확보 • 정보 왜곡 및 유리한 것만 입수 • 자기에게 유리한 정보만 선택 • 자기논리에 갇혔을 때	• 더 이상 사용할 협상기술이나 카드 부재 시 • 사회나 주위의 지지를 받지 못할 때 • 더 이상 자신의 논리를 증명할 수 없을 때 • 더 싸울 의사를 잃었을 때	• 상대가 계속 무반응을 보일 때 • 상대가 무조건 양보할 때 • 상대로부터 얻을 것이 없거나 상대가 너무 완강할 때 • 본인이 스스로 무관심하거나, 회피할 때 • 중재과정에 접어들 때

2. 갈등의 유형

우리가 갈등을 관리하기 위해서는 겪고 있거나 겪을 수 있는 갈등의 유형을 이해하는 것이 필요하다. 또한, 갈등의 유형에 대한 이해는 갈등해결의 과정에서 분석적 기준을 갖는 데 도움을 준다. 여기에서는 갈등의 유형을 개인적 갈등과 집단적 갈등으로 나눈 김종재(2006)와 Tomas(1976)의 자기지향과 타인지향이라는 두 가지 준거에 의해 5가지 유형으로 분류된 갈등 모형을 살펴보도록 한다.

1) 김종재(2006)의 개인적 갈등과 집단적 갈등

(1) 개인적 갈등

① 좌절감에 의한 갈등

인간은 '욕구의 출현 → 욕구 충족을 위한 행동 → 목표 달성'의 동기 순환 과정을 거치면서 행동을 한다. 그러나 인간의 욕구가 항상 충족되는 것은 아니다. 욕구가 좌절될 때 인간은 갈등을 일으킨다. 좌절감은 동기화된 욕구가 바라는 목표에 도달하기 전에 봉쇄될 때 발생한다. 이러한 장애물은 외부적 · 물리적인 것과 같이 쉽게 인식되는 가시적인 것일 수도 있고, 내부적 · 정신적인 것과 같이 밖으로 드러나지 않는 잠재적인 것일 수도 있다.

② 목표 갈등

목표 갈등은 우리가 바라는 요구나 목표가 양립할 수 없는 상황에서 일어나는 갈등이라고 할 수 있다. 목표 갈등에 직면할 때 우리가 할 수 있는 갈등해결 방법은 목표 중 하나를 포기하거나, 목표를 수정하거나, 목표 중 하나에 대한 추구를 지연하거나, 혹은 어떤 목표도 완전히 획득할 수 없다는 사실을 수용하는 것이 될 수 있다. 이러한 측면에서 Lewin은 갈등을 접근과 회피의 관계로 기술하였다. 즉, 어떤 것이 우리에게 매력적일 때 접근하기를 원하는 반면, 어떤 것이 우리에게 위협적일 때 그것을 회피하려고 한다는 것이다. 목표를 중심으로 한 접근-회피 갈등에는 다음과 같은 네 가지 유형이 있다.

- 접근-접근(approach-approach) 갈등: 우리가 두 가지 이상의 긍정적 목표에 접근하려고 하지만 그 목표가 상호배타적인 경우에 발생하는 갈등이다. 이 유형의 갈등은 Festinger(1957)의 인지부조화 이론에 의해 분석될 수 있다. 예를 들어, 대학 졸업을 앞둔 학생이 월급을 많이 주는 회사와 자기 전공을 살릴 수 있는 회사의 입사시험에 동시에 합격한 경우가 이 갈등의 유형에 해당한다.
- 회피-회피(avoidance-avoidance) 갈등: 우리가 회피하고 싶은 두 가지의 부정적인 목표 중 하나만을 선택해야만 하는 경우에 발생하는 갈등이다. 예를 들어, 성적이 나쁜 학생의 경우, 학교에 가기도 싫고 집에서 부모님의 야단을 맞기도 싫은 경우가 이 갈등에 해당한다.
- 접근-회피(approach-avoidance) 갈등: 우리가 동일한 목표에 대해 매력을 느끼는 동시에 그것을 싫어할 때 발생하는 갈등이다. 예를 들어, 마음에 드는 여학생에게 데이트 신청을 하고자 하는데 거절당할까 봐 망설이는 경우, 나무에 오르고 싶은데 올라가기는 무서운 경우가 있다.
- 이중 접근-회피(double approach-avoidance) 갈등: 각각 접근-회피 갈등을 보이는 두 가지의 목표 중 하나를 선택해야 하는 경우에 발생하는 갈등이다. 예를 들어, 과거에 못 이룬 유명 피아니스트의 꿈을 이루기 바라는 어머니와 프로 야구선수가 되기를 바라는 아버지를 둔 자녀의 경우, 피아노를 연습하면 어머니가 좋아하나 아버지가 좋아하지 않고, 야구 연습을 하면 아버지를 즐겁게 해 주는 대신 어머니를 실망시키는 것이 된다. 이때 자녀는 이중 접근-회피 갈등을 경험한다.

(2) 집단적 갈등

① 형태별 유형

집단 간 갈등의 형태별 유형은 수직적 갈등과 수평적 갈등으로 나눌 수 있다.

- 수직적 갈등: 조직 계층 간에 발생하는 갈등이다. 예를 들어, 홍보부와 그 부서를 통제하는 기획부 간에 갈등이 있을 수 있다. 이러한 갈등은 대체로 상위 부서가 하위 부서의 자유재량권을 지나치게 통제하는 과정에서 발생한다.
- 수평적 갈등: 한 조직 계층의 동일 수준의 부서 간에 발생하는 갈등이다. 예를 들어, 생산부와 영업부 간의 마찰이 여기에 해당한다. 이는 각 집단이 상이한 과업을 수행하고 상이한 환경을 마주하고 있기 때문에 자연적으로 발생하는 것으로서, 사람들은 자기 부서를 우선 생각하고 타 부서에 대해서는 이차적인 관심만 보이는 경향이 있기 때문이다.

② 원인별 유형

집단 간 갈등의 원인별 유형에는 기능적 갈등, 계층적 갈등, 경쟁적 갈등이 있다.

- 기능적 갈등: 기능이 다른 집단 간에 발생하는 갈등이다. 기능적 갈등은 한 조직 내에서 서로 다른 기능을 하는 집단이 동일한 상황에서 동일한 결과를 성취하는 데 서로 다른 집단의 간섭을 받을 때 일어난다. 예를 들어, 대통령 경제수석과 경제부처 간 발생하는 갈등이 여기에 해당한다.
- 계층적 갈등: 조직 내의 각 계층 간에 일어나는 갈등이다. 예를 들어, 이사회와 최고경영자, 중간관리자와 하위관리자, 상사와 부하, 관리자와 작업자 간에 일어나는 갈등이다.
- 경쟁적 갈등: 한 조직 내에서 여러 집단이 유사한 기능을 가질 때 일어나는 갈등이다. 예를 들어, 한 기업에서 특정 고객에 대하여 영업1부와 영업2부가 동시에 판매 활동을 하게 될 경우 이러한 갈등이 일어날 수 있다. 여

러 집단이 같은 기능을 수행할 경우 때로는 선의의 경쟁이 될 수 있으나 대개의 경우 집단의 자기중심적 성격으로 인해 경쟁적 갈등을 유발한다.

2) Thomans(1976)의 자기지향과 타인지향

Thomans(1976)는 사람들이 갈등을 이루는 다섯 가지 유형을 제시했다. 두 가지 축을 기준으로 나뉘는데, 하나는 협조성('타인'의 관심과 주장을 만족시키려 하는 것, X축)이고 다른 하나는 주장성('자신'의 주장을 만족시키려 하는 것, Y축)이다.

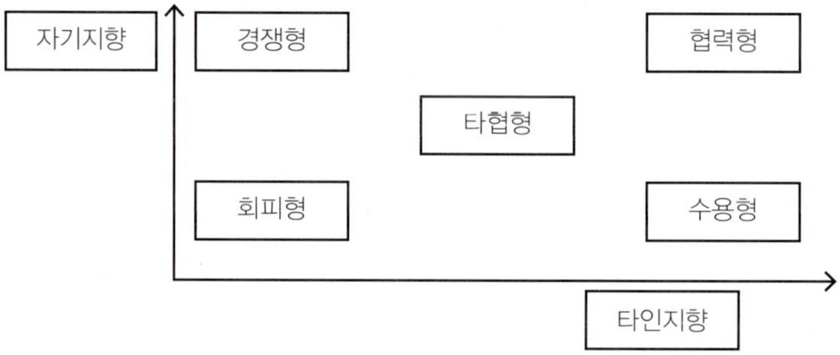

[그림 9-3] Thomans의 갈등 모형

(1) 경쟁(Competition)

주장성이 높으며 협동성이 낮은 경우이다. 이 경우에는 상대방이 이기면 자신은 얻는 것이 없게 된다는 생각으로 갈등에 접근한다. 자신의 관심사와 목표를 달성하는 것이 최우선이며, 내가 상대방을 이겨야 한다는 '나 win-너 lose'를 목표로 한다.

(2) 수용(Accommodation)

주장성이 낮으며 협동성이 높은 경우이다. 자신의 관심사는 포기하고 다른 사람의 관심사를 충족시켜 주는 방식이다. 피상적인 조화와 관계 유지를 위해서, 상대방의 기분을 상하게 하지 않기 위해서 요구조건을 받아주는 유형이다. 자기를 희생하며 본인의 요구와 바람은 덮어버리고 타인의 주장과 목표를 만족시키는 '나 lose-너 win' 방식이다.

(3) 회피(Avoidance)

주장성이 낮으며 협동성도 낮은 경우이다. 갈등 문제에서 한발 물러나거나 갈등 해결을 위한 적극적 역할 수행을 거부하며 중립적 입장으로 포장하는 유형이다. 자신뿐 아니라 타인의 목표 달성마저 무시하고 늦추는 방식을 위하기도 한다. 일하던 도중 갑자기 연락을 끊고 나타나지 않는다거나, 하겠다고 말만 하면서 계속 시간을 끄는 행동이 대표적이다. 나도 안 하고, 상대방도 못 하게 만드는 '나 lose-너 lose' 스타일이다.

(4) 타협(Compromise)

주장성과 협동성 모두 중간 수준의 경우이다. 갈등상태에 있는 양자가 상호교환과 희생을 통해 부분적 만족을 취하는 방식이다. 경쟁과 수용의 중간 지점으로 신속한 합의가 목적이다. '나도 하나 양보하고, 너도 하나 양보한다. 서로 어떤 것은 포기, 어떤 것은 유지한다.' 방식이다. 가장 흔하게 쓰이며, 승자도 없고 패자도 없다.

(5) 협력, 통합(Collaboration)

주장성과 협동성 모두 높은 수준의 경우이다. 양 당사자의 관심사를 통합하기 위해 갈등을 겪고 있는 양자의 관심사를 모두 만족시키려는 방식이다. 서로의 입장을 이해하고 고려하여 최선의 해결책을 모색한다. 당사자들이 서로 받아들일 수 있는 해결안에 이르기 위해 차이점을 조사하고 정보를 교환하며 개방적 대화를 이어간다. 갈등 해결을 통해 양자는 모두 이득을 볼 수 있으며, 장기적으로는 더 좋은 관계를 맺게 되는 'Win-Win'을 추구한다.

3. 갈등해결전략의 유형

갈등이 적당한 범위 내에서 우리로 하여금 환경 변화에 적응할 수 있도록 하거나 기술 혁신의 수단으로 사용되어 문제해결에 도움을 준다면 갈등은 매우 유익하게 작용하게 된다. 그렇다면 갈등상황에서 우리가 취할 수 있는 갈등해결전략은 무엇인가? 효과적인 갈등해결을 위해서는 갈등의 존재 확인과 갈등의 원인규명 및 갈등 수준평가, 그리고 이를 해소하기 위한 구체적인 전략이 필요하다.

여기에서는 갈등해결을 위한 전략으로 Gordon(2015)의 문제 소재에 따른 대처와 Ellis(1962)의 합리적인 생각으로 전환하기 전략을 살펴보고자 한다.

1) 문제 소재에 따른 대처

(1) 행동수용 도식

① 수용행동과 불수용행동

인간의 모든 행동은 그 행동을 한 사람의 욕구 표현이며, 일차적으로는 그저 행동 그 자체로 존재한다. 그런데 그 행동에 영향을 받는 사람이 그것을 평가하여 수용행동과 불수용행동으로 구분한다. 그것을 도식화하면 아래와 같다.

모든 행동은 수용자 자신, 상대방, 환경, 상황, 이전 경험 등에 따라 수용과 불수용 여부가 달라진다. 또한, 수용행동 영역과 불수용행동 영역의 크기 역시 행동 수용자 자신, 상대방, 환경, 상황, 이전 경험 등에 따라 달라진다. 같은 행동이라도 그것을 수용하는 사람에 따라, 상대방이 누구냐에 따라 어떤 환경이

냐 상황이냐에 따라 수용 여부가 달라진다.

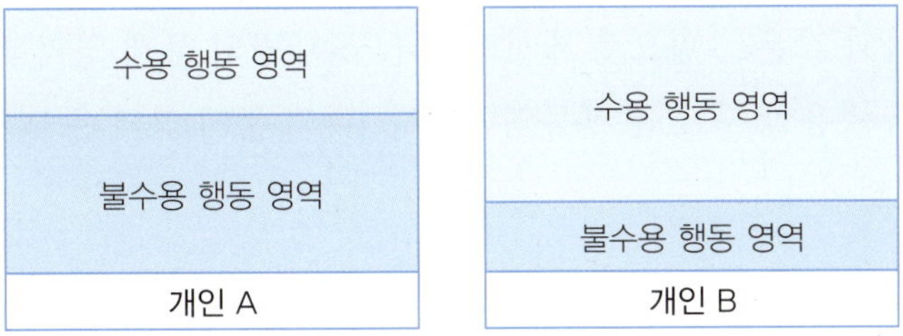

수용자의 수용행동 영역이 커질수록 불수용행동 영역은 작아진다. 어떤 개인의 수용행동 영역이 클수록 그 사람은 상대방과의 관계가 원만하고 불수용행동 영역이 상대방에게 불편감을 느끼고 갈등이 생길 가능성이 높다.

그런데 수용행동 영역의 행동들 중 일부는 거짓 수용행동이다. 실제로는 그 행동을 수용하지 않지만, '좋은 사람', '좋은 친구', '좋은 부모' 역할을 하기 위해서나 어떤 목적을 이루기 위해 수용하는 것처럼 행동한다. 이런 행동은 진정한 의미의 수용이라 할 수 없다. 이런 거짓 수용행동을 바라보는 상대방은 어떤 마음이 들까? 대부분의 경우 결국 거짓 수용을 하고 있다는 단서를 발견하고 상대방이 거짓 수용을 하고 있음을 알아차리게 된다. 이렇게 되면 상대방에 대한 신뢰가 깨져 관계가 더 악화된다. 거짓 수용보다는 차라리 자신이 수용할 수 있는 감정과 태도 수준에서 수용하는 것이 결과적으로 인간관계에 더 도움이 된다.

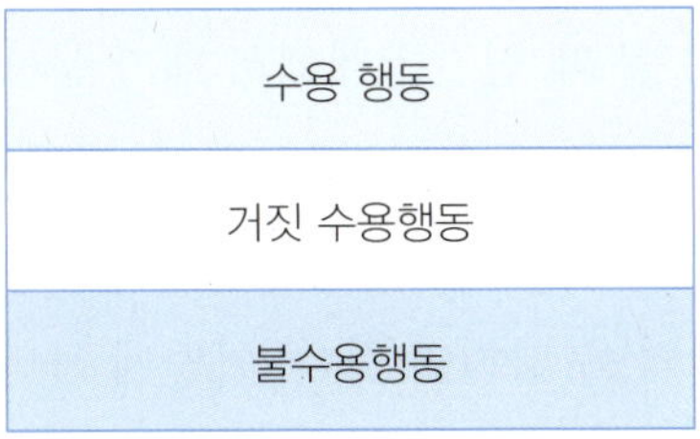

② 문제 소재와 대처

Gordon은 수용행동 영역과 불수용행동 영역을 누가 해결해야 할 문제인가에 따라 다음과 같은 그림으로 제시하였다. '상대방의 문제 영역'과 '문제 없음 영역'은 내가 수용할 수 있는 행동영역이다. '나의 문제 영역'은 내가 수용할 수 없는 행동영역이다.

상대방의 문제 영역
문제 없음 영역
나의 문제 영역

위 그림에서 '상대방의 문제 영역'은 상대방이 불편함을 느끼고 적극적으로 해결하기를 바라는 영역이다. 이럴 때 '상대방이 문제를 가지고 있다'라고 한다. '문제 없음 영역'은 나와 상대방이 모두 불편함을 느끼지 않는 영역이며, 이때는 문제가 나와 상대방 모두 문제를 가지고 있지 않다. '나의 문제 영역'은 내가 불편함을 느끼고 적극적으로 해결하기를 바라는 영역이다. 이럴 때 '내가 문제를 가지고 있다'라고 한다.

앞에서 살펴보았듯이, 인간관계에서 발생하는 부정적 감정을 누가 경험하는가 하는 것이 문제 소재의 개념이다. 예를 들어, 본인이 부정적 감정을 경험할 때는 문제 소재가 본인에게 있다고 본다. 상대방이 부정적 감정을 경험한다면 문제 소재는 상대방에게 있다고 본다.

문제 소재의 개념으로 볼 때 인간관계에서 내가 문제를 가지고 있다면 그 관계가 원만해지거나 더 발전하기를 바랄 수 없다. 어떻게든 문제를 해결해야만 좋은 인간관계로 나아갈 수 있다. 좋은 인간관계를 위해서는 상대방도 나도 문제가 없는 '문제 없음 영역'을 넓혀야 한다. 어떻게 하면 문제 없음 영역을 넓힐 수 있을까? 문제 소재에 따라 어떻게 대처하는 것이 좋을까?

Gordon은 문제 없음 영역을 넓히는 방법으로 다음과 같은 방법을 제안한다.

상대방의 문제영역에 대해서는 '적극적 경청'을 한다. 나의 문제영역에 대해서는 '나-메시지(I-Message)'를 사용한다. 상대방과 내가 동시에 문제를 가지고 있는 경우에는 무패적 방법을 사용한다.

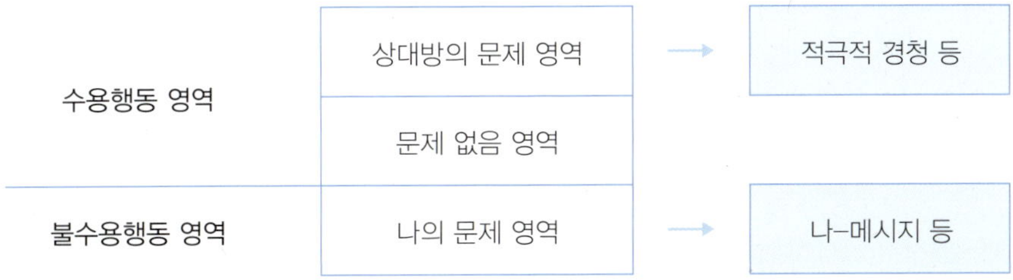

③ 적극적 경청

상대방이 문제감정을 가지고 있을 때 적극적 경청을 한다. 적극적 경청은 상대방의 언어적 · 비언어적 메시지를 온전히 제대로 이해하기 위한 태도로 듣고, 자신이 그렇게 하고 있음을 상대방에게 전달하는 것이다. 적극적 경청을 위해서는 상대방에게 관심을 가지고 그의 언어적 · 비언어적 메시지는 물론 그가 처한 상황에도 관심을 가지고 살펴야 한다. 그리고 자신이 상대방의 이야기에 관심을 가지고 있다는 것을 상대방이 느낄 수 있게 비언어적 행동이나 언어로 전해야 한다.

적극적 경청의 과정은 관심 기울이기, 듣기(언어적 · 비언어적), 이해하기(상황, 생각, 감정, 욕구), 반응하기로 이루어진다. 관심 기울이기는 상대방에게 시선 맞추기, 관심을 보이는 자세, 호응하는 말하기 등으로 이루어진다. 듣기는 상대방이 표현하는 언어적 메시지와 비언어적 메시지를 통해서 그가 표현한 메시지를 정확하게 이해하는 언어적 · 비언어적 메시지를 바탕으로 상대방의 상황, 감정, 욕구 등을 이해하는 과정이다. 반응하기는 자신이 이해한 상대방의 상황, 감정, 욕구 등을 말로 전달하는 과정이다. 반응하기 과정에서는 반영, 공감, 지각확인, 요약, 추가 정보를 요구하는 질문하기 등을 비언어적 메시지를 동반하여 쓴다.

④ 나-메시지(I-Message)

본인이 문제감정을 느낄 때 나-메시지를 사용한다. '나-메시지'는 '나'를 주어로 한 문장으로 어떤 상황이나 행동에 대한 자신의 감정을 전달하는 메시지를 말한다. 나-메시지의 초점은 '나'에게 맞춰져 있다. 나-메시지를 좀 더 잘 이해하기 위해 '너-메시지'와 비교해 보자. 너-메시지는 '너'를 주어로 한 문장으로, 초점이 '너'에게 맞춰져 있다.

> 너-메시지: "(너) 제발 신발 좀 똑바로 신어라."
> 나-메시지: "네가 신발을 똑바로 신지 않으니 나는 네가 혹시 넘어질까 봐 걱정이다."

사람들은 자신이 문제감정을 느끼면 보통 너-메시지를 사용한다. 너-메시지는 명령, 지시, 경고, 훈계, 조언, 해결책 제시, 비판, 비난, 질책, 매도, 비웃음, 해석, 분석, 가르치기 등의 내용을 담는다. 너-메시지의 의도는 본인의 문제감정을 상대방의 행동을 통해 해결하려는 것이다. 그렇지만 상대방은 기분이 상하거나 위축되어 나의 의도대로 움직여 주지 않고 관계는 나빠진다.

나-메시지는 상대방의 행동으로 인해 자신이 받게 될 영향과 그것에 대한 자신의 감정을 서술하는 것이다. 단지 감정을 서술할 뿐 상대방에 대한 명령, 경고, 훈계, 비난, 질책 등을 하지 않는다. 그러므로 상대방은 자신의 행동으로 인한 '나'의 감정을 이해하게 되고 관계를 해치지 않게 된다. 나-메시지의 구성은 나에게 문제가 되는 상대방의 행동, 그 행동이 나에게 미치는 영향, 나의 감정, 요구행동으로 구성된다.

"네가 걸으면서 발소리를 크게 내니	(상대방의 행동)
내가 공부하는 데 집중이 안 되어	(나에게 미치는 영향)
무척 신경 쓰인다.	(나의 감정)
걸을 때 발소리가 작게 나게 걸으면 좋겠어."	(요구행동)

나-메시지는 본인의 문제감정을 느낄 때만 사용하는 것은 아니다. 자신이 원하지 않는 상대방의 어떤 행동이 예상될 때 상대방의 행동을 막거나, 자신이 원하는 행동을 하도록 요구할 때도 사용할 수 있다. 이것을 '예방적 나-메시지'라고 한다. 상대방이 한 행동이 자신에게 긍정적 감정을 일으킬 때 상대방을 칭찬하거나 격려하기 위해서도 사용할 수 있다. 이것을 '긍정적 나-메시지'라고 한다.

〈예방적 나-메시지의 예〉

"내가 오늘 좀 피곤하니까	(나의 상황)
날 좀 내버려 두면	(바라는 상대방 행동)
고맙겠다."	(나의 감정)
"내일 너랑 같이 백화점에 옷을 사러 가면,	(나의 상황)
네가 네 맘에 드는 것을 사라고 강요할까 봐	(바라는 상대방 행동)
걱정돼."	(나의 감정)

〈긍정적 나-메시지의 예〉

"네가 항상 머리를 깨끗하게 관리해서 보기가 좋고 참 즐겁다."

"네가 어디 있는지 알려줘서 걱정하지 않아도 되고 마음이 놓인다."

"네가 청소를 도와주니 일이 빨리 끝나 식사를 일찍 준비할 수 있게 되어 고맙다."

⑤ 무패적 방법

인간관계에서 갈등은 불가피하다. 사람마다 가치관, 취향, 상황이 다르므로 욕구도 다를 수밖에 없고 이들 욕구가 충돌하여 갈등이 일어날 수밖에 없다. 그런 점에서 인간관계는 욕구충돌에서 오는 갈등을 조정하고 타협해 가는 과정이라고 볼 수 있다. 갈등이 일어나는 상황에서 인간은 기본적으로 자신의 욕구를 우선적으로 충족하려 한다. 지극히 당연한 일이다. 그러나 그 욕구를 충족하는 일이 다른 사람과 연계되어 있다면 일방적으로 혼자서만 욕구를 충족할 수는 없다. 타협하고 조정해야 한다. 이상적으로는 그 일에 관계된 모든 사람이 완전히 만족하는 결과가 나오면 좋겠지만 그럴 수는 없다. 그렇다고 하더라도 어느 한쪽이 일방적으로 승리하고 어느 한쪽이 일방적으로 패배를 한다면 그 관계는 더 이상 유지될 수 없다.

Gordon은 '문제 없음 영역'을 확대하기 위한 방법으로 무패적 방법 6단계를 사용하도록 제안한다.

무패적 방법 6단계

[1단계] 갈등을 확인하고 정의한다.

상대방에게 분명하고 확실하게 자기감정을 이야기한다. 상대방의 욕구가 분명해지도록 충분히 적극적 듣기를 한다. 갈등이나 문제를 이야기함으로써 해결해야 할 문제가 무엇인지 서로 충분히 이해할 수 있도록 한다.

[2단계] 가능한 한 여러 해결책을 생각해 낸다.

상대방의 해결방법을 먼저 듣는다. 이때 제안된 해결책을 평가하거나 비판하거나 경시하지 않고 수용한다. 더 이상 나올 것이 없을 때까지 대안을 생각해 보게 한다.

[3단계] 각 해결책을 평가한다.

양쪽 모두를 만족시키지 않는 대안을 제거해 나가는 방식으로 대안을 한두 개 정도로 좁혀 나간다. 이때 자신의 생각이나 감정을 솔직하게 말하는 것이 중요하다.

[4단계] 가장 좋고 만족스러운 해결책을 결정한다.

질문을 통해 대안에 대한 상대방의 생각을 확인한다. 결정된 대안이 최종적이고 다시는 바꿀 수 없는 것이라고 생각하지 않는다. 결정된 대안에 여러 가지 지침이 따르는 경우에는 잊지 않게 적어 둔다. 결정된 대안을 각자 모두 지키기로 약속했다는 것을 명확히 한다.

[5단계] 결정된 것을 실천할 구체적 방법을 마련한다.

누가, 언제, 어디서, 어떻게, 얼마나 할 것인지 구체적으로 정한다. 그것을 실천했다고 볼 수 있는 기준이 무엇인지 등을 의논하여 정한다.

[6단계] 이후에 결과가 어떠했는지 확인한다.

어느 정도 시간이 지난 후 실천을 약속한 대안이 어떻게 진행되고 있는지, 그 대안이 아직 마음에 드는지 확인한다.

2) 합리적인 생각으로 전환하기

(1) 인지적 재구성

우리는 대인관계에서 분노, 불안, 우울 등 부정적 감정을 느낄 수 있다. 이러한 부정적 감정은 결국 갈등을 유발하여 대인관계를 해친다. 그러므로 대인관계에서 일어나는 부정적 감정을 조절하거나 해소하는 것이 좋은 대인관계를 유지하는 데 필요하다.

대인관계에서 부정적 감정이 일어났을 때 이를 조절하거나 해소하는 방법 중 대표적인 한 가지가 인지적 재구성이다. 비합리적 사고는 흔히 부정적 감정을 유발한다. 인지적 재구성은 부정적 감정을 불러일으킨 사고를 찾아서 그 사고의 합리성을 검토하고, 그것을 대안이 될 수 있는 합리적인 사고로 전환하여 다시 구성하는 것이다(권석만, 2008).

(2) 당위주의

비합리적 신념은 우리를 부정적 감정에 빠지게 한다. 비합리적 신념은 당위주의에서 비롯된다. 당위주의는 어떤 일이나 사람이 마땅히, 당연히, 반드시, 꼭 그렇게 해야만(또는 그러해야만) 한다는 생각이다. 신이 아닌 인간에게 당위성을 요구하는 것은 비합리적이다. 비합리적 신념의 뿌리가 되는 당위주의는 자신에 대한 당위성, 타인에 대한 당위성, 조건에 대한 당위성 등 세 가지를 강조한다(노안영, 2018).

자신에 대한 당위주의는 자신에 대해 당위성을 강조하는 생각이다. 예를 들면, '나는 훌륭한 사람이어야 한다.', '나는 실패해서는 안 된다.', '나는 실수해서는 안 된다.', '나는 항상 적절하게 행동해야 한다.' 등의 생각이다. 이 당위주의에 빠져 있는 사람은 어떤 일이 자신에 대한 당위적 사고대로 이루어지지 않으면 자기파멸이라고 생각한다.

타인에 대한 당위주의는 자신과 밀접하게 관련된 사람들에 대해 당위적 행동을 기대하는 생각이다. 예를 들면, '부모니까 나를 사랑해야 한다.', '자식이니까 내 말을 들어야 한다.', '부인이니까 정숙하게 행동해야 한다.', '애인이니까 늘 나에게 관심을 가져야 한다.', '친구니까 우정을 보여 줘야 한다.', '직장 동료니까 항상 일에 협조해야 한다.' 등의 생각이다. 이 당위주의에 빠져 있는 사람은 타인에 대한 당위적 기대가 이루어지지 않으면 인간에 대해 불신감을 갖는다. 이 불신감은 인간에 대한 회의를 낳아 자기비관이나 파멸을 가져온다.

조건에 대한 당위주의는 자신에게 주어진 조건이나 환경에 대해 당위성을 기대하는 생각이다. 예를 들면, '나의 가정은 항상 사랑으로 가득 차 있어야 한다.', '나의 방은 항상 깨끗해야 한다.', '나의 교실은 항상 정숙해야 한다.', '나의 사무실은 아늑해야 한다.' 등이다. 이 당위주의에 빠져 있는 사람은 조건에 대한 당위가 이루어지지 않으면 화를 내거나 부적절한 행동을 한다.

(3) 비합리적 신념

비합리적 신념은 당위주의 사고로부터 나온다는 것을 앞에서 말하였다. Ellis는 사람들이 부정적 정서를 불러일으키는 대표적인 비합리적 신념 11가지를 제시하였는데 다음과 같다.

- 나는 내가 알고 있는 모든 사람으로부터 인정받고 사랑받아야 한다.
- 나는 완벽하게 모든 면에서 유능하고 합리적이며 가치 있고 성공적인 사람으로 인식되어야 한다.
- 어떤 사람들은 나쁘고 사악하고 악랄하기 때문에 가혹하게 비난받고 처벌받아야 한다.
- 내가 원하는 대로 일이 되지 않으면 그것은 끔찍하고 내 인생이 실패한 것이다.
- 불행은 내가 통제할 수 없는 외적 사건에 의해 비롯되고 나는 나의 슬픔과 장애를 통제할 수 없다.
- 위험하고 두려운 일은 그에 대해 끊임없이 몹시 걱정해야 한다.
- 인생의 어려움이나 책임은 직면하는 것보다는 피하는 것이 더 쉽다.

- 나는 다른 사람에게 의지해야 하고 주변에 나를 돌보아 줄 사람들이 있어야 한다.
- 나의 과거가 나의 현재 행동을 결정하는 주요 요인이며, 앞으로도 과거의 경험과 사건들이 나의 행동을 결정할 것이다.
- 나는 다른 사람들의 문제나 고통을 나의 일처럼 아파하고 속상해해야 한다.
- 모든 문제에 완벽한 해결책이 항상 있으며, 이러한 완전한 해결책을 찾지 못하면 파국이다.

(4) ABCDEF 모델

내담자가 자신의 삶을 고통스럽게 만드는 비합리적 사고를 찾아내어 논박하여 합리적인 신념으로 전화시키는 치료과정이 ABCDEF 모델이다. ABCDEF 모델을 정리하면 [그림 9-4]와 같다.

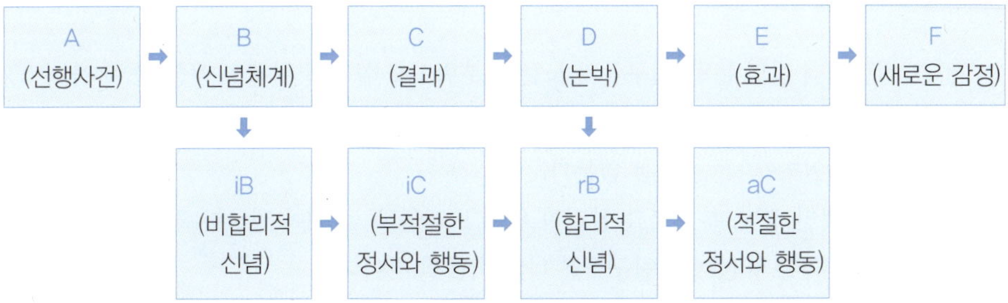

[그림 9-4] ABCDEF 모형

위 그림에 나타난 용어들을 설명하면 아래와 같다.

- 선행사건(Activating Event): 개인에게 정서적 고통이나 혼란을 불러일으키는 사건이나 행위(실명, 실직, 시험 실패 등)
- 신념체계(Belief System): 개인이 가지고 있는 어떤 사건, 행위, 환경 등에 대한 태도나 사고방식의 체계로, 합리적 신념(rational Belief, rB)과 비합리

적 신념(irrational Belief, iB)이 있음

- 결과(Consequence): 개인의 신념체계로 선행사건을 해석한 결과로 일어나는 정서와 행동
- 논박(Dispute): 개인이 가지고 있는 비합리적인 신념에 대해 그것이 옳은 것인지 검토하도록 도전하고 논리적으로 반박하는 것
- 효과(Effect): 비합리적 신념에 대해 논박한 결과로 얻게 된 신념과 철학
- 새로운 감정(Feelings): 새로운 신념으로 전환하여 얻게 된 새로운 감정과 행동

ABCDEF 모델 적용의 예

- A. 선행사건: 친구들과 노래방에 갔다.
- iB. 비합리적 신념: 노래를 잘 불러서 분위기를 살려야만 하다. 그러지 않으면 친구들이 나를 싫어할 것이다.
- iC. 비합리적 신념의 결과: 긴장이 되어 가슴이 뛰고 땀이 난다. 노래 부르기가 힘들다.
- D. 비합리적 신념 논박: 친구들과 노는데 분위기를 살리기 위해 노래를 꼭 잘 불러야만 하는가? 다른 방법은 없는가? 친구들이 나와 어울리는 이유가 노래를 잘 부르기 때문일까? 다른 이유는 없는가?
- rB. 합리적인 신념: 분위기를 살리기 위해 노래를 꼭 잘해야 할 이유가 없다. 내가 노래를 잘 부르지 않아도 친구들은 나와 어울릴 것이다.
- E. 효과: 내가 노래를 하면 좋겠지만, 노래를 못해도 친구들이 나를 보고 즐기면 된다.
- F. 새로운 감정: 마음이 편안해져서 내가 부르고 싶은 노래를 자신 있게 부르게 된다. 친구들이 나와 어울리는 이유가 노래를 잘 부르기 때문일까? 다른 이유는 없는가?

4. 평화적 갈등해결의 원칙

갈등을 두려워하여 회피하거나 싸워서 이겨야 하는 투쟁으로 생각하지 않고 관계 속에서 존재하는 문제를 해결하기 위한 기회이자 장(field)으로 생각하는 것이 평화적 갈등해결을 위한 평화적 전략이다. 이 전략은 서로 협력하여 나와 상대방이 원하는 것을 동시에 만족시킬 수 있는 통합적인 방법을 찾고자 하는 것이다. 즉, 공동 노력을 통하여 쌍방이 모두 승리할 수 있는 방법을 모색한다. 여기서는 갈등을 평화적으로 해결하기 위한 열 가지 원칙을 살펴보기로 한다(김종운, 2017).

1) 갈등은 자연스러운 삶의 일부이다

갈등은 자연스러운 현상이다. 다양한 개개인이 모여 사회적 관계를 만드는데 각 개인은 너무나 다양해서 1분 간격으로 태어난 쌍둥이도 똑같지 않다. 갈등이 있다는 것은 한 개인이 잘못을 저질렀기 때문이거나, 비도덕적이거나, 한 사람 또는 집단이 다른 사람이나 집단을 싫어한다는 것을 의미하는 것은 아니다. 오히려 집단 또는 개인의 요구를 표현하는 것이다. 어떤 불만이나 요구가 드러나지 않고 쟁점이 무시된다면 마치 조그만 뾰루지가 종기가 되어 곪아 터지는 것처럼 갈등이 점점 자라 매우 부정적으로 표출될 수 있다. 갈등이 변화 혹은 도전의 기회로 긍정적으로 받아들여질 때 개인과 사회 발전의 기초가 될 수 있다.

2) 인간은 누구나 존엄하며 존재 자체로 존중받아야 한다

인간은 누구나 존중받아야 한다. 사회는 서로 다른 사람들로 구성되어 있다. 나이, 성별, 인종, 또 다른 문화, 역사를 가진 사람들이 그 차이에 따라 다른 생각, 다른 행동을 나타내는 것은 당연한 일이다. 그런 차이가 우열을 가리는 차별이 되고, 또는 무시되는 이유가 되어서는 안 된다. 존중은 누구나 가지는 인간의 기본적 욕구로서, 나만이 아닌 타자 역시 존중한다면 다양한 관점과 태도에 대해 이해할 수 있고, 그럼으로써 갈등을 자연스럽게, 함께 해결해야 할 문제로 받아들일 수 있다. 또한, 갈등의 한가운데 놓이더라도 건설적으로 갈등을 해결해 나갈 수 있다. 평화적 갈등해결의 여러 방법은 존중을 기반으로, 그것을 표현하는 방법이다.

3) 인간은 스스로 문제를 풀어 갈 지혜가 있다

인간이 다른 생물과 다른 것은 태어날 때 지닌 특성 그대로 생로병사 하는 것이 아니라, 자신의 의지와 노력으로 자신과 사회를 변화시켜 낼 수 있는 주체성을 가진 존재라는 점이다. 사람은 언어를 통해 다른 사람들과 접촉하고, 사람으로 살아가는 방법을 배우면서 자기 발전을 계속하는 존재이다. 이것이 우리 인간이 갖는 주체성과 자주성이다. 남과 내가 다르므로 나다워야 하겠다는 의식이 주체의식이요, 남이 나를 대신할 수 없으니 나 스스로가 나를 지켜야겠다는 의식이 자주의식이다. 평화적 갈등해결은 자신이 스스로의 주인이 되어, 다른 사람에게 의존하지 않고 당사자 스스로의 지혜로 협동해서 갈등을 해결해 나가는 것이다.

4) 갈등해결의 답은 하나가 아니다

평화적으로 갈등을 해결한다는 것은 갈등분쟁 당사자 모두 서로 만족할 수 있는 결과를 갖게 된다는 것을 의미한다. 대개 사람들은 갈등상황에서 '답'을 알고 있다고 생각한다. 그리고 상대와 대화를 나누기도 전에 문제를 판단하고, 내가 가진 '답'이 최선의 것이라 생각하는 경향이 있다. 나의 답은 주로 내가 이기고 상대가 지는 답이다. 주어진 틀에서 갈등을 해결해야 한다는 그것이 맞을지도 모른다. 하지만 당사자 모두 '자신의 답이 최선'이라고 생각한다면 결코 모두 만족스럽게 갈등을 해결할 수는 없다.

어떤 갈등상황에서도 단 하나의 정답은 없다. 똑같은 갈등이라도 그 갈등의 당사자가 어떤 사람인가에 따라, 어떤 상황에 있는가에 따라 그 해결책은 달라질 수 있다. 정해진 답의 틀을 깨고, 고정관념과 편견이 아니라 새로운 각도에서 갈등을 바라보고 창의적인 대안을 내올 때 더욱 만족스러운 결과를 얻을 수 있다.

5) 성급한 판단을 자제하고 묘사적 언어를 사용한다

인간관계에서 갈등이 발생했을 때 무엇보다도 먼저 성급한 판단을 피해야 한다. '저 사람 때문에 이런 문제가 발생했다.', '저 사람하고 상대를 하지 말아야지.'라는 식으로 결론부터 내린다면 갈등해결의 좋은 결과를 기대하기는 어려울 것이다. 내가 판단부터 내린 채 문제에 접근하면 상대방은 자신의 가치가 무시되었다고 느끼기 때문에 감정적으로 반응하게 되고 때로는 적대감까지 가지게 된다. 따라서 성급한 판단을 자제하고 되도록 문제를 객관적으로 표현해야 한다.

문제를 객관적으로 표현하기 위해서는 자신의 가치나 판단을 개입시키지 않은 묘사적 언어를 사용하는 것이 좋다. 묘사적 언어란, 상대방을 비난하거나 동기를 해석하지 않고 일어난 일을 그대로 기술하는 표현법이다. 예를 들어, 노사관계에서 노조 측에서 '회사 측은 자기 이익밖에 모른다. 쥐꼬리만 한 월급만 던져 주면 그만이냐?'라고 한다면 이것은 극한 판단이 개입된 표현이다. 이런 말을 들으면 회사 측은 '사원들은 회사야 망하든 말든 제 이익만 챙기지 않느냐?' 하는 식으로 나오게 되어 갈등은 심화되게 마련이다. 이럴 때는 '우리 회사의 사원복지는 다른 회사에 비해 부족한 점이 많다.'라는 식으로 객관적으로 묘사하는 것이 평화적 갈등해결을 위한 출발점이 된다.

6) 현재 지향적으로 접근한다

갈등이 생겼을 때 문제의 역사를 거슬러 올라가 '왜' 이런 문제가 생겨났는지를 따지는 과거 지향적 접근은 갈등을 해결하기보다는 갈등을 심화시킬 가능성이 크다. 문제의 근원을 찾으려 하다 보면 결국 서로에게 책임을 묻게 될 수밖에 없다. 그런데 자신의 입장에서 볼 때는 모든 것이 상대방의 책임이어서 아무리 근원을 따져 보아도 자기 잘못은 없는 것 같이 보이는 것이 인지상정이다. 이런 국면에 이르게 되면 잘잘못을 따져 결국 한 사람이 패배하여 자기의 잘못을 인정했다고 하더라도, 이러한 해결방식으로 인해 죄인으로 판명된 사람은 그 관계 자체에 불만을 품게 되어 더 큰 갈등을 불러일으킨다.

현재 지향적 접근은 현재 이 시점에서 그 문제를 누가 초래했는지에 관해 따지는 것은 뒤로 하고, 우리가 가진 문제가 무엇인지를 논의하는 것이다. 이를테면, 노사관계가 악화된 기업이 그 관계를 개선할 필요를 느낀다면 '노조가 터무니없이 굴어 우리 회사의 노사관계가 엉망이다.', '회사 측이 노조를 탄압하여 노사관계가 이렇게 되었다.'는 식의 과거 지향적 논의를 피하고 '현재 우리의 노사관계는 서로에 대한 신뢰감이 부족하다는 문제를 갖고 있다.'라는 식의 현재 지향적 논의가 되어야 할 것이다. 그런 다음에 이 문제를 어떻게 해결해야 할 것인가에 대한 구체적인 논의를 벌이는 것이 필요하다.

7) 적절한 말을 선택한다

갈등상황에서 말의 영향력은 대단하다. 똑같은 말도 갈등상황에서는 상대방에게 왜곡되어 해석될 수 있다. 가급적 경직된 언어보다는 부드러운 말을 사용하여 갈등상황의 분위기를 긍정적으로 만들어야 한다.

적절한 말을 선택할 때는 상대방의 자존심과 체면을 손상시키지 않도록 하는 것이 중요하다. 그러므로 상대방의 인격이나 능력 또는 인간적 가치를 부정하는 언어를 사용하지 않도록 주의한다. 상대방의 문제점을 지적할 때조차도

'너는 정말 구제불능이다.'라는 식의 표현보다는 '이러한 점은 개선되었으면 좋겠다.'는 식으로 표현하는 것이 바람직하다. 또한, 상대방이 어떤 주장을 했을 때 '그건 아닌데.'라는 식의 부정적인 반응보다는 '그 점도 좋지만, 내 생각은 이렇다.'라는 식의 긍정적인 반응을 보이는 것이 효과적이다.

8) 상대방의 말을 경청한다

갈등상황에 처하다 보면 자신의 주장만을 내세우기 쉽고 상대방의 말은 무시하려는 경향이 강해진다. 서로 자기주장만 내세우다 보면 대화의 단절이 일어나 갈등을 해결하기는커녕 감정의 골만 깊어진다.

상대방의 말을 경청하는 것은 수동적인 행위가 아니라 열심히 상대방의 말을 귀 기울여 듣는 매우 적극적인 행위이다. 경청은 상대방이 말하고자 하는 것을 분명하게 이해하고 있고 상대방으로 하여금 자신의 메시지가 전달되고 있음을 확인하게 협조적인 분위기를 조성하는 데 도움이 된다.

9) 즉각적 대응보다 차분하게 대응한다

갈등상황에서 흥분된 자신의 감정을 통제하지 못하고 즉각적으로 반응하여 상대방도 흥분한 상태로 반응하게 되어 갈등의 골이 깊어지는 경우가 허다하다. 갈등상황에서 상대방의 주장에 즉각적으로 반응하기보다는 3~4초 정도 침묵했다가 천천히 반응을 보이는 것이 좋다. 이렇게 반응을 지연시키다 보면 감정의 고조를 방지할 수 있고, 보다 좋은 해결책을 찾아낼 수 있는 시간도 벌 수 있다. 뿐만 아니라, 상대방은 자신의 의견이 경청되고 있다고 느끼기 때문에 협조적으로 나오게 된다. 그러므로 갈등을 풀어 나가기 위해서 때로는 침묵도 매우 효과적이다.

10) 자신의 잘못을 인정할 줄 안다

갈등상황에서 자신의 잘못을 인정하는 것은 정말 어려운 일이다. 특히, 갈등을 경쟁으로 인식하는 경우에는 잘못을 인정하는 것이 패배를 자인하는 것으로 생각되기 쉽다. 그러나 평화적으로 갈등을 관리하려면 스스로의 잘못도 인정할 줄 아는 배포와 아량이 필요하다. 이는 적절하게 자신의 잘못을 인정하는 것이 갈등의 실마리를 푸는 기폭제 역할을 하기 때문이다.

자신의 잘못을 인정하는 것은 상대방의 입장을 이해한다는 표현과 함께 갈등상황에 대한 자신의 해결의지를 보여 줌으로써 갈등이 경쟁 상태로 빠져드는 것을 미연에 방지한다. 나의 솔직한 태도를 접하는 상대방도 나를 다른 눈으로 보게 되며, 결국은 상대방도 스스로 돌아보게 하여 잘못을 시인하게 된다.

제10장

사랑과 인간관계

인간이 세상을 살아가는 데 가장 필요한 것 중 하나가 사랑이다. 다양한 의미를 가지는 사랑을 구체적으로 알아보기 위해 본 장에서는 사랑의 다양한 유형, 사랑에 관한 이론, 사랑의 발전과 종결 등에 대해 살펴볼 것이다.

1. 사랑의 다양한 유형

'사랑'이라는 용어는 다양한 맥락에서 다양한 관계를 지칭하는 데 사용된다. 이성관계에서도 사랑은 다양한 형태로 나타난다. 여기에서는 Lee(1977, 1988)의 내용을 바탕으로 하여 사랑의 의미를 내포하는 다양한 그리스어에 근거한 6가지 유형을 살펴보고자 한다(권석만, 2018, 재인용).

1) 낭만적 사랑

낭만적 사랑(Eros: Romantic love)은 뜨거운 열정과 욕망이 중요한 요소가 되는 강렬한 사랑이다. 흔히 첫 만남에서 상대방에게 강렬한 애정을 느끼고 사랑의 불꽃이 타오른다. 이러한 사랑은 이성이 지닌 외모의 아름다움으로 촉발된다. 지속적으로 연인을 생각하고 연인과 하나가 되고 싶은 욕망을 느끼며 강렬한 감정과 집착을 나타낸다. 사랑이 영원할 것이라고 믿으며 사랑을 위해선 무엇이든지 하려는 충동과 더불어 강렬한 성적인 요소가 개입된다. 이러한 사랑을 하는 사람은 낭만적 사랑이 세상에서 가장 중요하다고 믿는다. 이몽룡과 성춘향, 로미오와 줄리엣의 사랑이 대표적인 예라고 할 수 있다. 낭만적 사랑은 많은 사람들이 선망하는 사랑의 유형이지만, 흔히 불안정하고 지속적이지 못하여 많은 심리적 고통을 수반한다.

2) 우애적 사랑

우애적 사랑(Storge: Companionate love)은 친한 친구에게서 느끼는 친밀감과 우정이 요소가 되는 사랑이다. 이러한 사랑은 서서히 발달하며 오래도록 지속되는 경향이 있다. 가까이 지내면서 서로 편안함을 느끼고, 말이 잘 통하며, 관심과 취향이 비슷하여 서로를 잘 이해하는 친구로 여긴다. 이처럼 오랜 기간 친구로 사귀다가 연인으로 발전하는 경우가 있다. 이러한 연인관계에는 뜨거운 열정과 낭만은 없으나 편안하고 정다우며 신뢰가 바탕을 이룬다. 갈등이 생기더라도 온건하게 타협을 통해 해결하고, 연인관계가 서로 강한 상처를 주며 종결되는 경우는 드물다.

3) 유희적 사랑

유희적 사랑(Ludus: Playful love)은 마치 놀이를 하듯이 재미와 쾌락을 중요시하며 즐기는 사랑이다. 이러한 사랑에는 상대방에 대한 강력한 집착이나 관계의 지속을 위한 장기적인 계획이 없다. 유희적 사랑을 하는 사람은 흔히 여러 명의 연인을 동시에 사귀며 고정된 이상적인 연인상을 가지고 있지도 않다. 이들은 한 사람과의 관계에 자신의 평생을 바치려 하지 않으며 상대방과의 관계에서 쾌락과 즐거움이 줄어들면 다른 대상을 찾는다. 돈 후안(Don Juan)이나 플레이보이들이 나타내는 사랑이 대표적인 예라고 할 수 있다.

위에서 언급되는 사랑을 일차적인 사랑으로 보았으며, 이러한 3가지 사랑 중 2가지가 혼합된 것이 이차적 사랑으로, 아래에서 설명할 실용적 사랑, 헌신적 사랑, 소유적 사랑이 이에 속한다.

4) 실용적 사랑

실용적 사랑(Pragma: Pragmatic love)은 이성에 근거한 현실주의적이고 합리주의적인 사랑으로, 논리적 사랑이라고도 한다. 실용적 사랑을 하는 사람들은 사랑의 대상을 선택할 때에도 관계가 안정적이고 지속적일 수 있는 서로의 조건을 고려한다. 상대방의 성격, 가정배경, 교육수준, 종교, 취미 등을 고려하여 자신과 적합한 사람을 선택한다. 이처럼 여러 가지 조건을 고려하여 연인을 선택한 후에는 강렬한 애정감정과 열정이 뒤따르기도 한다. Lee는 실용적 사랑을 우애적 사랑과 유희적 사랑이 혼합된 것으로 보았다. 우리나라에서 이루어지는 '선'이나 '중매'를 통해 자신에게 적합한 조건을 지닌 이성 상대를 만나고 사랑하게 되는 경우가 이러한 사랑의 예라고 할 수 있다.

5) 이타적 사랑

이타적 사랑(Agape: Altruistic love)은 무조건적이고 헌신적으로 타인을 위하고 보살피는 사랑이다. 사랑의 대상이 사랑을 받을 자격이 있는지의 여부나 그로부터 돌아오는 보상적인 대가에 상관없이 변함없이 주어지는 헌신적인 사랑이다. 이런 종류의 사랑에는 자기희생이 중요한 요소가 된다. 진정한 사랑이란 받는 것이 아니라 주는 것이며, 자기 자신보다는 사랑하는 사람의 행복과 성취를 위해서 희생하는 것이라는 생각이다. Lee에 따르면, 이타적 사랑은 낭만적 사랑과 우애적 사랑이 혼합된 것이다. 사랑하는 사람이 심리적 고통을 주더라도 너그럽게 받아들이고, 그를 위해서 자신을 희생하며 기쁨을 느낀다.

6) 소유적 사랑

소유적 사랑(Mania: Possessive love)은 상대방에 대한 강렬한 소유욕과 집착을 중요한 요소로 하는 강렬한 사랑이다. 사랑은 상대방을 완전히 소유하거나 상대방에게 자신이 소유 당하는 것이라는 생각에 집착하기 때문에 강한 흥분과 깊은 절망의 극단을 오간다. 마치 사랑의 노예가 된 것처럼 상대방의 사랑을 확인하기 위해 모든 시간과 정력을 소모한다. 상대방이 자신을 버리고 떠나가지 않을까 하는 불안과 의심으로 항상 마음을 졸이며 잠을 이루지 못한다. 사랑을 얻기 위해서 헌신적인 노력을 기울이지만 배신의 기미가 보이면 뜨겁던 사랑이 일순간에 증오로 변한다. Lee는 소유적 사랑을 낭만적 사랑과 유희적 사랑이 혼합된 것으로 본다.

이처럼 이성관계에서 나타날 수 있는 사랑의 양상은 다양하다. 사람마다 사랑을 하는 방식이 각기 다르다. 사랑의 모습은 개인의 성격, 내면적 욕구와 동기, 사랑에 대한 신념, 현재의 심리상태, 상대방의 특성, 환경적 상황 등에 따라 다양하게 나타난다. Lee의 연구에 근거하여 Lasswell과 Lasswell(1976)은 사랑의 6가지 유형을 측정하기 위한 검사를 개발하였다. 사랑의 유형검사를 통해 자신을 평가하고 자신의 애정양식을 파악해 볼 수 있다.

자기 평가: 사랑의 유형검사

아래에는 사랑에 관한 다양한 태도가 제시되어 있다. 각 문항에 대해 당신의 해당 여부를 '그렇다' 또는 '아니다'로 응답해야 한다. 애매해 보이더라도 가능한 한 어느 한 쪽을 택하여 대답해야 한다. 평소에 자신이 이성을 사랑하는 모습이나 사랑에 대한 자신의 견해가 어느 쪽으로 더 기우는지를 판단하여 한 문항도 빠짐없이 응답한다.

번호	내용	그렇다	아니다
1	나는 '첫눈에 반한다' 는 것이 가능하다고 생각한다.		
2	나는 한참 지난 다음에야 비로소 내가 사랑하고 있음을 알았다.		
3	우리 사이의 일이 잘 풀리지 않으면 나는 소화가 잘 되지 않는다.		
4	현실적인 관점에서 나는 사랑을 고백하기 전에 먼저 나의 장래 목표부터 생각해 보지 않으면 안 된다.		
5	먼저 좋아하는 마음이 얼마 동안 있은 다음에 비로소 사랑이 생기는 것이 원칙이다.		
6	애인에게는 나의 태도를 불확실하게 해 두는 것이 좋다.		

번호	내용	그렇다	아니다
7	우리가 처음 키스하거나 볼을 비볐을 때, 나는 성기에 뚜렷한 반응(발기, 축축함)이 오는 것을 느꼈다.		
8	전에 연애 상대였던 사람들 거의 모두가 나는 지금도 좋은 친구관계를 유지하고 있다.		
9	애인을 결정하기 전에 인생설계부터 잘 해 두는 것이 좋다.		
10	나는 연애에 실패한 후 너무나 우울해 자살까지 생각해 본 적이 있다.		
11	나는 사랑에 빠지면 너무 흥분되어 잠을 이루지 못하는 때가 많다.		
12	애인이 어려운 처지에 빠지면 비록 그가 바보처럼 행동한다 하더라도 힘껏 도와주려고 노력한다.		
13	애인을 고통받게 하기보다는 차라리 내가 고통받겠다.		
14	연애하는 재미란, 두 사람의 관계를 발전시키면서 동시에 내가 원하는 것을 거기서 얻어 내는 재주를 시험해 보는 데 있다.		
15	사랑하는 애인이라면 나에 관하여 다소 모르는 것이 있다 하더라도 그것 때문에 그렇게 속상해하지는 않을 것이다.		
16	비슷한 배경을 가진 사람끼리 사랑하는 것이 가장 좋다.		
17	우리는 만나자마자 서로가 좋아서 키스를 했다.		
18	애인이 나에게 관심을 보이지 않으면 나는 온몸이 쑤시고 아프다.		
19	나의 애인이 행복하지 않으면 나도 결코 행복해질 수 없다.		
20	대개 제일 먼저 나의 관심을 끄는 것은 상대방의 외모다.		
21	최상의 사랑은 오랜 기간의 우정에서 싹튼다.		
22	나는 사랑에 빠지면 다른 일에는 도무지 집중하기 힘들다.		
23	애인의 손을 처음 잡았을 때 나는 사랑의 가능성을 감지했다.		
24	나는 어떤 사람과 헤어지고 나면 그의 좋은 점을 발견하려고 무척 애를 쓴다.		
25	나의 애인이 다른 사람하고 같이 있는 것 같은 생각이 들면 도저히 견딜 수 없다.		
26	내가 동시에 사귀었던 두 명의 애인이 서로 알지 못하도록 교묘하게 재주 부린 적이 적어도 한 번은 있었다.		
27	나는 사랑했던 관계를 매우 쉽고 빠르게 잊어버릴 수 있다.		
28	애인을 결정하는 데 한 가지 가장 고려해야 할 점은 그가 우리 가정을 어떻게 생각하는가이다.		
29	사랑에서 가장 좋은 것은 둘이 함께 살며, 함께 가정을 꾸미고, 함께 아이들을 키우는 일이다.		

번호	내용	그렇다	아니다
30	애인이 원하는 것을 위해서라면 나는 기꺼이 내가 원하는 것을 희생할 수 있다.		
31	배우자를 결정하는 데 있어서 가장 먼저 고려해야 할 점은 그가 좋은 부모가 될 수 있겠는지의 여부다.		
32	키스나 포옹이나 성관계를 서둘러서는 안 된다. 그것들은 서로 충분히 친밀해지면 자연스럽게 이루어지는 것이다.		
33	나는 매력적인 사람들과 바람피우는 것을 좋아한다.		
34	나와 다른 사람들 사이에 있었던 일을 애인이 안다면 매우 속상해할 것이다.		
35	나는 연애를 시작하기 전부터 나의 애인이 될 사람의 모습을 분명히 정해 놓고 있었다.		
36	만일 나의 애인에게 다른 사람과의 사이에서 낳은 아이가 있다면, 나는 그 아기를 내 자식처럼 키우고 사랑하며 보살펴 줄 것이다.		
37	우리가 언제부터 서로 사랑하게 되었는지 정확히 알 수 없다.		
38	나는 결혼하고 싶지 않은 사람하고는 진정한 사랑을 할 수 없을 것 같다.		
39	질투를 하고 싶지는 않지만 만약 나의 애인이 다른 사람에게 관심을 가진다면 참을 수 없을 것 같다.		
40	내가 애인에게 방해물이 된다면 차라리 나는 애인을 포기하겠다.		
41	나는 애인의 것과 똑같은 옷, 모자, 자전거, 자동차 등을 갖고 싶다.		
42	나는 연애하고 싶지 않은 사람하고는 데이트도 하고 싶지 않다.		
43	우리의 사랑은 이미 끝났다고 생각할 때도 애인을 다시 보면 옛날 감정이 되살아나는 때가 적어도 한 번쯤은 있었다.		
44	내가 가지고 있는 것은 무엇이든지 나의 애인이 마음대로 써도 좋다.		
45	애인이 잠시라도 나에게 무관심해지면, 나는 그의 관심을 끌기 위해서 때로는 정말 바보 같은 짓도 할 때가 있다.		
46	깊이 사귀고 싶지는 않아도, 어떤 상대가 나의 데이트 신청에 응하는지 시험해 보는 것은 재미있는 일이다.		
47	상대를 택할 때 고려해야 할 한 가지 중요한 점은 그가 자신의 직업을 어떻게 생각하는가 하는 것이다.		
48	애인과 만나거나 전화한 지 한참 지났는데도 아무 소식이 없다면 그에게 그럴 만한 이유가 있기 때문일 것이다.		
49	나는 누구와 깊게 사귀기 전에 우리가 아기를 가지게 될 경우 그쪽의 유전적 배경이 나와 잘 맞는지부터 먼저 생각해 본다.		
50	가장 좋은 연예 관계란 가장 오래 지속되는 관계다.		

〈채점 및 해석〉

아래 표에는 사랑의 유형별로 그에 속하는 문항의 번호가 제시되어 있다. 위 검사에서 '그렇다'라고 대답한 문항의 수를 유형별로 합쳐서 표의 아래 합계란에 적는다. 유형별로 '그렇다'라고 대답한 문항의 백분율을 계산한다. 예컨대, 8개의 문항으로 구성된 우애적 사랑의 경우 6문항에 '그렇다'라고 대답했다면 6/8, 즉 75%가 그 유형의 점수가 된다. 9개의 문항으로 구성된 실용적 사랑의 경우 6문항에 '그렇다'라고 대답했다면 6/9, 즉 66%가 그 유형의 점수가 된다. 이렇게 유형별로 점수를 구한 후 가장 높은 백분율 값을 얻은 유형이 자신이 나타내는 사랑의 유형이 된다. 예컨대, 낭만적 사랑은 50%, 우애적 사랑은 75%, 실용적 사랑은 66%가 나오고 다른 유형의 점수는 이보다 낮았다면, 당신은 우애적 사랑의 유형에 속한다고 볼 수 있다. 다른 유형의 점수보다 자신이 속한 유형의 점수가 현저하게 클수록 그 유형의 특성을 강하게 지니고 있다고 할 수 있다. 그러나 이러한 결과는 당신이 지닌 사랑의 유형을 간편하게 평가해 본 것이며, 또한 다른 요인들의 영향을 받을 수 있으므로 확정적인 것으로 생각하지는 않기를 바란다.

유형	낭만적 사랑	우애적 사랑	소유적 사랑	실용적 사랑	유희적 사랑	이타적 사랑
문항 번호	1	2	3	4	6	12
	7	5	10	9	14	13
	17	8	11	16	15	19
	20	21	18	28	26	24
	23	29	22	31	27	30
	33	32	25	38	33	36
	35	37	39	42	34	40
	41	50	43	47	46	44
			45	49		48
합계						

2. 사랑의 삼각형 이론

1) 사랑의 세 가지 구성 요소

Sternberg는 사랑이 친밀감, 열정, 헌신이라는 3가지 요소로 구성되어 있다고 주장한다. 친밀감(intimacy)은 가깝고 편하게 느낌, 서로를 잘 이해함, 함께 공유함, 원활한 의사소통, 긍정적인지 등을 의미한다. 친밀감은 사랑의 '따뜻한' 측면으로서 사랑이 따뜻하고 푸근하게 느껴지는 것은 이러한 친밀감 때문이다. 친밀감은 사랑의 정서적 측면을 반영하는 특성이다. 이러한 친밀감은 만남의 횟수와 교제기간에 비례하여 서서히 증가한다. 그러나 친밀감은 어느 정도 이상의 높은 친밀수준에 이르면 더 이상 증가하지 않으며 서로 친밀하다는 것을 의식하지 않는 상태가 된다.

사랑의 동기적 측면을 이루는 것이 열정(passion)으로서 사랑의 '뜨거움'을 반영한다. 열정은 연인을 생리적으로 흥분시켜 들뜨게 하고, 사랑하는 사람과 함께 있고 싶고 일체가 되고 싶은 강렬한 욕망을 불러일으킨다. 열정은 친밀감과 달리 급속히 발전한다. 그러나 열정은 오래 지속하기 어렵다. 연인과의 교제 기간이 길어짐에 따라 열정의 강도는 감소하거나 다른 형태로 변화하는 것이 일반적이다.

헌신(commitment)은 상대방을 사랑하겠다는 결정과 행동적 표현을 의미한다. 헌신은 사랑하는 사람과의 사랑을 지키겠다는 선택이자 결정이며 책임의식이기도 하다. 이러한 헌신은 사랑의 '차가운' 측면을 반영하는 동시에 사랑의 인지적 측면을 나타낸다. 아울러 헌신은 사랑하는 사람과의 지속적인 관계를 위해 자신을 구속하는 행위를 포함한다. 사랑의 가장 대표적인 헌신 행위는 약혼과 결혼이며, 그 밖에 사랑의 약속과 맹세, 사랑의 징표나 선물의 교환, 주변 사람들에게 연인을 소개하는 일, 연인과 함께 고통스러운 일을 돕고 견디는 일이 이에 해당한다.

이 밖에도 세 가지 구성요소는 여러 가지 속성에서 차이가 있다. <표 10-1>

은 이러한 차이를 8가지 속성에 따라 비교하여 제시하였다.

〈표 10-1〉 사랑의 삼각형을 구성하는 세 가지 구성요소의 속성

속성	구성요소		
	친밀감	열정	헌신
안정성	상당히 높음	낮음	상당히 높음
의식적 조절가능성	보통	낮음	높음
단기관계에서의 중요성	보통	높음	낮음
장기관계에서의 중요성	높음	보통	높음
애정관계에서의 보편성	높음	낮음	보통
생리적 반응의 관여도	보통	높음	낮음
의식적 자각도	상당히 낮음	높음	상당히 높음
체험되는 강도	불안정함	높음	불안정함

2) 사랑의 여덟 가지 유형

사랑의 삼각형 이론은 사랑의 유형을 분류하는 데에도 새로운 관점을 제시한다. 즉, 친밀감, 열정, 헌신이라는 세 요소의 존재 여부에 따라서 여덟 가지 조합이 가능하다.

(1) 비사랑(non-love)

세 요소 중 어느 것도 갖추지 않은 관계는 사랑이라고 할 수 없다. 우리가 일상적으로 만나 지나치는 많은 사람과의 무의미한 인간관계가 이에 속한다.

(2) 호감(liking)

친밀감만 있는 경우로서, 친구관계에서 느끼는 우정과 같은 것이라고 할 수 있다. 뜨거운 열정과 상대에 대한 헌신적 행동은 없지만 친밀감과 따뜻함을 느끼는 상태를 말한다.

(3) 도취적 사랑(infatuation love)

열정만 있는 것으로서, 우연히 어떤 사람을 보고 첫눈에 반해 뜨거운 사랑의 감정을 느끼지만 결코 말 한 번 걸어 보지 못하고 혼자 가슴앓이를 하는 경우이다. 지나치게 짝사랑의 대상을 이상화시켜 현실을 제대로 보지 못한다. 즉흥적으로 생겨났다가 갑자기 사라져 버릴 수 있으며, 정신적 · 육체적인 흥분이 상당한 정도로 나타나는 특징이 있다. 서로 대화를 하지 않았기에 상대에 대한 친밀감이나 헌신행위가 이루어질 기회가 없다. 그러나 짝사랑의 대상을 멀리서 보거나 생각만 해도 가슴이 뛰고 설레며 다리에 힘이 쭉 빠지는 등 신체적 흥분상태를 수반한 열정을 경험하게 된다. 짝사랑도 여기에 해당할 수 있다.

(4) 공허한 사랑(empty love)

헌신만 있는 경우이다. 사랑 없이 결혼생활을 유지하는 부부가 이러한 유형에 해당한다. 예를 들어, 오랜 결혼생활을 통해서 열정이 식은 것은 물론 실망과 갈등 속에서 친밀감마저 퇴색해 버렸지만 자녀를 위해 형식적인 부부관계를 유지하고 있는 경우나 충분한 친밀감과 뜨거운 열정 없이 상대방의 재산과 사회적 지위를 보고 결혼이라는 헌신만 하는 경우도 이에 해당된다.

(5) 낭만적 사랑(romantic love)

친밀감과 열정은 가지고 있지만 헌신행위가 없는 사랑의 경우이다. 육체적 · 감정적으로 밀착되어 있어서 관계지속에 대한 기대나 계획에 대해서는 특별한 주의나 노력을 기울이지 않는다. 예를 들어, 여름 휴가지에서 한때의 사랑 같은 것은 매우 낭만적이지만 여름이 지난 후의 지속적인 만남에 대해서는 미리 준비하지는 않는다. 그러나 다른 유형으로 발전하거나 변화할 가능성은 열려 있다.

(6) 우애적 사랑(companionate love)

친밀감과 헌신행위는 있으나, 열정이 없거나 식어 버린 사랑이다. 육체적 매력이 약해진 오래된 우정 같은 결혼생활에서 자주 발견되는 사랑의 유형이라고 할 수 있다. 대부분의 낭만적 사랑은 우애적 사랑으로 변하면서 남게 된다. 우애적 사랑에 만족을 느끼는 정도는 개인마다 차이가 있지만 친구처럼 살아가거나 유지하면서 외도를 하거나 새로운 낭만을 찾기도 한다.

(7) 헐리우드식 사랑(hollywood love)

흔히 허구적 사랑(fatuous love)이라고 하는데, 열정과 헌신은 있으나 친밀감이 형성되지 못한 사랑의 경우이다. 어느 날 만났다가 곧 서로 약혼하고 또 곧 결혼하는 방식과 같은 사랑이다. 서로 간의 관계가 발전해 가는 데 필요한 친밀감의 형성을 위한 시간 없이 열정에 근거해 헌신이 이루어진다는 점에서 그것은 실체가 없어 보이기도 한다. 관계의 기초를 열정에 두었고 열정이 사라지기 시작할 때 곧 실망하게 되며 관계에 위기를 겪는다. 진정한 의미의 친밀감이 형성되고 서로를 깊이 이해할 시간이 부족하다. 흔히 이런 사랑은 지속되기 어렵다.

(8) 완전한 사랑(consummate love)

친밀감과 열정과 헌신을 갖춘 성숙하고 이상적인 사랑이다. 모두가 도달하려고 노력하는 그런 종류의 사랑이다. 하지만 성숙한 사랑을 얻기는 어렵고 또 그것을 지키기는 더욱 어렵다.

사랑의 여덟 가지 유형에서 살펴본 것처럼, 일반적으로 사랑의 형태는 시간이 흐르고 관계가 지속됨에 따라 어떤 한 형태에서 다른 형태로 변해 간다. 예컨대, 완전한 사랑으로 결혼한 부부의 경우, 결혼생활이 지속됨에 따라 열정은 식고 친밀감과 헌신만 남아 동반적 사랑으로 변한다. 또한, 완전한 사랑으로 결혼했으나 부부간의 갈등으로 열정과 친밀감마저 식어 버린 채 자식들을 위해 살아가는 부부는 공허한 사랑으로 변하게 된다.

그렇다면 우리는 어떻게 완전한 사랑을 지속시킬 수 있을까? Sternberg(2007)는 이러한 물음에 "중요한 것은 사랑의 표현 없이는 아무리 크고 완전한 사랑도 시들고 할 것이다. 사랑의 표현방법을 연구해 볼 필요가 있다."라고 역설하고 있다. 흔히 말해 '표현하는 사랑이 아름답다.'고 결론지을 수 있다.

〈표 10-2〉 사랑의 유형

사랑의 유형	사랑의 세 가지 요소		
	친밀감	열정	헌신
비사랑(non-love)	X	X	X
호감(liking)	O	X	X
도취적 사람(infatuation love)	X	O	X
공허한 사랑(empty love)	X	X	O
낭만적 사랑(romantic love)	O	O	X
우애적 사랑(companionate love)	O	X	O
헐리우드식 사랑(hollywood love)	X	O	O
완전한 사랑(consummate love)	O	O	O

3) 사랑의 도형적 분석

사랑의 삼각형 이론은 사랑에 대한 여러 가지 분석을 가능하게 한다. 사랑의 세 가지 요소인 친밀감, 열정, 헌신은 사랑의 삼각형 세 변을 구성한다. 각 변의 길이는 그 변을 대표하는 요소의 정도나 강도를 의미한다. 이렇게 사랑의 세 가지 요소를 삼각형의 세 변에 대응시키면 여러 가지 의미 있는 메시지를 얻을 수 있다.

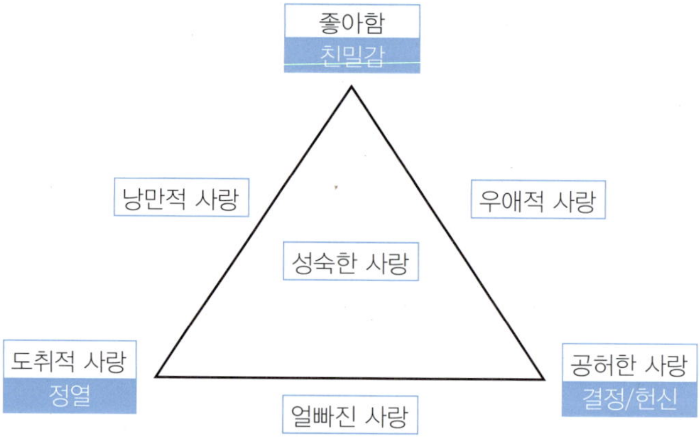

[그림 10-1] Sternberg의 삼각형

(1) 사랑의 삼각형 만들기

친밀감, 열정, 헌신의 세 가지 요소를 수량화하여 측정하는 것은 매우 어려운 일이다. Sternberg(2007)는 사랑의 요소를 측정하기 위해 사랑의 삼각형 척도를 제작하였다. 현재 누군가와 애정관계를 맺고 있는 사람은 이 척도를 통해 상대방에 대한 사랑을 평가해 볼 수 있다. 사랑의 삼각형 이론 척도에서 계산된 세 가지 요소에 대한 총점은 각 요소의 크기나 강도를 반영하며, 사랑의 삼각형을 구성하는 세 변의 길이가 된다.

측정된 세 변의 길이로 삼각형을 만들어 보자. 이때 어느 한 변이 지나치게 길어서 그 길이가 다른 두 변의 길이의 합보다 크면 삼각형을 만들 수 없다. 또 다른 두 변이 짧아서 그 길이를 더하여도 나머지 한 변의 길이에 미치지 못하면 삼각형이 되지 못한다.

사랑의 삼각형을 이용한 사랑의 도형적 분석은 이성 간의 사랑에 대한 많은 시사점을 준다. 그럼에도 불구하고 오묘한 사랑의 체험을 삼각형에 비교한다는 것은 지나친 단순화라고 할 수 있다. 또한, 사랑의 형태를 도형화하고 사랑의 크기를 수량화한다는 것은 상당히 무모한 일이기도 하다. 그렇기에 이러한 도형적 분석을 과신하는 것은 위험한 일이다. 다만, 이러한 분석을 통해서 보다 성숙하고 서로에게 만족스러운 사랑을 만들어 가기 위한 건설적인 시사점을 얻는 것이 중요하다.

(2) 균형적 사랑과 불균형적 사랑

사랑의 세 가지 요소가 지나치게 불균형적으로 구성되어 있는 애정관계는 그만큼 불완전한 사랑이라고 할 수 있다. 또한, 세 변으로 구성한 삼각형의 넓이는 사랑의 양 또는 크기를 반영한다. 삼각형 모양은 사랑을 구성하는 요소들 간의 균형 정도를 나타낸다.

삼각형의 넓이는 사랑의 크기가 되는데, 세 가지 구성요소가 균형 있게 증가할 때 최대한으로 커진다. 어떤 한 두 구성요소가 아무리 크다 하더라도 다른 구성요소가 함께 크지 않으면 불균형적인 모양이 된다. 이는 세 가지 구성요소가 균형적으로 잘 발달된 사랑이 크고 성숙하다는 것을 나타낸다.

(3) 연인에 대한 나의 사랑과 나에 대한 연인의 사랑

사랑의 삼각형은 사랑하는 두 연인 각자의 관점에서 그릴 수 있다. 두 사람이 현재의 사랑에 대해서 각자의 삼각형을 만들고 삼각형의 모양과 넓이를 비교하며 서로에 대해 지니는 친밀감, 열정, 헌신의 정도를 평가할 수 있다. 두 사람의 삼각형을 비교하여 현재의 사랑에 대해 두 사람이 어떤 요소를 강하게 경험하고 있는지 또는 어떤 요소가 부족하다고 느끼는지를 파악할 수 있다.

3. 낭만적 사랑

앞에서도 간략하게 낭만적 사랑에 대해 언급했지만 좀 더 구체적으로 살펴보면 다음과 같다. 이성에 대한 사랑을 경험하는 초기에는 열정이 중요한 역할을 한다. 특히, 청년기에 이성을 사랑하는 연예 과정에서는 흔히 낭만적 사랑을 경험하게 된다. 낭만적 사랑에서는 상대방에 대한 강한 애정과 집착을 나타내고 그 결과 강렬한 기쁨과 고통을 수반한다. 로미오와 줄리엣의 사랑이나 이몽룡과 성춘향의 사랑이 낭만적 사랑의 전형으로 이야기되듯이, 많은 문학 작품이나 영상물 등에서 낭만적 사랑을 그린다. 그래서 많은 사람들은 낭만적 사랑을 사랑의 원형으로 생각하고 이러한 사랑을 동경하는 경향이 있다.

이성 간의 낭만적 사랑은 매우 독특한 인간관계의 체험이다. 낭만적 사랑은 다른 인간관계에서 경험할 수 없는 몇 가지 독특한 특성을 지닌다. 낭만적 사랑은 첫째, 두 남녀 사이의 독점적이고 배타적 관계이다. 이러한 배타적 2인 관계는 제삼자가 그들의 애정관계 속으로 들어오는 것을 용납하지 않는다. 이러한 애정관계에 제삼자가 침입하면 강렬한 질투 감정과 분노 감정을 느끼게 되며 그를 배제하려는 강렬한 노력을 하게 된다.

둘째, 낭만적 사랑은 그 발전 속도가 매우 빠르다. 혈연, 지연, 학연과 같이 두 사람을 묶어 맬 아무런 객관적 이유가 없는 두 남녀가 급속하게 강렬한 인간관계로 발전한다. 전혀 모르던 두 사람이 우연히 처음 본 순간 강렬한 사랑으로 발전하기도 한다. 그래서 모든 언어문화권에 이처럼 사랑의 급격한 발전을 기술하기 위해 '사랑에 빠진다(fall in love)'라는 표현이 있다.

셋째, 매우 강렬한 감정이 개입된다. 낭만적 사랑에서는 어떤 다른 인간관계에서도 경험할 수 없는 매우 강한 애착 감정이 유발되어 상대방에 대한 강렬한 집착이 생긴다. 낭만적 사랑처럼 뜨겁고 강렬한 감정이 개입되는 인간관계는 없다. 아울러 연인관계의 굴곡에 따라 감정변화가 매우 심하게 일어난다. 연인이 자신을 사랑하고 있다는 것을 확인했을 때는 강렬한 기쁨과 환희를 느끼는 반면, 연인이 자신을 거부하거나 떠나갈 때는 쓰린 고통과 불행감을 경험하게 된다. 이성관계에서 경험하는 이러한 감정은 다른 인간관계에서 느낄 수 없는 매우 강렬한 것이다.

이러한 낭만적 사랑을 경험하는 사람들은 매우 유사한 심리적 상태를 나타낸다. 일반적으로 낭만적 사랑을 하는 사람들은 다음과 같은 심리적 경험 또는 증상을 공통적으로 경험한다.

① 사랑하는 사람에게 강렬하게 집착하고 몰두한다.
② 사랑하는 사람과 늘 함께 있고 싶은 강렬한 욕망을 느낀다.
③ 함께 있든 아니든, 사랑하는 사람에 대해서 끊임없이 생각한다.
④ 사랑하는 사람을 보거나 생각하면 강렬한 애정과 더불어 신체적 흥분을 느낀다.
⑤ 사랑하는 사람에게는 모든 것을 다 주어도 아깝지 않을 것 같은 느낌이 든다.
⑥ 사랑하는 사람에게서 독점적인 관심과 애정을 받고자 한다.
⑦ 사랑하는 사람의 관심이 다른 사람에게 쏠리면 강렬한 질투를 느낀다.
⑧ 사랑하는 사람 없이는 자신의 존재가 불완전하다는 느낌을 갖는다.
⑨ 사랑하는 사람이 자신을 거부할지도 모른다는 강한 두려움에 사로잡힌다.
⑩ 사랑하는 사람과 이별하면 깊은 슬픔과 절망감을 느끼게 된다.

4. 사랑의 발전과 종결

1) 사랑의 발전 단계

처음에 서먹하고 낯설어하던 두 남녀는 만남의 횟수가 증가하면서 점차 친밀감을 느끼고 열정을 가지고 '이 사람만을 사랑해야지.' 하는 의사결정과 헌신을 하게 된다. 사회심리학자들은 이와 같이 서로를 사랑하는 이성관계처럼 인간관계가 심화되는 과정을 사회적 침투(social penetration)라고 표현한다. Altman과 Taylor(1973)는 이성관계의 발전 과정을 다음과 같은 사회적 침투 과정으로 설명하고 있다.

첫째, 첫인상 단계(first impression stage)다. 이 단계에서는 상대방을 만나 외모나 행동관찰을 통해 인상을 형성한다. 이 단계에서 호감을 갖게 되면 상대에 대한 관심이 높아져 더 알고 싶은 마음이 생겨나며 개인적 정보를 알기 위해 여러 가지 노력을 하게 된다.

둘째, 지향단계(orientation stage)다. 이 단계에서는 서로 자신에 대한 피상적인 정보만을 교환하며 상대방이 자신에게 호감을 가지고 있는지 탐색한다. 대부분의 만남이 이 단계에서 끝난다. 지향단계에서 상대로부터 거부를 당해 자존심이 상할 수 있으나, 마음의 상처는 그다지 깊지 않다.

셋째, 탐색적 애정교환단계(exploratory affective exchange stage)다. 이 단계에서는 상대방을 좋아하는 감정을 어떻게든 알리려고 하고 상대방이 자신을 어떻게 생각하는지 확인하려 한다. 그러나 애정표현이 상대방이 허용한 범위를 넘어가면 상대방에게 부담을 주게 되어 관계가 더 이상 진전이 없거나 종결될 수 있다. 이 단계는 살얼음판을 걷듯 가장 예민하고 불안정한 단계이며, 상대방으로부터 거부를 당할 경우 이미 감정이 상당 수준 개입되었기 때문에 상당한 아픔을 겪을 수 있다.

넷째, 애정교환단계(affective exchange stage)다. 이 단계에서는 편안하게 상대를 칭찬하며 비판도 한다. 서로 사랑하는 연인 사이라는 것을 암묵적으로 인정하고 빈번한 전화 통화, 만남, 선물이나 편지를 주고받으며 서로를 위한 깜짝 이벤트를 준비하기도 한다. 사랑에 대한 약속을 한 상태가 아니기 때문에 여전히 사랑에 대한 확신은 없고 상대의 사랑을 확인하고 신뢰를 형성해 가는 단계다.

다섯째, 안정된 교환단계(stable exchange state)다. 이 단계에서는 서로 마음을 터놓고 대화를 하며 서로의 소유물에도 마음 놓고 접근하며, 상대방의 사랑에 대한 확신을 갖게 되고 결혼 약속을 하게 된다. 이 단계에서 결혼에 이르게 되는 경우는 행복한 경우이지만, 부모의 반대, 유학, 질병, 죽음 등의 이유로 결혼에 이르지 못하고 헤어지는 경우, 두 사람은 평생 잊지 못할 마음의 상처를 입게 된다.

2) 사랑의 붕괴

흔히 사랑은 불꽃처럼 일어나 영원을 약속하지만 많은 사람들이 애초의 기대나 희망을 이루지 못하고 끝낸다. 그렇다면 무엇 때문에 사랑은 성공하기도 하고 실패하기도 하는가? 이러한 의문을 풀기 위해 Hill 등(1979)은 성공적인 사랑과 실패한 사랑을 조사하여 이를 설명할 수 있는 요인들을 도출하였다. 그 결과, 지속적인 사랑을 유지하여 사랑에 성공한 커플들과 비교했을 때 사랑에 실패한 커플들은 처음 2년 동안 서로에게 밀착되지 않았으며 평등한 관계를 유지하지 못했다. 즉, 남자나 여자 중 한 사람이 그들 관계에서 더 흥미가 있었고 더 많은 것을 투자했다. 그리고 서로 비슷한 점이 더 적었다.

한편, Duck(1982)은 사랑이 어떻게 끝나는가를 설명하는 모델을 제시하였는데, 이는 다음과 같은 네 단계로 이루어져 있다.

첫째, 일반적 심리 단계로, 연인관계 종결의 발단이 되는 일을 경험하고 더 이상 참을 수 없는 것으로 인식할 때 일어난다. 이 단계에서는 상대방의 행동 중에서 사랑을 종결시키는 원인이 될 수 있는 행동에 대한 평가를 한다.

둘째, 양방적 인지 단계로, 두 사람은 사랑을 끝내게 할 수 있는 어떤 실마리를 인지하고 이 문제 때문에 상당한 시련을 경험한다. 이때 그들은 사랑을 유지하면서 갈등의 원인을 제거하는 것과 같이 관계를 개선할 것인지 아니면 끝낼 것인지를 결정해야 한다.

셋째, 사회적 단계로 더 이상 길이 없다고 판단되어 사랑을 끝내기로 결정했으면 이제 사회적 적응을 위한 다른 시도가 시작된다. 이때 주위 사람들에게 합리적으로 보이기 위해 사랑이 종결된 이유를 일부러 설명하기도 한다.

3) 사랑의 발달과 유지를 위한 전략

사람이 자신의 사랑 관계를 발전시키고 지속할 기회를 증진시킬 수 있는 방법이 있는가? 다행스럽게도, 이러한 의문에 대해 어느 정도 조언을 할 수 있을 만큼의 연구가 최근까지 이루어져 왔다. 여기서는 사랑을 발달시키고 유지하기 위하여 마음에 새겨 두어야 할 몇 가지 조언에 대하여 살펴보기로 한다.

첫째, 상대방을 이해하려고 노력하라. 우리가 남녀의 차이에 대해 알고 나면 이해의 폭은 보다 넓어질 수 있다. 남녀의 차이에 대해 Gray(1992)는 결혼의 위기에 처한 2만 5천여 부부들을 위한 세미나를 통해 얻어진 결과로 집필한 『화성에서 온 남자 금성에서 온 여자(*Men Are from Mars, Women Are from Venus*)』에서 남녀의 사랑 욕구가 어떻게 다른지 설명하고 있다. 즉, 남자는 신뢰와 인정, 찬사를 받고 싶어 하지만, 여자는 관심과 이해, 공감을 받고 싶어 한다. 그리고 남자는 목표지향적이며 유능함, 자율적 힘을 과시하고 싶어 하기 때문에 누군가가 자기를 필요로 한다고 느낄 때 힘이 솟는다. 반면, 여자는 관계지향적이어서 친밀감과 관심, 보살핌과 대화를 원하기 때문에 누군가가 자기를 사랑하고 있다고 느낄 때 마음이 움직인다.

둘째, 나의 마음을 솔직하게 표현하라. 좋은 인간관계에서 자기개방은 매우 중요한 요소다. 특히, 연인관계에서는 더욱 그러하다. 예를 들면, 그 혹은 그녀가 도대체 무슨 생각을 하고 있는지 알 수 없어 표현하지 않는 상대의 사랑을 의심하며 온갖 상상을 한다. 그러다 헤어질 구실을 찾게 되고, 상처를 받는 것이 두려워 상대방보다 먼저 이별 선언을 하기도 한다. 사랑하는 사람끼리 자신이 무엇을 원하는지 속마음을 터놓고 말할 수 있다는 것은 그만큼 두 사람의 관계가 돈독하다는 것을 말해 준다. 그러므로 생활 속에서 자기를 개방하고 솔직하게 표현하는 연습이 필요하다.

셋째, 좋은 경청자가 되라. 효과적인 대인관계에서 필요로 하는 의사소통 기술은 연인관계에서도 반드시 필요하다. 이를 위해 우선 상대방의 말을 잘 경청해야 한다. 경청하기(listening)는 의사소통의 기본적인 과정이며, 상대방이 보내는 소통 내용에 주의를 기울이고 이해를 위해 노력하는 행동을 의미한다. Perls은 인간관계에서 진실인 '경청 대 싸움', 즉 "경청하는 사람은 싸우지 않고 싸우는 사람은 경청하지 않는다."라고 제안하면서 잘 경청하면 상대방을 이해하고 싸우지 않게 된다는 것을 강조하였다. 더욱 중요한 것은 자신이 공감하고 이해하고 있다는 사실을 상대방에게 전달하는 것이며, 특히 상대방에 대한 부정적 감정을 전달할 때 나-전달법(I-message)을 사용하는 것이 매우 중요하다.

넷째, 사랑을 하려면 변화와 용기를 가져라. 남녀가 사랑하는 과정에서 늘 좋은 일만 있는 것은 아니다. 상대방에 대해 욕구불만, 좌절, 상실감, 실망, 그리고 견디기 어려운 고통도 있을 수 있다. 이러한 시련을 극복하기 위해서는 자신이 먼저 변화하고 그 변화를 위한 용기를 가져야 한다.

다섯째, 낭만적 사랑은 너무 기대하지 마라. 사춘기 소녀가 백마 탄 왕자님을 꿈꾸듯이, 성인이 되어서도 낭만적인 사랑을 꿈꾸는 사람들이 여전히 많다. 그런 사람들은 첫눈에 반해 눈이 멀어 버리는 그런 상대를 만나고자 한다. 또한, 사랑도 그렇게 낭만적으로 지속되길 원한다. 그러나 열정만 있는 그런 사랑은 쉽게 달아오른 만큼 쉽게 식어 버린다. 예를 들면, 애초에는 상대의 장점만 보이고 단점까지도 장점으로 보였지만, 시간이 지나 열정이 사라지게 되면 상대방의 단점들이 눈에 띄기 시작하면서 실망감이 더욱 커지게 된다. 그러므로 사랑은 낭만적인 것인 동시에 현실적인 것이라는 것을 명심할 필요가 있다.

여섯째, 갈등 자체가 관계를 저해하는 것이 아니라 갈등을 해결하려는 노력의 실패가 관계를 저해한다는 것을 명심하라. 서로 성장환경, 성격 그리고 취향이 다른 두 남녀가 가까운 연인관계를 맺게 되면, 불가피하게 크고 작은 갈등을 경험하게 된다. 이처럼 연인 사이의 갈등이 반복해서 생겨나고 이를 효과적으로 해결하지 못하면 연인관계는 붕괴된다. 따라서 '갈등이 있으니까 서로가 맞지 않는가 보다'하고 지레짐작하기보다는 그 문제를 어떻게 합리적으로 해결할 것인가에 초점을 두어야 할 것이다.

일곱째, 끝은 새로운 시작일 수 있다는 사실을 받아들여라. 끝이라는 것은 새로운 시작을 의미하기도 한다. 끝내는 것과 그 후의 변화가 두려워 불행한 관계를 지속시키고 있는가? 불행한 관계를 계속 유지하는 것보다는 적어도 보다 긍정적인 결과가 잠재되어 있는 불확실한 미래를 택하는 것이 보다 현명하다.

제11장

직업과 인간관계

인간은 누구나 한 가정에 소속되어 있는 동시에 일을 위한 직장을 가지고, 일생 동안 직장생활을 해 나간다. 가족보다 더 많은 시간 동안 직장 내 사람들과 일을 하게 되므로 직장 내 인간관계는 매우 중요하다. 따라서 본 장에서는 직업의 의미, 직업의 유형, 직장 내 인간관계 등에 대해 살펴볼 것이다.

1. 직업의 의미

'직업(職業)'이라는 말은 '직(職)'과 '업(業)'의 합성어이다. 여기에서 직(職)은 관(官)을 중심으로 행하는 직무라는 관직적인 뜻과 직분을 맡아 한다는 개인의 사회적 역할의 뜻이 있다. 업(業)은 생계를 유지하기 위하여 전념하는 일이라는 뜻이 있다. 직업(occupation)이란, 사회에서 생활하는 사람들이 재능과 능력에 따라 업에 종사하며, 정신적 · 육체적 에너지의 소모에 따른 대가로서 경제적 급부를 받아 생활을 지속해 나가는 활동양식이다. 즉, 직업이란, 생계를 유지하기 위하여 자신의 적성과 능력에 따라 보수를 얻을 목적으로 일정 기간 동안 계속적으로 종사하는 활동이다. 일반적으로 생계를 유지하기 위한 일의 수행이라는 세속적 의미를 가지지만, Weber의 『프로테스탄티즘의 윤리와 자본주의 정신(*Die protestantische Ethik und der 'Geist' des Kapitalismus*)』에 따르면 '직업'에 해당하는 독일어의 Beruf나 영어의 calling이라는 말속에는 어떤 종교적 관념, 즉 신으로부터 주어진 소명이라는 관념이 함축되어 있다.

직업을 가지는 목적은 첫째, 직업은 생계유지의 기본수단이다. 직업은 생활에 필요한 경제적 소득을 얻는 생계의 근거가 되며, 자신과 가족의 생존에 필요한 의식주를 마련하기 위한 생산적 활동이다. 둘째, 직장은 경제적 보상을 제공하는 대가로 종사자에게 업무수행을 요구한다. 즉, 직장에 진출하면 소득을 얻는 대신 업무수행의 의무가 따라오게 된다. 셋째, 직장은 자신의 능력을 발휘하는 자기실현의 장이기도 하다. 생존과 생활에 필요한 경제적 소득을 얻는 곳으로서의 소극적 의미를 넘어서, 자신의 개성과 능력을 발휘하며 자신이 추구하는 목표와 가치를 실현하는 곳이다. 넷째, 직장은 인생에서 사실상 가장 많은 시간을 보내는 곳이기 때문에 직장에서 하는 업무와 직장에서의 인간관계가 만족스럽지 않다면 인생의 많은 시간을 불만족스럽게 보내는 것이 된다. 다섯째, 직장은 여러 사람으로 구성된 인적 조직구조를 갖는다. 직장의 효율적인 업무수행을 위해서는 직장 내 또는 관련 기관의 직원들과 원활한 인간관계를 맺는 것이 필수이다.

인간이 생계를 유지하기 위해 사회에 소속하여 일정한 사회적 역할을 분담해야 하고, 각자에게 분담된 역할을 충분히 수행할 때에 사회가 유지될 수 있다. 이처럼 직업을 가진다는 것은 현대 사회의 조직적이고 유기적인 분업 관계 속에서 분담된 기능의 어느 하나를 맡아 사회적 분업 단위의 직분을 수행한다는 것을 의미한다. 직업의 사회적 역할 측면에서 볼 때, 직업이란 사회적으로 유용한 것이어야 한다는 의미를 내포한다. 즉, 직업은 사회의 유지 및 발전에 도움이 되는 것이어야 한다. 이런 이유에서 개인이 경제생활을 한다고 하더라도 그 활동이 절도, 도박, 밀수 등과 같이 반사회적인 경우에는 직업으로 여기지 않는다.

결론적으로 직업이란, 신으로부터 주어진 소명과 더불어 개인의 재능과 능력에 따라 사회적 역할과 생계를 유지하기 위한 기본 수단으로서, 일정 기간 동안 계속적으로 종사하는 활동으로 정의할 수 있다.

2. 직업의 유형

'2023 한국직업전망'에서 말하는 일자리 전망에 영향을 미치는 주요 요인은 다음과 같다. 첫째, 인구구조(고령화, 저출산)의 변화이다. 즉, 저출산, 고령화, 1인 가구의 증가 등 거시적 인구구조 변화이다. 둘째, 노동인구의 변화이다. 즉, 생산가능인구 감소, 여성의 경제활동 증가, 외국인근로자의 증가 등 국내 노동인구 변화, 해당 직업종사자의 고령화이다. 셋째, 가치관과 라이프 스타일의 변화이다. 즉, 사회의 복잡화, 개인화, 생활수준의 질 향상 등으로 인한 가치관과 라이프스타일의 변화(예: 건강, 미용, 여가에 대한 관심 증가, 온라인상의 소통 증대 등)이다. 넷째, 과학기술의 발전이다. 즉, 로봇화와 자동화, 디지털화, IT기술의 발전, 융 · 복합화 등 과학기술 발전이다. 다섯째, 국내외 경기 변화이다. 즉, 세계 및 국내 경기 전망이다. 여섯째, 기업의 경영전략 변화이다. 즉, 기업의 생산시설 해외 이전 또는 국내로의 유턴, 특정 분야 또는 직무의 아웃소싱, 기업 인수 합병 등이다. 일곱째, 산업특성 및 산업구조의 변화이다. 즉, 산업구조의 고도화, 타 산업과의 융합 등이며, 특정 산업 육성을 위한 정부의 전략적 지원(공유경제, 핀테크 활성화 등)이다. 여덟째, 환경과 에너지이다. 즉, 환경요인(환경오염, 기후변화, 자연재해 등)과 에너지 자원 요인(자원고갈, 국가 간 자원경쟁 등)으로 인한 (국제)규제 강화, 산업 육성, 전문가 양성, 저탄소 친환경에 대한 수요 증가 등이다. 아홉째, 법 · 제도 및 정부정책이다. 즉, 정부 차원에서의 육성지원 방안 마련, 각종 규제 완화 및 제도 신설, 복지서비스 강화 등 정부정책에 따른 고용 영향과 자격제도 신설, 교육 및 훈련 신설 등 인력 양성, 직업 전문화를 위한 제도 마련 등이다.

1) 경영 · 사무 · 금융 · 보험직

'경영 · 사무 · 금융 · 보험직'은 크게 관리직(임원 · 부서장), 경영 · 행정 · 사무직, 금융 · 보험직 등이 포함된다.

관리직은 의회의원처럼 공동체를 대리하여 법률이나 규칙을 제정하고, 정부를 대표, 대리하며, 정부 및 공공이나 이익단체의 정책을 결정하고 일을 지휘 · 조정한다. 정부, 기업, 단체 또는 그 내부 부서의 정책과 활동을 기획, 지휘 및 조정하는 직무를 수행한다. 관리직은 조직 전체 또는 조직 내 부서에서 의사결정을 수행하기 때문에 높은 수준의 책임과 전문성을 필요로 하며, 정규교육과 광범위한 직업경험을 통해 직무수행능력이 갖춰진다.

경영 · 행정 · 사무직은 경영, 인사, 상품기획, 광고 · 홍보, 행사기획 등 전문적인 사업서비스를 제공하거나 관련 업무를 수행하거나 정부정책을 기획하고 집행하는 전문적 업무를 담당한다. 또한, 관리자와 이들 전문가를 도와 경영방침에 의해 사업계획을 입안하고 계획에 따라 업무를 추진하는 등 사무적 업무를 수행하며 문서처리가 주된 직무이다.

금융 · 보험직은 금융 및 보험서비스 제공과 관련된 전문적인 업무를 수행하거나 해당 사무적인 일을 수행한다.

2) 연구직 및 공학 기술직

특정 분야의 전문지식과 경험을 바탕으로 개념과 이론을 이용하여 해당 분야에 대한 연구, 개발, 시험, 관리, 개발 등 전문서비스를 제공한다. 인문, 사회, 자연, 생명과학 등의 분야에서 높은 수준의 전문적 지식과 경험을 기초로 과학적 개념과 이론을 응용하여 연구하고 개발 및 개선하며 집행한다. 또한, 정보통신, 건설 및 채굴, 그리고 제조 등 분야에서 공학적 원리와 개념을 활용하여 새로운 제품과 기술을 연구, 개발, 시험, 분석하고 이들이 제품화되어 상용화될 수 있도록 생산 · 품질 · 안전 등 관리를 전문으로 하는 직업이 여기에 포함한다.

3) 교육 · 법률 · 사회복지 · 경찰 · 소방직

교육, 법률, 사회복지, 종교, 경찰, 소방, 교도 등 공공서비스 영역이거나 그와 관련된 프로그램을 운영하는 일과 관련된 직업이 포함된다.

교육직은 다양한 교육수준에서 학문에 대한 이론 및 실제를 바탕으로 그에 대한 개념 및 운영기법을 개발하여 학생들을 가르친다. 법률직은 공공의 질서를 보전하기 위한 공익적 활동과 관련된 직종이다. 사회복지 · 종교직은 사회

문제나 개인적인 어려움을 겪고 있는 사람들에게 사회복지 관련 전문지식을 바탕으로 문제를 진단 · 평가하고 이를 바탕으로 궁극적인 문제해결을 할 수 있도록 지원하는 업무를 수행한다. 경찰 · 소방 · 교도직은 법률과 질서의 유지를 책임지고, 화재위험과 범법행위로부터 국민의 인명과 재산을 보호하며, 교정대상자를 관리 교화한다. 군인 직군은 의무복무 중인 사병, 단기부사관, 장교를 제외하고 현재 군인 신분을 유지하고 있는 직업 군인인 부사관과 장교를 말한다.

4) 보건 · 의료직

보건 · 의료직은 환자의 진료 혹은 간호 업무를 수행하고, 신체적 장애, 정신질환이나 불안정 등의 장애를 치료한다. 영양기법과 응용에 관하여 연구, 개선 또는 개발하여 이를 보조하는 업무를 수행한다. 보건 · 의료직은 대부분 보건 의료 산업에 나타나는 독특한 직업이다.

5) 예술 · 디자인 · 방송 · 스포츠직

예술 · 디자인 · 방송직은 예술, 디자인, 공연, 연극, 영화, 신문, 방송 등의 분야에서 작품이나 기사를 쓰고, 출판물의 기획 및 편집을 담당한다. 스포츠 · 레크리에이션직은 운동 경기에 참여하고 경기 훈련을 지휘하며 경기규칙을 준수하도록 유도하고 경기의 진행을 관리한다.

6) 미용 · 여행 · 숙박 · 음식 · 경비 · 청소직

이 · 미용 서비스, 혼례 및 장례 등 예식 서비스, 여행 및 항공기 · 선박 · 열차 객실 승무서비스, 숙박시설 및 오락시설 서비스, 음식 조리 및 관련 서비스, 경호 및 경비 서비스, 간병 및 육아도움 등 돌봄 서비스, 청소 및 방역, 가사 서비스 등 기타 개인 고객을 대상으로 하는 서비스를 제공하는 업무를 수행한다.

7) 영업 · 판매 · 운전 · 운송직

영업 · 판매직은 영업활동을 통해 상품이나 서비스를 판매하거나 상점뿐 아니라 인터넷 등 통신을 기반으로 한 판매, 통신서비스 상품 및 단말기 판매, 노점, 이동 및 방문 판매, 상품대여 등의 업무를 수행한다. 운전 · 운송직은 항공기, 기차, 지하철, 자동차, 기타 운송기계 등을 운전하거나 조작하는 업무를 수행한다.

8) 건설 · 채굴직

건설 및 채굴 현장에서 광물을 채굴 · 채취하거나 건물 및 기타 구조물을 건설 및 유지 · 보수하기 위해 기능 업무와 기계 조작 업무를 수행하고, 그 외 단순노무 업무 등을 수행한다.

9) 설치 · 정비 · 생산직

공작기계, 운반기계, 냉동 · 냉장기계, 기타 산업 특수적 기계 등의 기계장비와 항공기, 선박, 철도차량, 자동차, 기타의 운송장비를 설치하거나 정비하는 일을 수행한다.

10) 농림어업직

농산물, 임산물 및 수산물의 생산에 필요한 지식과 경험을 기초로 곡식작물, 채소 및 특용작물, 과수작물, 원예작물을 재배 · 수확하며 동물을 번식 · 사육한다.

3. 직장 내 인간관계

직장은 사람들이 일정한 직업을 가지고 일하는 곳으로, 공동의 목표와 업무 수행을 위해 구성된 사람들의 조직이다. 직장은 대부분 위계적 조직으로 상사와 부하직원으로 구성된다. 상사와 동료의 관계는 직무만족의 중요한 요인이며, 일은 사회적 관계를 통하여 이루어진다. 일반적으로 직장에서의 상사와 동료들과의 접촉 빈도수와 공유하는 물리적 시간은 가족이나 친구에 비해 훨씬 많은 편이다.

〈표 11-1〉 상사 및 동료 만족도

문항내용	만족도				
	전혀 그렇지 않다	약간 그렇지 않다	보통이다	약간 그렇다	매우 그렇다
	1	2	3	4	5
나의 상사는 나에게 친절하고 관심을 갖는다.					
나의 상사는 일의 성과에 대해 나를 칭찬하고 내게 공을 돌린다.					
나의 상사는 나의 제안과 불만사항을 잘 들어준다.					
나의 동료들은 나에게 친절하고 관심을 갖는다.					
나의 동료들은 상호 신뢰한다.					
나의 동료들은 업무상 서로 협조한다.					

1) 직장에서의 인간관계 유형

(1) 직장에 대한 소속감에 따른 분류

① 직장중심적 인간관계

직장동료들과의 인간관계를 중시하며, 이를 삶의 중요한 인간관계 영역으로 생각하는 직장인의 태도를 의미한다. 직장중심적 인간관계를 나타내는 사람은 소속한 조직 및 업무에 대한 소속감과 만족도가 높으며, 직장 내에서 수행하는 업무에 중요한 의미를 부여하고 개인의 관심사나 취향과 일치함으로써 업무에 대한 흥미가 높다. 또한, 직장동료와의 친밀도와 관계만족도가 높아서 직장동료가 중요한 친구의 역할을 하는 경우가 많다. 그러나 이러한 유형은 직장 내 인간관계에 지나치게 몰입하거나 제한되어 가족관계나 교우관계와 같은 다른 인간관계를 소홀히 하는 위험성이 있다.

② 직장탈피적 인간관계

직장에 대한 소속감과 만족도가 떨어지는 경우에 나타나는 직장인의 인간관계이다. 직장동료와의 친밀도나 만족도가 낮고 직장동료보다는 직장 밖의 인간관계를 중시한다. 직장 분위기에 적응하지 못하고 직장동료와 친밀한 관계를 형성하지 못한 경우에 이런 유형이 나타나게 된다. 또한, 업무가 자신의 적성이나 취미, 관심사와 맞지 않아 업무에 대한 흥미가 적은 경우가 많다. 이런 사람에게 직장은 생활에 필요한 소득을 얻기 위한 곳일 뿐이다. 이런 사람은 직장동료와 의사소통이 적고 무관심하며 퇴근 시간이 되자마자 직장을 떠난다. 직장동료에게는 업무 이외에 개인적인 문제를 잘 이야기하지 않는다. 이런 사람은 직장 내 인간관계를 소홀이 여겨 직장 내 적응 및 업무수행에 곤란을 겪을 가능성이 높다.

〈표 11-2〉 집단 응집력

<table>
<tr><th rowspan="3">문항내용</th><th colspan="5">만족도</th></tr>
<tr><th>전혀 그렇지 않다</th><th>약간 그렇지 않다</th><th>보통이다</th><th>약간 그렇다</th><th>매우 그렇다</th></tr>
<tr><th>1</th><th>2</th><th>3</th><th>4</th><th>5</th></tr>
<tr><td>우리 팀원들은 팀의 발전이 개인의 발전과 직결된다고 생각하는 편이다.</td><td></td><td></td><td></td><td></td><td></td></tr>
<tr><td>우리 팀원들은 과업 목표의 수행을 위해 도움이 된다면 동료의 업무를 도울 의사가 있는 편이다.</td><td></td><td></td><td></td><td></td><td></td></tr>
<tr><td>우리 팀원들은 과업 목표가 일정하게 주어지는 것이 팀의 발전에 도움이 된다고 생각한다.</td><td></td><td></td><td></td><td></td><td></td></tr>
</table>

문항내용	만족도				
	전혀 그렇지 않다	약간 그렇지 않다	보통이다	약간 그렇다	매우 그렇다
	1	2	3	4	5
우리 팀원들은 목표 달성을 할 경우 그에 상응한 보상이 있을 것이라고 믿는 편이다.					
우리 팀원들은 동료들과 목표 달성을 효과적으로 달성하기 위해 회의에 적극적으로 참석하는 편이다.					
우리 팀원들은 목표 달성을 위해 팀 구성원들과 끈끈한 관계를 유지한다고 생각한다.					
우리 팀원들은 팀원의 일원임을 다른 사람에게 얘기하고 자랑스럽게 생각하는 편이다.					
현재 팀에서 하는 업무는 내가 원했던 것과 일치하는 편이다.					
우리 팀에서 하는 업무는 회사에서 상당히 중요한 일이라고 생각한다.					
우리 팀은 업무에 대해 어느 정도의 재량권을 갖고 있다고 생각한다.					

(2) 구성원 간의 호감도 및 응집력에 따른 분류

① 화합응집형

구성원들이 서로 긍정적 감정과 친밀감을 지니는 동시에 직장에 대한 소속감과 단결력이 높은 경우이다. 이런 유형의 직장에는 구성원들의 정서적 유대관계를 중시하는 지도력이 있는 상사가 있는 경우가 대부분이다. 업무분담이 명료하여 구성원 간의 갈등이 적으며 자유로운 직장 분위기를 지니고 있다.

② 대립분리형

구성원들이 서로 적대시하는 두 개 이상의 하위집단으로 분리되어 있는 경우이다. 하위집단 간에서는 서로 반목하지만 하위집단 내에서는 서로 친밀감을 지니며 응집력이 높다. 이런 하위집단은 흔히 부서별로 형성되기도 하지만 같은 부서 내에서도 친교관계에 따라 분리될 수 있다.

③ 화합분산형

직장 구성원 간에는 비교적 호의적인 관계가 유지되지만 직장에 대한 응집력이 미약한 경우이다. 지도력 있는 상사가 없거나 개인주의적 성향이 강한 구성원으로 구성되어 있는 경우에 이런 형태가 나타날 수 있다. 직장의 구성원들은 서로에 대한 깊은 수준의 공개나 정서적 교류가 일어나지 않는 피상적인 인간관계를 유지하는 경우가 많다.

④ 대립분산형

직장 구성원 간 감정적 갈등이 심하며, 직장의 인간관계에 구심점이 없는 경우이다. 이런 유형의 직장인은 직장에 대한 애착이나 소속감을 느낄 수 없다. 직장에서 찾을 수 있는 의미는 경제적 수입밖에 없으며, 직장에서 자신에게 부여된 업무만 할 뿐 구성원 간의 협조나 협동이 잘 이루어지지 않는다. 이런 유형의 직장인은 직장에 대한 만족도가 매우 낮으며, 업무 효율도 저하될 수밖에 없다.

사람들이 당신을 좋아하도록 만드는 6가지 방법

1. 다른 사람에게 진심으로 관심을 가져라.
2. 웃어라.
3. 상대방의 이름은 그에게 있어서 모든 말 중에서 가장 달콤하고 중요한 말로 들린다는 점을 명심하라.
4. 잘 듣는 사람이 되어라. 다른 사람들이 자신에 대해 이야기하도록 만들어라.
5. 다른 사람의 관심사에 맞춰 이야기하라.
6. 다른 사람으로 하여금 자신이 중요한 사람이라고 느끼게 만들어라. 진심으로 그렇게 행동하라.

출처: Carnegie(1998).

2) 상사, 부하, 동료관계의 유형

(1) 직장상사의 유형

직장에서 경험하는 가장 큰 어려움 중 하나가 직장상사와의 관계에서 느끼는 어려움이다. 직장상사의 유형은 그들의 행동양식에 따라 구분할 수 있는데 이러한 유형에 따라 부서의 분위기나 업무스타일이 달라지기도 한다. Blake와 Mouton(1964)은 수평축에 생산에 대한 관심과 수직축에 인간에 대한 관심의 두 영역으로 나누고, 이를 격자로 계량화하여 상사의 스타일을 다섯 가지 유형으로 분류하였다.

① 무관심형: 생산과 인간에 대한 관심이 모두 낮은 형태이다. 상사는 자기 자신의 직분유지에 필요한 최소한의 노력만을 투입하는 유형이다.
② 인기형: 인간에 대한 관심은 대단히 높으나 생산에 대한 관심이 극히 낮은 유형이다. 상사는 어떤 방향에서 구성원끼리의 원만한 관계 및 친밀한 분위기 조성에 주력한다.
③ 과업형: 생산에 대한 관심은 매우 높지만 인간에 대한 관심이 극히 낮은 유형이다. 상사는 일의 효율을 높이기 위해 인간적 요소를 최소화하도록 작업조건을 정비하는 등 과업상의 능력을 우선으로 생각한다.
④ 팀형: 인간과 과업에 대한 관심이 모두 매우 높은 유형이다. 상사는 상호의존 관계와 조직의 공동목표를 강조하고 상호신뢰적 관계에서 구성원들의 몰입을 통하여 과업을 달성한다.
⑤ 중용형: 인간과 과업에 적당한 관심을 갖는 유형이다. 상사는 과업능률과 인간적 요소를 절충하여 적절한 수준의 성과를 지향한다.

매니지리얼 그리드 훈련(Managerial Grid Training)

매니지리얼 그리드 훈련은 리더십 관리격자 이론에 기초한 것으로, 경영자가 리더십 교육훈련 프로그램을 시행할 때 유용한 개발프로그램이다.

1단계: 그리드 세미나 단계

조직개발에 참가한 참가자가 리더십 관리격자 이론을 통해 자신의 리더십 스타일을 분석하고 문제해결을 위한 팀 방법을 학습한다. 참가자는 한 주간의 세미나에서 경영상의 방법에 대한 연구와 참가자들이 배우고, 실험하고, 적용할 수 있는 대안들을 모색한다. 또한, 팀 활동에 대한 방안을 고안하고, 참가자 개개인의 경영상의 생각 방식에 대해서 다른 구성원들의 비평을 받는다. 이는 자신과 다른 경영 방식을 통해 통찰력을 얻기를 기대할 수 있고, 경영 문제를 해결하기 위한 새로운 방법을 발전시킬 수 있다.

2단계: 팀워크 개발 단계

참가자들이 적어도 다른 두 집단 속에서 자신의 직속상사 및 부하들과 리더십 스타일 개발을 위한 팀빌딩을 한다. 2단계의 목적은 1단계에서의 학습을 직접적으로 팀 수행에 적용시키기 위한 것으로 팀 구성원들을 돕는 것이다. 크고 작은 조직에서의 관리자들은 팀으로서 부하직원들과 같은 자리에 앉아 효과성을 공부하고 장애를 극복할 방안들을 모색하기 위해 연구한다.

이 활동에서 더 많은 객관성이 갖춰지기 위해서는 향상된 팀워크가 중요하며, 팀워크는 의사소통, 컨트롤, 문제해결 등을 통해서 강화될 수 있다.

3단계: 집단 간 개발단계

3단계부터는 진정한 조직개발의 단계에 들어선다고 할 수 있다. 리더가 부서를 이끌어갈 때 조직 내 다른 다양한 부서와 상호 유기적인 조정과 협력관계를 구축함으로써 부서의 목표 달성 및 조직 전체 목표 달성에 기여할 수 있는 스타일을 개발한다. 관리자들은 전반에 걸쳐 조직을 강화하고 통합하기 위해 이들의 작업 관계성을 평가하고 분석한다. 3단계를 성공적으로 마무리한다면 수직적 · 수평적으로 그룹의 연결이 용이하고 그룹 간의 마찰도 줄어들 것이다. 이것은 부서들, 조화가 필요한 다른 세부 조직들 등 어디든 간에 문제해결과정을 대폭 축소할 수 있다.

4단계: 이상적 전략모델 개발단계

참가자가 최고경영자로부터 제시된 우량조직모델을 달성하기 위한 행위를 개발한다. 즉, 4단계는 뿌리가 될 수 있는 조직구조를 구상하는 단계이다. 4단계를 성공적으로 마친다면, 조직의 상층부는 조직의 다양한 성과 목표들의 방향을 한 곳으로 일치시킬 수 있을 것이다. 개개인과 팀들은 전반적이고 세세한 목표들에 대해 더욱더 이해하고 헌신할 것이다.

5단계: 이상적 전략모델 실행단계

위 4단계의 전략모델을 실행하는 과정에서 발생할 수 있는 장애물을 효과적으로 극복할 수 있는 방안을 강구한다. 이 과정에서 조직에 대한 책임을 가지는 조직 구성원들은 전략모델을 실행하기 위한 다양한 행동에 대해 동의하고 책임을 다한다.

6단계: 안정화 & 체계적 비판 단계

새로운 경영방식을 습관화하는 단계이다. 조직 구성원들은 과거의 덜 효과적인 방식으로 되돌아가려는 특성을 가지고 있으므로 이를 바로잡아야 한다. 그리고 6단계에서는 더욱 큰 효과성을 얻기 위해 시행되는 조직개발에 대한 전반적인 비판 단계도 포함한다. 이것은 일찍이 시행된 행동들을 통해 이룬 변화들을 강화하고 지지하는 역할을 할 뿐만 아니라 약점을 파악하고 그것들을 제거하기 위해 계획을 세우도록 도와준다.

출처: 위키백과(2023).

상사로부터 신임을 받기 위하여

① 상사는 일의 결과에 대하여 책임을 지는 사람이라는 것을 유념하라.
② 상사가 바라는 것 중에서 가장 중요한 것은 자기의 직책을 수행하는 데 필요한 조력이다.
③ 상사는 말하지 않아도 스스로 일하는 사람을 좋아한다.
④ 상사에게 동료의 험담을 해서는 안 된다.
⑤ 상사에게 많은 문젯거리를 넘기지 말고, 잘 생각한 뒤 기발한 해결책을 제안하는 것이 좋다.
⑥ 상사는 변명 듣기를 원하지 않는다. 그것은 상사의 상사가 변명을 듣기 원하지 않기 때문이다.
⑦ 항상 예스맨(Yes Man)이 되어서는 안 된다. 상사의 평소 습성이나 사고방식을 잘 파악해서 그것을 활용하여 좋은 건의를 받아들이도록 하라.
⑧ 상사의 시간과 정력을 낭비하지 말도록 하라.
⑨ 고객을 즐겁게 하라. 그것이 상사를 즐겁게 하는 것이 된다.

출처: 박연호(2006).

(2) 부하의 유형

직장생활에 있어 상사를 모시는 것도 어렵지만 부하를 이끄는 것도 쉽지 않다. 부하의 유형은 상사의 입장에서 부하가 나타내는 행동양식에 따라 여러 유형으로 구분할 수 있다. 이러한 부하의 유형은 상사-부하관계에도 크게 영향을 주고 업무 수행의 효율성이나 구성원의 응집력에도 영향을 미친다. 부하의 유형은 네 가지 유형으로 구분된다.

① 추종형: 상사의 의견을 존중하고 순종하는 유형
② 저항형: 지휘 방식에 불만을 가지고 반항하는 유형
③ 합리형: 지시내용의 적절성을 합리적으로 판단하고 행동하는 유형
④ 분리형: 상사와 소원한 관계를 가지고 지시에 무반응하고 무관심한 태도를 보이는 유형

부하를 잘 다루기 위하여

① 도덕적으로 올바른 습관을 길러라.
② 관리자는 타인의 노력을 통하여 조직의 목표를 달성하는 사람임을 명심하라.
③ 부하직원 각자 개성을 가진 사람으로 대우하라. 그도 중요한 인간이라는 것을 깨닫게 하라.
④ 명령보다는 제의를 하거나 의뢰하는 것이 좋다.
⑤ 질책하기 전에 사정을 들어보는 것이 좋다.
⑥ 남 앞에서 꾸중을 하는 것을 삼가야 한다.
⑦ 개선안을 환영하라.
⑧ 이유를 분명히 밝힘으로써 사정의 변화에 의하여 영향을 받는 사람을 사전에 납득시켜야 한다.
⑨ 부하 직원에게 현상을 인식시키고 개선의 길을 열어 놓아야 한다.
⑩ 사람을 신나게 할 수 있는 가장 좋은 방법은 질책보다는 좋은 행위를 칭찬하는 것이다.
⑪ 약속을 지켜라.

(3) 동료관계의 유형

직장에서의 인간관계 중 상사와 부하직원의 관계만큼이나 중요한 것이 동료관계이다. 직장동료들은 나이, 전공, 관심사, 업무 내용, 조직에서 겪는 고충 등 여러 측면에서 유사성이 많기 때문에 가장 친밀한 직업적 동반자이자 사교적 동반자라고 할 수 있다. 직장에서의 동료관계 유형은 네 가지 유형으로 구분된다.

① 돌출형: 동료에 대한 경쟁의식이 강하고 자신의 업무내용, 성취를 과장되게 표현하며 각별한 충성행동을 보인다.

② 희생형: 좋은 유형이지만 사회생활을 함에 있어서는 큰 빛을 발하기는 어려운 유형이다. 이러한 유형의 사람은 동료를 위해 자신의 이익을 희생하고 손해를 감수한다.

③ 원만형: 직장에서 가장 적절한 유형이다. 이러한 유형의 사람은 업무활동이나 상사와의 관계에서 동료들과 균형을 유지하고 동료관계에서 협동과 경쟁에서 균형을 이룬다.

④ 위축형: 직무능력에 자신감이 부재하고 동료들에 대한 열등감을 가지고 있으며 동료관계에서 소극적인 행동을 보인다.

동료와 잘 어울려 지내기 위하여

① 혼자 잘난 체하지 말라.

② 당신에 대한 동료의 평가 여하에 따라 당신이 성공할 수도 있고, 또 실패할 수 있다는 것을 유념하라.

③ 상급자인 척하는 태도를 갖지 말라. 상급자가 되기를 원한다면 제1차적 자격요건은 동료와 더불어 사이좋게 지낼 수 있어야 한다. 왜냐하면, 관리자는 여러 사람의 노력을 통하여 성과를 올리는 사람이기 때문이다.

④ 신입직원을 친절하게 지도하며 나쁜 습관이 싹트지 않게 하라.

⑤ 선임자의 지도에 고마움을 표시해 주어야 한다.

⑥ 자기의 담당직무를 도저히 훌륭하게 수행할 수 없다면 다른 직무로 옮겨가도록 자원하라.

⑦ 자기의 직분을 다하여야 한다.

출처: 박연호(2006).

3) 직장에서 성공을 거두기 위한 요인

직장에서 효과적으로 자신이 맡은 업무를 수행하고 직업적 성공을 거두기 위해서는 기술적 기술, 개념적 기술, 인간관계 기술과 같은 세 가지 기술이 필요하다.

(1) 기술적 기술(technical skill)

자기가 맡은 분야의 전문화된 지식과 전문화된 분석능력, 특정한 기술을 사용하는 능력 등 구체적인 능력을 의미한다. 예를 들면, 경리를 보는 사람은 경리업무가 기술적 기술이고 교사에게 가르치는 일이 기술적 기술이다. 기술적 기술은 특히 하급직에서 많이 요구된다.

(2) 개념적 기술(conceptual skill)

자기가 맡은 전문 업무가 아니라 부서나 조직 전체의 일을 총괄하여 조직이 나아가야 할 방향과 업무를 기획하고, 업무의 효율성을 위해 적재적소에 인재를 배치할 뿐만 아니라 업무를 적절히 분배함으로써 거시적으로 조직 전체의 목표 달성과 생산성 향상을 꾀할 수 있는 기술이다. 개념적 기술은 상급직으로 올라갈수록 많이 요구되기 때문에 최고경영자는 세세한 부분의 기술적 기술까지 알 필요는 없고 개념적 기술이 필요하다.

(3) 인간관계 기술(human skill)

팀의 일원으로 다른 사람들과 협조할 수 있는 능력을 의미한다. 기술적 능력이 '사물'과 일하는 기술인 반면, 인간관계 기술은 '사람'과 함께 일하는 기술에 초점을 맞추고 있다. 인간관계 기술은 모든 직급의 사람들에게 공통적으로 필요한 기술이다.

제12장

멘토, 멘티로서의 인간관계

멘토(mentor)는 현명하고 신뢰할 수 있는 상담 상대, 지도자, 스승, 선생의 의미이며, 멘토의 상대자를 멘티(mentee), 멘토리(mentoree), 프로테제(protege)라 한다. 학교, 직장 등 인생에서 좋은 멘토와 멘티가 되기를 누구나 희망하기 때문에 본 장에서는 멘토링의 의미, 멘토가 갖추어야 할 요건, 멘토를 구하는 법 등에 대해 살펴볼 것이다.

1. 멘토링의 의미

1) 멘토링의 유래

멘토(mentor)란, “다른 사람에게 유용한 지식과 통찰과 전망 또는 지혜를 제공하거나 특정 분야의 선지자로서 조언하고 격려하는 사람”(Hudson, 1999)을 뜻한다. 따라서 멘토링이란, 경험과 지식이 풍부한 사람이 멘티(mentee)에게 지도와 조언을 하면서 실력과 잠재력을 개발하는 것이며, 선배나 경험이 많은 사람이 후배와 진지한 관계를 맺으며 역할 모델이 되고 개인적이며 심리 · 사회적인 지원을 제공하는 것을 뜻한다. 전통적인 멘토링은 위계적 관계였으나 현대의 멘토링은 상호주의적이고 평등하고 협조적인 학습 동맹이다.

‘멘토’라는 말은 그리스 신화에서 비롯된다. 고대 그리스의 이타카 왕국의 왕 오디세우스가 트로이 전쟁에 나가면서 친구에게 자신의 아들 텔레마코스를 보살펴 달라고 맡겼는데, 그 친구의 이름이 바로 멘토(Mentor)였다. 멘토는 오디세우스가 전쟁에서 돌아올 때까지 텔레마코스의 친구, 선생님, 상담자, 때로는 아버지가 되어 그를 잘 돌보았고 텔레마코스가 성장하는 데 더할 나위 없이 커다란 정신적인 지주 역할을 했다. 10년 후 전쟁에서 돌아온 오디세우스는 훌륭하게 성장한 아들을 보고 “역시 멘토(Mentor)다워!”라며 크게 칭찬했다.

그 후로 멘토라는 이름은 지혜와 신뢰로 한 사람의 인생을 이끌어 주는 지도자라는 의미로 사용되었다.

이러한 의미의 멘토링은 기업에서도 활발히 사용되는데, 기업 장면에서 멘토링은 현장 훈련을 통한 인재 육성 활동으로 정의할 수 있다. 즉, 회사나 업무에 대한 풍부한 경험과 전문 지식을 가진 사람이 일대일로 전담하여 구성원을 지도 · 코치 · 조언하면서 실력과 잠재력을 개발 · 성장시키는 활동이다. 최근에 많은 기업이 도입하고 있는 후견인 제도가 멘토링의 전형적인 사례이다. 이 제도는 신입 사원들이 업무에 신속히 적응하도록 유도하고 성장 잠재력을 개발한다. 이런 측면에서 볼 때, 그 기본 사상은 인재 육성에 있다.

(1) 전통적인 관점

멘토링에 대한 전통적인 관점은 기능주의적이라는 것이며, 멘토링의 근본적인 목적은 조직에 새로운 사람을 효과적이고 안정적으로 적응하여 조직의 안정성을 유지하려는 것이다. 이러한 전통적인 시각에서의 기본 가정은 멘토링은 권력관계이기 때문에 멘토는 전문가적인 힘을 가지고 있고, 멘티는 그러한 지식을 받아들이는 사람이라는 것이다.

(2) 비판적-구성주의적 관점: 지식의 구성 및 변화

비판적-구성주의적 관점에서는 배우는 과정에 멘토와 멘티가 함께 적극적으로 참여하여 비판적으로 행동하는 것을 강조한다. 비판적-구성주의적 시각에서 멘토링의 가장 기본적인 성격은 '배우는 것'이다. '배우는 것'은 지식이나 기술, 실천을 확인하거나 그냥 스쳐 지나가게 하는 것이 아니라 멘토와 멘티가 함께 실천에 대해 지식을 구성하는 창의적인 과정을 말한다.

멘토링은 리더십을 위한 기술과 실천의 발전을 포함한다. 비판적-구성주의적인 시각에서 멘토링의 근본적인 속성은 연구 · 이해 형성 · 반성하는 것을 배우는 것이다. 전통적인 시각에서 멘토가 멘티에게 지식을 전달하는 일방적인 관계인 것에 비하여 비판적-구성주의적 시각에서의 멘토링의 관계는 여전히 권력관계이지만 멘토가 모든 권력을 가지고 있는 일방적인 관계는 아니다. 전통적 시각에서는 조직의 안정성을 목표로 하였지만, 비판적-구성주의적 시각에서는 변화에 초점을 맞추고 있다.

2) 멘토링의 특성

멘토링은 코칭 개념과 혼용되기도 하고, 다른 개념으로 사용되기도 한다. 코칭은 성과 · 목표 · 결과에 초점을 두고 도움을 제공하는 과정으로, 코치는 조력 전문가가 피코치자의 성장과 변화에 관심을 둔다. 멘토링에서 멘토에는 다른 사람의 발전 과정을 지켜보는 동료의 개념이 포함되어 있다(Law, Ireland, & Hussain, 2010). 이 모든 과정은 피코치자/멘티라는 학습자 중심으로 이루어지며, 학습자가 주도한다. 최근에는 코칭과 멘토링, 학습 심리학의 접점이 더 커지고 있다.

[그림 12-1] 멘토링, 코칭, 학습심리의 관계

출처: Law, Ireland, & Hussain(2010).

한편, 상담, 코칭, 멘토링의 개념을 구분하기도 한다. 상담이란, 심리학적인 기술과 교양을 말하는 데 문제를 가지고 찾아온 내담자와 대화를 통해 상담자가 문제해결에 대한 조언을 주거나 내담자 자신이 문제를 해결할 수 있도록 인격적 발달을 돕는 것이다. 상담은 과거에 문제로 상처를 받은 사람들이 주로 찾아오고, 상담은 내담자의 심리를 파고들어 분석하고 평가하여 답을 주어 치유하는 데 초점을 둔다. 그러나 코칭은 사람의 행동을 성숙하게 하는 데 초점을 둔다. 드러나는 행동과 그에 대한 조치를 배우며 피드백을 제공하고 사람들에게 미래 지향적으로 생각하고 스스로 깨닫게 해 준다.

멘토링과 코칭은 많은 유사점이 있는데 전자와 후자는 모두 일대일 관계를 가지며 변화와 진보에 초점을 두는 성장 지향적인 관계다. 서로 유사한 관계처럼 보이기는 하나 멘토링은 학습자가 기술과 안목을 갖게 하는 데 더 비중을 두고, 코칭은 사람들의 성장과 변화에 관한 기본 원리들을 삶의 모든 영역에 적용하는 데 중점을 둔다.

3) 멘토의 기능

멘토는 조직의 사명과 목표에 대한 정보와 조직의 인적 자원 개발 원칙을 설명하고, 특수한 기술과 효과적인 행동 등을 개인 지도하며 업무 수행 및 개발에 유익한 활동을 코치한다. 또 개인적인 문제와 조언도 할 수 있다. Kram(1985)은 멘토링의 기능을 크게 두 가지로 분류했다.

(1) 경력 개발 기능

멘티가 본인의 역할을 적합하고 훌륭하게 실행 해내는 데 필요한 방법을 습득하게 해 주며, 조직 안에서의 승진 또는 경력 발달을 위해 잘 준비하도록 지원하는 기능으로, 조직 내 멘토의 권력과 직위에 따라 달라지며, 멘티가 업무를 이해하고 직무 수행을 잘 할 수 있도록 지도·조언하는 기능이다. 이러한 기능에는 후원, 코칭, 보호, 소개, 도전적 업무가 해당하며, 멘티는 이러한 기능을 통해 조직생활을 하면서 자신의 경력 기회를 제공받는다.

(2) 심리적 · 사회적 기능

멘티의 개인적 측면을 강조하여 멘토와 멘티가 친밀한 관계 형성과 공감, 상담 등을 통해 멘티의 자존감과 자신감, 자아효능감, 자아정체성에 긍정적인 변화가 일어나도록 하는 기능을 의미한다. 즉, 멘티가 조직생활을 하는 데 개인적인 고민을 상담해 주어 심리적 안정감을 갖게 하고 호의적인 관계를 형성하여 멘티 자신에 대한 안정감과 자아확립을 하도록 도와준다. 이러한 기능은 인생 전반에 걸쳐 영향을 미치므로 멘토링에 중요한 기능이다.

(3) 역할모델 기능

역할모델 기능은 멘티에게 표본이 될 수 있는 멘토의 역할적 기능을 의미하는 것으로, 지식과 정보가 부족한 멘티가 어려운 업무를 수행하는 데 바람직한 행동의 표본으로 멘토를 삼게 된다는 것이다. 이를 통해 멘티는 조직 내에서 생존에 도움이 되는 태도와 가치관을 배우게 되며, 조직이 원하는 인재상으로 거듭날 수 있다.

〈표 12-1〉 멘토링의 기능

멘토링의 기능		정의
경력 개발 기능	후원	멘티가 조직 내에서 올바른 역할로 수평적 이동과 승진을 할 수 있도록 도와주고 기회를 주는 기능
	노출 및 소개	멘티의 경력 개발에 영향을 줄 수 있는 다른 관리자들과 문서상 또는 직접적인 만남을 필요로 하는 업무를 줌으로써 사람들과의 관계를 갖도록 도와주는 것
	지도	멘티가 주어진 업무를 성공적으로 실행하고 다른 사람들로부터 인정을 받으며 목표를 달성하는 데 필요한 기술을 가르쳐 주는 기능
	보호	멘티가 만족할 만한 실적을 올릴 수 있도록 충분한 준비가 되었다고 판단될 때까지 부정적 평판을 축소해 줌
	도전적 업무 부여	멘티에게 도전적인 업무를 주고 그것에 필요한 기술 훈련과 지속적으로 성과에 대한 조언을 줌으로써 멘티의 능력을 발달시키고 성취감을 느낄 수 있도록 도와주는 기능

멘토링의 기능		정의
심리사회적 기능	수용 및 격려	상호 간의 믿음을 기반으로 서로 존중하고 인정 · 호의를 통해 멘티의 자의식을 높임
	상담	개인적인 문제들에 대한 서로의 생각과 관심을 이야기함으로써 심리적 안정과 만족감을 높이는 것
	우정	멘토와 멘티가 일 또는 업무 외적으로 비공식적인 관계를 통해서 서로를 이해하고 좋은 관계를 유지하는 것
역할모델 기능	역할 모델링	멘토가 멘티와의 지속적인 관계 속에서 멘토를 존경하게 되고 그로 인해 멘토의 가치관이나 태도, 행동 등을 닮아가도록 하는 기능

4) 멘토링의 인적 구성

첫째, 멘토는 역할모델의 제공자로서, 건전한 가치관과 긍정적인 자아상을 소유하며, 사회 내에서 자신의 역할과 기능을 수행하는 성인으로서의 역할 모델(role model)을 하는 자이다.

둘째, 멘티는 멘토에게서 상담 및 조언을 받는 사람이다. 멘티의 역할은 멘토를 도와 공동 관심사를 계발하고 개별 및 집단 프로그램을 계획하고 내용을 구성할 수 있으며, 실제로 수행하는 데 적극 참여하는 것이다.

셋째, 멘토링 관리자는 멘티와 멘토로 구성된 일대일 관계를 연결시키며 멘토를 도와 프로그램의 계획 및 내용 구성의 과정에 참여하고 이것의 수행에 관한 관리와 감독을 하는 역할을 한다. 또한, 멘토 훈련 프로그램을 기획하여 멘티와의 개별상담을 진행하기 위해 멘토에게 필요한 교육을 수행한다.

넷째, 수퍼바이저는 멘티와 멘토의 만남을 통한 보고서나 정기적인 모임에서 사례에 대한 수퍼비전을 준다. 멘티와의 활동에 대한 보고와 토의, 멘토의 역할 수행에 대한 어려운 점을 공유하고 향후 활동에 대한 제언 등을 한다.

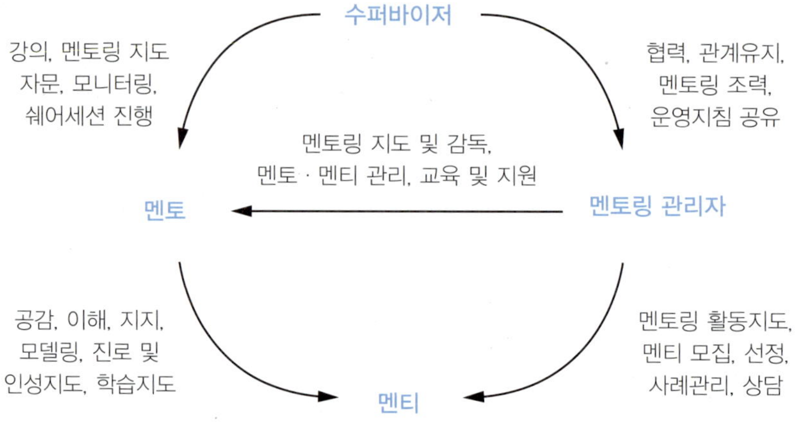

[그림 12-2] 멘토링 구성요소의 관계

출처: 장인숙(2018).

5) 멘토링의 유형

(1) 공식적 멘토링

공식적인 멘토링은 멘토와 멘티가 특정 목적이나 훈련, 임무의 완수를 위해 함께 일하도록 제삼의 인물이나 집단이 제안한 것이다. 이 경우 관계는 계층적인 상태로 유지되고 상호작용은 공식적이며 목적이 달성되면 멘토링은 끝이 난다.

(2) 비공식적 멘토링

비공식적 멘토링은 참여 구성원의 자발성을 전제로 상호 원하는 멘토와 멘티를 선택할 수 있어야 한다. 비공식적인 멘토링은 특정 행위나 업무 대신 대인관계, 직업적 관계의 질, 과정에 좀 더 초점을 둔다. 또한, 대개의 경우 장기간의 인간적이고 전문적인 발전을 목적으로 멘티에 의해 시작된다. 이 관계는 시간이 지나도 지속되고, 확실하게 끝이 날 수도 있고 아닐 수도 있으며, 이 관계를 통하여 멘토와 멘티는 상부상조하면서 인간적인 교류를 경험한다.

〈표 12-2〉 멘토링 만족도

문항내용	멘토링 만족도				
	매우 낮음	낮음	보통	높음	매우 높음
	1	2	3	4	5
멘토를 통해 나의 부족한 부분을 잘 채워준다.					
멘토는 경험이 풍부하여 나에게 도움이 된다.					
멘토의 설명이 이해하기 쉽다.					
멘토는 라포형성을 통해 대화를 시작했다.					
멘토는 내가 이해하지 못하는 내용에 대해 해결하고자 노력했다.					
멘토는 관련 경험이 충분하다.					
멘토는 나의 고민을 잘 해결해 주었다.					
다음 사람에게도 멘토링을 추천하고 싶다.					
나는 멘토링에 적극적으로 참여하겠다.					
멘토링을 통해 많은 지식을 얻었다.					

2. 멘토가 갖추어야 할 요건

1) 능력 요건

학습 촉진 능력, 소통 능력, 진실한 마음과 열정, 코칭 기술, 조직의 역사 및 문화적 배경에 대한 풍부한 내용 지식과 경험 등을 갖추어야 한다.

① 학습 촉진 능력: 학습 촉진 능력은 일방적으로 문제의 답을 알려 주거나 업무를 지시하는 것이 아니라, 멘티가 스스로 문제를 해결해 나갈 수 있도록 도와주는 것이다.

② 소통 능력: 소통능력은 설득력 있는 전달뿐만 아니라 멘티의 의견을 진실하게 듣고 이해할 수 있는 능력을 포함한다.

③ 진실한 마음과 열정: 진실한 마음과 열정은 진실성, 신뢰성, 열정을 포함

하여 멘티의 의욕을 충족시킨다.

④ 코칭 기술: 코칭 기술은 단순히 지식을 전달하는 기술을 넘어 풍부한 아이디어, 주도성, 창의성, 책임감을 갖고 주도적 역할을 하는 것이다.

⑤ 조직의 역사 및 문화적 배경에 대한 지식: 멘토가 되기 위해서는 자신이 속한 조직의 역사 및 문화적 배경에 대한 지식을 갖추어야 멘티에게 올바른 정보를 제공할 수 있을 것이다.

⑥ 풍부한 내용 지식과 경험: 멘토가 갖추어야 할 기본적인 능력 중 하나는 멘토링과 관련된 풍부한 내용 지식과 경험을 가지는 것이다.

2) 성격 요건

① 호의성: 호의(好意)는 친절한 마음씨 또는 좋게 생각하여 주는 마음이다. 즉, 남을 돕는 마음과 타인에 대한 관심과 애정으로 멘티에게 적극적으로 다가가 조언과 실질적 도움을 제공하는 것이다.

② 개방성: 개방성(開放性)은 태도나 생각 따위가 거리낌 없고 열려 있는 상태나 성질이다. 즉, 멘티가 제시한 새로운 의견과 생각을 적극적으로 수용하는 자세이다.

③ 감정적 안정성: 감정(感情)은 어떤 현상이나 일에 대하여 일어나는 마음이나 느끼는 기분이다. 즉, 자신의 감정을 때와 장소에 관계없이 항상 안정적으로 유지할 수 있는 능력을 의미한다.

④ 성실성: 성실성(誠實性)은 정성스럽고 진실한 품성이다. 즉, 자신의 임무를 책임감 있게 철저하게 완수하는 것을 의미한다.

3) 감성 역량

감성지능(emotional intelligence)은 자신과 타인의 감성을 인식하고 효과적으로 조절하며, 감성을 활용할 수 있는 능력이다. 이 개념은 Slovery와 Mayer

(1990)에 의해 감성과 지능이 결합한 개념으로 정의되었으며, 학술 및 연구 분야에서 집중적으로 다루어졌다. 감성지능은 자신과 타인의 감성을 정확하게 인식하고, 효과적으로 조절하며 감성을 활용할 수 있는 능력이다.

① 자기감성이해(self emotional appraisal): 자신의 실제 감정을 이해하고, 이런 감정을 자연스럽게 표현할 수 있는 개인의 능력과 연관이 있으며, 이 분야에서 뛰어난 능력을 가지고 있는 사람은 다른 사람보다 훨씬 앞서서 자신의 감정을 느끼고 간주하는 것이다.

② 타인감성이해(others' emotional appraisal): 타인의 감성을 인지하여 공감할 줄 아는 능력과 연관되어 있으며, 이 능력이 높은 사람은 다른 사람의 감정뿐 아니라 마음을 상세하게 파악할 수 있다. 타인의 정서를 이해한다는 것은 자신의 정서에 대하여 이해를 기본으로 하고 있는 것이다.

③ 자기감정조절(regulation of emotional): 자신의 감성을 적절하게 관리하는 능력으로, 심리적으로 어려움에 처했을 때 빠른 회복력을 보여 주는 것을 의미한다.

④ 감정활용(use of emotional): 자신의 직무활동과 수행을 위해 자신의 감정을 통제하고 활용하는 능력을 의미한다.

〈표 12-3〉 감성지능

문항내용		감성지능						
		전혀 아니다			보통			매우 그렇다
		1	2	3	4	5	6	7
자기 감성 이해	나는 내가 느끼는 감성 대부분의 원인을 잘 안다.							
	나는 내 자신의 감성을 잘 이해할 수 있다.							
	나는 내가 느끼는 것이 무엇인지 잘 이해하고 있다.							
	내가 행복한지 불행한지를 잘 알고 있다.							
타인 감성 이해	주변 사람들의 행동을 보고, 그 사람의 감성이 어떤지를 잘 파악한다.							
	다른 사람들의 감성을 잘 파악하는 편이다.							
	나는 사람들의 느낌과 감성에 민감하다.							
	나는 내 주변 사람들의 감성을 잘 이해한다.							
감성 조절	나는 내 감성을 잘 통제할 수 있다.							
	나는 내 감성을 조절하는 통제력이 있다.							
	나는 화가 많이 났을 때 내 감성을 빨리 진정시킬 수 있다.							
	나는 아무리 화가 나도 쉽게 감성을 표현하지 않는다.							
감성 활용	나는 항상 스스로 목표를 세우고, 그것을 위해 최선의 노력을 한다.							
	나는 자신이 능력 있는 사람이라고 생각한다.							
	나는 스스로에게 동기부여를 잘할 수 있다.							
	나는 내가 최선의 노력을 기울일 수 있도록 스스로에게 격려한다.							

출처: Wong & Law(2002).

3. 멘토를 구하는 법

1) 멘토의 종류 고르기

(1) 멘토의 역할에 대해 이해한다.

좋은 멘토는 어떻게 일을 하는지 알려 준다. 일을 대신해 주는 분들이 아니다. 멘토는 행동으로 보여 주는 분들이다. 예를 들어, 학업 영역의 멘토는 조언, 팁, 예시를 통해서 어떻게 하면 성공할 수 있는지 알려 준다. 하지만 얼마 남지 않은 마감 시간 내에 숙제를 읽고 교정해 주는 분이 아니다. 이 부분이 과외 교사와 멘토의 가장 큰 차이이다. 멘토는 다음과 같은 역할을 한다.

- 멘티의 장단점 평가
- 관심 주제의 구조에 대해 이해하도록 도와줌
- 새로운 관점을 소개하고 잘못된 생각을 고쳐 줌
- 결정을 잘 내릴 수 있도록 도와줌
- 실무 능력 향상에 도와줌
- 중요하고 유용한 자료를 소개해 줌

(2) 학업 영역의 멘토를 구하는 법

멘토는 자신이 지금 공부하는 분야에 대해 잘 알고 있으면서, 멘티의 학업 성취에 대해서 많은 관심을 가지고 있는 분들이다. 예를 들면, 다음과 같은 분들이다.

- 교수님들, 지도 교사들, 그 외 선생님들
- 나이가 많거나 경험이 많은 학생들
- 형제자매나 다른 가족들

(3) 스포츠나 레크리에이션 영역의 멘토를 구하는 법

하고 싶은 운동을 잘하는 멘토를 구하자. 멘토를 구할 때는 운동을 잘하는 것도 중요하지만 인간적인 부분도 무시하지 말자. 좋은 축구 멘토는 축구를 잘하지만, 또한 인성적인 면에서도 훌륭한 사람이어야 한다. 예를 들면, 다음과 같은 분들이다.

- 코치나 감독
- 자신이 소속된 팀이나 다른 팀의 경험 많은 선수
- 현역 선수나 은퇴한 선수

(4) 비즈니스 멘토를 구하는 법

자신이 잘하고 싶은 비즈니스 영역에서 두각을 나타내는 분들을 구하면 된다. 이 영역은 주식 거래부터 기타 강습하는 분들까지 다양하다. 자신보다 잘하는 분을 모시면 된다. 예를 들면, 다음과 같은 분들이다.

- 회사 동료 혹은 비즈니스 덕분에 알게 된 분들
- 지금은 다른 곳으로 가신 예전 상사
- 평판이 좋은 직원들

(5) 개인적인 멘토를 구하는 법

자신이 개인적으로 존경하는 분과 관계를 맺자. 특별히 그들이 하고 있는 일, 일하는 방법 등에는 관심이 없지만, 그래도 뭔가 자신이 되고 싶은 사람과 비슷한 사람이 있다. 그런 사람과 친해지면 된다. 예를 들면, 다음과 같은 분들이다.

- 이웃
- 좋아하는 가게 주인, 바리스타
- 옷 잘 입으시는 분

- 교회에 같이 다니는 분
- 음악 매장 주인
- 자신이 속한 모임의 구성원

2) 멘토 찾기

(1) 멘토가 무엇을 해 주었으면 좋겠는지 결정하자

영역, 주제와 관련해서 자신이 가지고 있는 문제나 요구 조건을 적어 보자. 다음과 같은 질문에 스스로 답해 보자.

- 그분께 배우고 싶은 것은?
- 그분의 어떤 부분을 닮고 싶은가?
- 멘토는 어떤 모습이어야 하는가?
- 어디서 얼마나 자주 뵙고 싶은가?

(2) 가능성을 전부 나열하자

자신의 기준과 원하는 바에 따라 멘토가 되어 주실 만한 분들을 나열하자. 우선순위에 따라 정렬하고 맨 위에 있는 분부터 시작하자.

- 자신이 원하는 부분을 다 갖추고 있는 분을 찾기 위해 노력하자. 비즈니스에서 성공한 점은 닮고 싶지만 인간적인 부분은 닮고 싶지 않다면, 멘토로는 적절하지 않다.
- 목표를 크게 잡자. 돈 많고 유명한 분들 밑에는 문하생이 있기 마련이다. 한번 들어갈 수는 없는지 알아보자. 예를 들어, 유명 기업인이 이상적인 비즈니스 멘토라면 목록 제일 위에 적어 놓자. 그리고 사무실에 편지를 한 통 보내고 만나기 위해 노력해 보자. 제자가 될 방법을 찾아 보자.
- 학교나 회사에서 멘토링 프로그램을 제공한다면, 자신의 자격을 살펴본 후에 한번 지원해 보자.

(3) 무슨 말을 할지 고민해 보자

어떤 교수님께 찾아가서, "멘토가 되어 주세요."라고 바로 이야기하면 당황할 것이다. 멘토라는 단어 자체가 부담스럽기 때문이다. 이보다 좋은 방법은 "물리에 대해서 이야기드려도 되나요?"라고 원하는 바를 구체적으로 말씀을 드리는 것이다.

- 멘토가 되어 달라고 이야기하는 것보다 가르쳐 달라고 하는 편이 낫다. "다음 분기에 매출을 늘리려면 어떻게 해야 할지 가르쳐 주셨으면 좋겠습니다. 그 부분에 대해 정말 잘 알고 계시니, 제게 조언해 주실 수 있을까요? 나중에 식사 한 번 대접하겠습니다."라고 말하는 것이 "멘토가 되어 주세요. 매출을 올리고 싶어요."라고 이야기하는 것보다 낫다.
- 잘못된 인상을 주지 않도록 조심하자. 멘토링을 요청하는 상대가 다른 성별의 사람이라면, 데이트 요청으로 오해할 수 있다. 그렇게 들릴 것 같다면 주제를 한정한다든지 만나는 장소를 회사나 학교로 한정하는 것이 좋다.

(4) 멘토에게 접근한다

수락할 때까지 목록에 있는 분들께 연락하자. 첫 번째 시도에서 수락을 받지 못했다고 염려하지 말자. 자신의 성격에 문제가 있어서라기보다는 멘토가 되실 분의 일정이나 다른 문제로 수락을 못 한 것이다. 다시 연락해 보거나 자신에게 좀 더 많은 것을 가르쳐 주실 다른 멘토를 찾아보도록 하자.

(5) 만날 일정을 잡자

그분께서 수락하셨다면 관계를 이어가자. 만나거나, 골프를 친다든가, 미적분 과제를 같이 하면서 정해진 날, 정해진 시간에 만나도록 하자.

3) 멘토와의 관계 관리

① 일정을 정하고, 지키자. 멘토와의 만남이 이메일 또는 온라인으로 진행된다고 하더라도, 정해진 일정이 아니라면, 멘토에게 질문을 연타하지 말자.

② 서로에게 도움이 되는 관계로 만들자. 멘토에게 돌려드릴 수 있는 것이 무엇일지 고민해 보자. 교수님께 자신이 쓴 단편 소설에 대한 조언을 무료로 많이 받고 있다면, 사무실에 도와드릴 만한 연구나 기술적인 문제는 없는지 한 번 여쭈어보자. 와이파이 공유기 같은 것을 설치해 드려볼 수도 있다.

③ 감사를 표하자. 진행 상황에 대해서 알려 드리고, 도와주신 부분에 대해서 감사를 드리자. 이렇게 하면 멘토가 좋은 일을 했다는 생각이 기분에 좋아질 것이다.

④ 멘토와의 관계는 전문적인 영역으로만 한정하자. 감정적인 부분이 들어가면, 특히 업무 면에서 문제가 생길 수 있으니 주의하자. 좋은 관계 유지는 도움이 되지만 멘토는 자신의 베스트프렌드가 아니므로 너무 사적인 부분은 이야기하지 않는다.

멘토로 인생이 달라진다

사람은 태어나서 성장하기까지 누구를 롤 모델로 살아가느냐에 따라 인생이 크게 달라진다. 반기문 전 전유엔 사무총장은 충주 고등학교 재학시절 미국에 가서 존 F. 케네디 대통령을 만난 일로 인해 외교관의 꿈을 품게 되었다. 그는 고교 시절 미적십자사의 '외국 학생 미국방문 프로그램'(VISTA)에 참가했다. 당시 VISTA에는 반 총장을 포함해 전 세계 42개국에서 선발된 102명의 고교생이 초청됐는데, 존 F. 케네디 대통령을 백악관에서 만났을 때 그는 큰 영감을 받았고, 결국 반세기 전 그 만남이 자신의 인생을 다른 차원으로 확 바꿔 놓은 계기가 됐다고 회고했다. 케네디 대통령은 자신의 저서에 서명을 해 준 한국에서 온 고등학생이 훗날 유엔 사무총장이 되리라고는 꿈에도 생각 못 했을 것이다.

출처: 박홍률(2023).

제13장

행복한 삶으로서의 인간관계

인간은 누구나 행복한 삶을 살아가고, 좋은 인간관계를 맺기를 원한다. 인간의 삶을 행복하고 건강하게 만드는 것은 바로 좋은 인간관계이다. 본 장에서는 행복한 삶의 의미, 행복한 삶과 인간관계, 행복한 인간관계를 위한 노력, 슬플 때 행복해지는 방법에 대하여 살펴보고자 한다.

1. 행복한 삶

1) 행복

행복(幸福)의 사전적 의미는 ① 복된 좋은 운수, ② 생활에서 충분한 만족과 기쁨을 느끼는 흐뭇한 상태를 말한다. 이러한 만족과 기쁨을 누리는 행복한 삶은 누구나의 바람이다. 인간은 쾌락을 추구하고 고통을 회피하는 근본적인 성향을 지니고 있다. 그런데 인간은 일반적으로 쾌락추구보다는 고통회피를 우선시하는 경향이 있다. 이것은 행복을 추구하기보다 불행을 극복하는 것이 더 시급하고 적실했기 때문일 것이다. 그러나 불행의 극복이 행복의 증진을 의미하는 것은 아니다. 즉, 불행의 극복은 행복 증진의 필요조건일 뿐 충분조건이 아니다. 행복은 불행의 극복뿐만 아니라 삶 속에서 누릴 수 있는 긍정적인 경험을 적극적으로 추구하는 노력을 통해서 증진되는 것이다.

2) 심리적 안녕

심리적 안녕은 행복의 다른 개념으로 개인이 정서적으로 편안하고 안락하게 느끼며 높은 삶의 만족도를 느끼는 것을 의미한다. 이를 구성하는 심리적 요소는 자아존중감의 구축과 만족스러운 대인관계를 형성하는 것, 자신의 능력을 개발하고 성취하며, 위기와 실패에 대해 어떻게 대처할지를 알고, 삶의 의미와 가치에 대한 분별력을 지니는 것이다. 그러나 대부분의 사람은 이러한 구성요소를 모두 지니기 힘들고, 늘 부단히 노력하며 살아갈 뿐이다. 무엇보다 중요한 것은 이러한 것들을 얼마나 많이 지녔는가가 아니라 얼마나 조화롭게 지니고 자신이 그것을 어떻게 느끼느냐이다. 불쾌한 정서로는 죄책감과 모든 사람이 완벽한 삶을 살 수 없다는 것과, 결국 우리 모두가 그것을 향해 갈 뿐이라는 사실을 염두하고 자신의 삶을 잘 가꾸어 갈 때 진정한 심리적 안녕감을 느낄 것이다.

3) 행복에 영향을 미치는 요인

인간의 행복한 삶에 영향을 미치는 요인이 많다. 각 개인이 어떠한 ① 성격을 지녔는가는 그 사람이 대인관계를 하고, 삶에 대한 태도 등을 좌우하기 때문에 행복에 큰 영향을 미칠 것이다. 또한, 그 사람의 ② 건강상태도 중요한 요인으로, 신체와 정신의 건강성이야말로 행복을 좌우하는 결정적인 요인이다. 그리고 현대 사회에서는 빈부 격차가 심해지면서 ③ 경제적인 수준도 행복에 영향을 미치는 중요한 요소가 된다. 어느 정도의 경제적인 어려움은 개인을 분발하게 하고 삶에 박차를 가하는 수단이 되기도 하지만 지나치게 경제적으로 어려운 상황에 놓이면 개인은 정신적으로 스트레스를 받게 되고, 기본적인 욕구가 좌절되면서 불행감을 느낄 것이다.

그 외에 정신건강론자들이 정신이 건강한 사람의 삶의 중요한 특징으로 제시한 ④ 종교도 행복의 중요한 요소가 된다. 종교를 가진 사람이 자신을 고백하고, 회계한다거나, 늘 생활 속에서 감사의 마음을 가지는 것, 그리고 베푸는 것을 기쁨으로 여기는 것 등은 행복감을 느끼는 데 중요한 활동이 된다.

성인이 되어 자신과 잘 어울리고 조화를 이루는 배우자와 ⑤ 결혼을 하는 것도 행복을 결정하는 중요한 요인이 된다. 그 외에 ⑥ 연령, ⑦ 성차, ⑧ 직업적 사기, ⑨ 교육수준, ⑩ 지능 등에 의해 인간은 다양한 행복수준을 경험한다.

4) 행복한 삶의 구성요소

Ryff(1989)는 행복한 삶의 구성요소를 여섯 가지로 요약하여 소개하였다. 그 특징은 다음에 제시한 바와 같다.

(1) 환경의 통제(environment mastery)

주변 환경에서 발생하는 문제를 잘 처리하고 이에 대한 통제감을 지닌다. 자신의 환경적 상황을 효과적으로 잘 활용하고 자신의 가치나 욕구에 적합한 환경을 선택하고 창출해 낸다.

(2) 타인과의 긍정적 관계(positive relations with others)

타인과 좋은 관계를 형성하고 유지한다. 따뜻하고 신뢰로운 관계를 형성하고 타인의 행복에 관심을 지닌다. 공감적이고 애정 어린 친밀한 관계를 형성하는 능력을 지닌다. 인간관계의 상호 교환적 속성을 잘 이해한다.

(3) 자율성(autonomy)

개인이 독립적이고 독자적인 결정능력이 있고, 자신을 특정한 방향으로 생각하고 행동하도록 요구하는 사회적 압력에 저항하는 능력을 지니고 있다. 내면적 기준에 의해 행동하고, 외부 기준보다 자신의 내면적 기준에 의해 평가한다.

(4) 개인적 성장(personal growth)

자신이 지속적으로 성장하고 있다는 느낌을 갖는다. 자신이 발전하고 확장되고 있으며, 잠재력이 실현되고 있다는 느낌을 지닌다. 새로운 경험에 개방적이고, 늘 자신의 변화와 성장을 위해 노력한다.

(5) 인생의 목적(purpose in life)

인생의 목적과 방향감을 지니고 있다. 현재와 과거의 삶에 의미가 있다고 느낀다. 인생에 의미를 부여하는 신념체계를 지니고 있고, 삶에 대한 일관성 있는 목적과 목표를 가지고 있다.

(6) 자기수용(self-acceptance)

자기 자신에 대해서 긍정적 태도를 지닌다. 긍정적 특성과 부정적 특성을 모두 포함한 자신의 다양한 특성을 인정하고 수용한다. 과거의 삶에 대해서 긍정적으로 느낀다.

5) 행복에 대한 심리학적 이론

행복에 대해 많은 심리학자들은 여러 가지 이론들을 소개하였다. 특정 이론이 맞고 틀림을 판단할 수 없고, 이론가마다 각기 다른 접근을 하고 있기 때문에 각자의 경험을 바탕으로 어떠한 이론이 자신의 행복과 가장 잘 부합하는지 연구해 볼 필요가 있을 것이다.

(1) 욕망충족이론

인간은 성욕, 식욕, 재물력, 권력욕, 명예욕 등과 같은 다양한 욕망이 충분히 충족되었을 때 행복감을 느낀다는 주장이다. '인간의 욕망은 끝이 없다.'라는 말도 있지만, 개인의 삶에서 자신이 원하는 것에 대해 적절히 욕구 충족이 되었을 때 개인의 행복감이 보장될 것이다. 만약, 그것이 안 된다면 인간은 좌절하게 되고, 삶의 동기를 잃거나 공격적인 행동을 나타내기도 한다.

(2) 괴리이론

인간은 자신의 상태를 어떤 기준과 비교하여 그 기준과의 괴리를 인식할 때 행복감을 느낀다는 것이다. 다른 것과의 비교를 통해 더 우월하다거나, 잘되었다거나, 더 많다는 괴리를 느낄 때 행복감을 느낀다는 것이다. 즉, 자기 자신을 다른 사람, 과거의 삶, 이상적 기준, 지향하는 목표 등 이러한 다양한 기준과 비교하여 우월한 방향의 괴리가 클수록 행복감이 증가한다.

(3) 목표이론

인간은 자신의 목표를 달성하거나 목표를 향해 무엇인가가 진전되고 있다고 믿을 때 행복을 느낀다는 것이다. 개인이 자신이 추구하는 목표를 성취할 수 있는 능력과 여건을 지녔고, 그것이 내면적 동기와 잘 부합할 때 행복감이 증가된다.

(4) 적응과 대처이론

인간이 환경변화에 어떻게 적응하고 대처하느냐는 것이 행복에 중요한 영향을 미친다는 것이다. 항상 주어지는 자극이나 상황보다는 최근에 일어난 사건이 행복에 더 커다란 영향을 준다. 그래서 사람들은 늘 변화를 추구하고 그 변화에 적응하기 위해 에너지를 사용하고, 그것이 적절하게 기능하였을 때 행복감을 느낀다.

2. 행복한 삶과 인간관계

1) 행복한 인간관계를 위한 '나의 행복감'

행복한 삶은 내 개인의 목표이기도 하지만 내 주위 모든 인간관계의 목표이기도 하다. 나와 다른 사람들과의 관계에서 행복해지는 것이야말로 진정한 행복한 삶의 목표가 된다. 사람들이 자신의 삶에서 자율성을 보장받고, 독립적이면서 동시에 서로 간에 마음을 소통하고 가치관을 공유하는 관계, 혼자이면서 더불어 사는 관계일 때 삶의 깊이는 더해진다.

인간관계에서 행복해지는 것에서 선행되어야 할 것은 '내가 행복감을 느끼는 것'이다. 다시 말해, 내가 행복해야 관계도 행복하다는 것이다. Freud는 행복한 삶에 대해 사랑하고 일하는 삶을 예로 들었다. 그 후 Richard(1914)는 그의 저서 『사람은 어떻게 살아가는가(*What Men Live By*)』에서 "일하고, 사랑하고, 놀이하고, 예배하라."라는 말을 하였다. 이는 잘 생각해 보면 우리가 살면서 늘 해오던 것들이지만 조화를 이루기가 쉽고도 어려운 것이다.

누구보다 내가 행복해지기 위해 무엇을 어떻게 해야 할 것인가를 잘 아는 사람은 바로 자신이다. 나에게 행복이 어떠한 형태인지 자신의 의욕과 활동을 어느 방향으로 잡아야 행복해질 수 있는지 등에 관해 구체적으로 계획해 보고, 구도를 잡아보아야 한다. 이렇게 자신의 행복을 디자인해 보기를 바란다.

2) 행복한 인간관계를 위한 '나의 성숙도'

나의 행복감과 더불어 다른 사람들과 함께 살아가기 위해 나의 인간적인 성숙도도 중요하다. 개개인이 성숙한 인격으로 인간관계의 하위구조가 되고, 이는 전체가 되어 하나의 성숙한 사회로 발전하게 될 것이다. 예로부터 사람들은 바람직한 인간상을 행동의 본보기로 여기며 인간 교육의 기본 목표로 삼아왔다. 학자들은 그것을 기술하는 용어로, 성숙한 인간(mature person), 건강한 인간(healthy person), 생산적 인간(productive person), 자아실현적 인간(self-actualizing person), 충분히 기능하는 인간(fully functioning person) 등 다양한 개념을 사용하였다.

그러면 어떤 사람이 성숙한 인간인가? 나는 성숙한 사람이 되기 위해 무슨 준비를 해야 하는가? 라는 고민이 생길 것이다. 다음은 여러 학자들이 소개한 대표적인 성숙한 인격의 구성요소나 삶의 조건들이다. 내가 성숙하기 위해 무엇을 어떻게 해야 할 것인가라는 독자들의 고민에 실질적인 나침반이 될 것이므로 잘 숙지하여 노력하기를 바란다.

(1) Allport의 성숙인격론

Allport는 우리가 지향해야 할 인간상으로서 성숙한 인격(mature personality)의 특성을 제시하였다.

① 확장된 자아감을 갖고 있다.
② 다양한 사람과 우호적인 관계를 맺는다.
③ 정서적으로 안정되어 있다.
④ 현실적인 지각을 한다.
⑤ 완수할 과업을 가지며 이를 위해 헌신한다.
⑥ 자기를 객관화하는 능력을 지니고 있다.
⑦ 일관성 있는 삶의 철학을 지닌다.

(2) Fromm의 성숙인격론

Fromm의 바람직한 인간상은 생산적 인간(productive person)을 의미하는 것으로, 능력과 잠재력을 충분히 발휘하는 사람을 의미한다. Fromm에 따르면 인간의 삶은 크게 두 가지 점에서 하등동물과 다르다. 첫 번째는 그것은 그들과 마찬가지로 식욕이나 성욕과 같은 생물학적인 욕구를 지니지만 이러한 욕구를 충족시키는 방법에 훨씬 융통성이 있다는 점이다. 두 번째 차이점은 인간은 동물이 소유하지 못하는 여러 가지 심리적 욕구를 가지고 있는데, 이는 인간의 성격에 중요한 영향을 미친다. 특히, 건강하고 성숙한 사람의 가장 큰 특징은 심리적 욕구를 창의적이고 생산적인 방식으로 충족시킨다는 점이다.

Fromm은 위에서 말한 인간이 지니는 심리적 욕구를 다섯 가지로 나누어 제시하였다.

① 관계성(relatedness)의 욕구: 인간은 모두 개별적인 존재이며, 본질적으로 고독하고 무의미한 존재라는 사실을 인식한다. 따라서 인간은 다른 사람 또는 자연과 의미 있는 연결을 형성하여 연결감(sense of relatedness)을 얻

고자 한다. 이러한 연결감을 얻기 위한 두 가지 방법은 타인을 지배하거나 타인에게 의존하는 것이다. Fromm에 따르면 세계와 관계를 맺는 가장 건강한 방식은 사랑을 통한 방법이다. 이를 통해서 연결감과 안정에 대한 욕구를 충족시킬 뿐만 아니라 독립성과 일체감을 느낄 수 있다.

② 초월(transcendence)의 욕구: 인간에게는 수동적인 피조물이 아니라 능동적으로 자신의 삶을 형성하려는 욕구가 있다. 이러한 욕구를 Fromm은 초월의 욕구라고 불렀다. 이렇게 자기의 삶을 적극적으로 형성하는 가장 성숙한 방법은 창조적 활동이다.

③ 정착성(rootedness)의 욕구: 인간은 자연과 연결이 차단된 고독하고 무의미한 존재이기 때문에 어딘가 뿌리를 내려 정착하려는 욕구를 지닌다. 인간에게 있어서 의지할 곳이 없다는 것은 참을 수 없는 상태이다. 정착성의 욕구가 충족되는 건강한 방법은 다른 사람들과의 형제애, 사랑, 관심, 일체감 그리고 참여 의식을 갖는 것이다.

④ 자기정체감(a sense of identity)의 욕구: 자기정체감은 독특한 개인으로서의 자기에 대한 느낌이며 '나는 누구이며 무엇인가?'라는 물음에 대한 나름대로의 확고한 인식을 말한다. 자기정체감의 욕구를 만족시키는 건강한 방법은 개성적 존재가 되어 자신의 삶에 대한 통제감을 지니고 자신의 삶을 능동적으로 형성하는 것이다.

⑤ 정향체계(a frame of orientation)의 욕구: 우리는 이 세상의 모든 현상을 해석할 수 있는 이해의 틀을 찾는다. 세상에 대한 경험을 이해하여 세상에 대해 체계적이고 일관성 있는 하나의 심상을 형성함으로써 삶의 방향을 확립하려는 욕구를 지닌다. Fromm은 이를 정향체계의 욕구라고 불렀다. 이성과 합리성에 근거하여 현실에 대한 객관적 인식을 형성하는 것이 이러한 욕구를 충족하는 건강한 방법이라고 주장했다.

(3) 공자의 성숙인격관

공자는 유가를 대표하는 학자로서, 그의 격언을 모아놓은『논어(論語)』중 군자도(君子道)는 군자가 지닌 성격, 행동특징, 사고 등 전통유학에서 상정한 성숙 인격관이 잘 나와 있다.

① 정의를 추구하는 사람
② 배우기를 게을리하지 않는 사람
③ 언행이 일치하는 사람
④ 친화의 인간관계를 가진 사람
⑤ 정서적으로 안정된 사람
⑥ 자기통찰을 통해 스스로 잘못을 고치는 사람
⑦ 남의 인정에 급급해하지 않는 사람
⑧ 물욕에 빠져 있지 않은 사람
⑨ 신의가 있는 사람
⑩ 의로운 일에 용기가 있는 사람
⑪ 예의를 존중하는 사람
⑫ 자기 구실에 충실한 사람
⑬ 확고한 주체성을 가지고 남에게 의존하지 않는 사람
⑭ 인내하고 자제할 줄 아는 사람
⑮ 남의 좋은 점은 키워 주되 허물은 들추지 않는 사람

3. 행복한 인간관계를 위한 노력

1) 나는 인간관계를 잘하기 위해 열심히 노력할 것이다

이는 인간관계에 대한 욕구와 동기를 의미하는 것으로, 억지로 되는 것은 아

니고 스스로 잘하고자 하는 마음이 생기고 동기화 되어야 하는 것이다.

2) 나는 인간관계에서 일어날 수 있는 다양한 일들을 수용할 것이다

삶은 다양한 사건의 연속이다. 자신의 틀에 맞지 않는 일이 일어나고, 마음에 들지 않더라도 '삶이 곧 현실'이라는 유연한 생각으로 인간관계에 임해야 한다.

3) 나는 사람들과 잘 지낼 수 있는 대인관계 기술을 배운다

우리가 살면서 배워야 할 것은 너무도 많다. 학교에서 배우는 기본적인 지식 이외에 인간관계를 위해 배워야 할 것도 무궁무진하다. 어떻게 하면 효과적이고 원활한 대인관계를 할 것인가에 대한 기술도 습득한다면 행복한 인간관계를 이룰 수 있을 것이다.

4) 나는 인간관계 속의 내 모습을 객관적으로 보도록 노력한다

'내가 아는 것은 내가 아니다.'라는 말이 있다. 나를 보는 눈을 보다 객관화하여 자신을 정확하게 지각하고 판단하는 능력이 필요하다. 이러한 능력이 없이는 자신의 변화와 성장은 어려울 것이다.

5) 나는 안정된 마음을 가지고 인간관계를 한다

나의 정서적 안정도를 알아볼 필요가 있다. 기분이 좋을 때는 모든 것이 수용되고, 기분이 나쁠 때는 그 어떤 사소한 것들도 거슬리고 받아들이기 힘들다면 행복한 대인관계는 미궁에 이른다. 자신의 안정된 감정상태를 점검하고 항상 일관성 있게 유지되도록 노력해야 한다.

나의 행복지수: 나는 얼마나 행복할까?

다음은 행복에 대한 만족도를 알아보는 문항입니다. 해당하는 문항에 ✓표 하세요.

내용		체크
자기개념	1. 스스로 내린 결정을 신뢰할 수 있다.	
	2. 내가 하는 일에 자신감이 있다.	
	3. 실패해도 헤쳐 나갈 자신이 있다.	
	4. 현재 내 삶을 이끌어가는 사람은 나 자신이다.	
	5. 목표를 달성하기 위해 열심히 노력한다.	
	6. 앞으로 이루고 싶은 꿈(목적)이 있다.	
	7. 스스로에게 만족한다.	
	8. 대부분 긍정적으로 해석한다.	
	9. 시간 가는지도 모를 만큼 집중하는 일이 있다.	
	10. 기분이 좋을 때가 자주 있다.	
	11. 학교 성적이 좋다.	
가족관계	12. 부모님 사이가 좋다.	
	13. 부모님은 나에게 애정을 표현한다.	
	14. 부모님은 노력을 통해 성취한 부분에 대해 칭찬한다.	
	15. 우리 집 경제 사정은 어려움이 없다.	
	16. 필요한 것을 사는 데 어려움이 없다.	
	17. 우리 가족은 주말에는 함께 식사를 한다.	
	18. 우리 가족은 대화를 많이 나눈다.	
	19. 우리 가족은 함께 외식을 한다.	
	20. 부모님께 인정받는다.	
	21. 부모님에게 애정을 표현한다.	
	22. 우리 가족은 함께 여행이나 소풍을 간다.	
여가 활동	23. 생활에 여유롭다.	
	24. 잠을 충분히 잔다.	
	25. 취미를 즐길 시간이 있다.	
	26. 마음 편히 쉴 수 있는 시간을 가진다.	

내용		체크
친구관계	27. 매우 친한 친구가 있다.	
	28. 친구들과 함께 보내는 시간이 많다.	
	29. 친구들과 원만한 관계를 유지하고 있다.	
	30. 이성친구가 있다.	

〈채점 및 해석〉

1번부터 30번 문항까지의 ✓표를 모두 합하여 총점을 구한다.

1~8점: 매우 불행　　9~14점: 불행한 편　　15~19점: 보통

20~25점: 행복한 편　　26~28점: 행복　　29~30점: 매우 행복

출처: 이주희 외(2015).

4. 슬플 때 행복해지는 방법

1) 내면에서 행복 찾기

(1) 자기감정 적어보기

당신의 생각과 감정을 적을 수 있는 일기장을 사도록 한다. 보통 자신의 슬픈 감정을 직접 글로 쓰는 것이 훨씬 이해하기 쉽게 만든다. 일기를 쓰면서 자기감정을 내보내게 되면 스스로와 '파장이 맞는' 상태로 들어가 자기 자신에 대해 깊이 이해할 수 있게 된다.

(2) 웃고 미소 짓기

미소를 짓는 행위는 기분을 좋게 만들어 주고 행복감을 느끼게 해 준다. 게다가 웃는 행위는 기분을 좋게 만드는 엔도르핀이라는 물질을 뇌에서 분비하게 만든다. 딱히 미소 지을 기분이 아니더라도 약간의 근육을 움직여 웃거나

미소를 강제로라도 지어 보도록 한다. 사람의 감정은 행동을 어느 정도 따라가게 되어 있다.

(3) 마음껏 울기

다시 행복감을 느끼고 기분을 좋게 만들기 위해 최대한 울지 않으려고 할 수도 있다. 하지만 가끔은 우는 것이 자연스럽게 기분을 나아지게 한다는 사실을 아는가? 울고 싶다면 우는 것이 좋다. 눈물이 나올 것 같으면 자연스럽게 눈물을 흘려라. 우는 것은 스트레스를 해소시키고 기분을 좋게 만들어 주며, 눈물을 흘리는 것은 '가슴 속에서' 슬픔을 내보내는 듯한 기분을 들게 해 준다.

(4) 큰 그림 보기

현재의 슬픔 이외에 당신 삶의 어떤 점이 가치 있는지 생각해 보자. 당신이 자신의 삶에서 소중하게 여기는 것에는 무엇이 있는가? 친구? 가족? 아니면 건강? 당신이 감사하고 행복감을 느끼는 요소가 분명 있을 것이다. 당신이 지금 그런 기분이 들지 않아도, 감사하는 기분을 느껴 보도록 노력하자. 이미 많은 연구가 감사하는 행위가 행복과 깊은 연관이 있음을 밝힌 바 있다.

(5) 주의 분산시키기

우리는 가끔 슬픔을 느낄 때, 다른 일을 모두 잊고 슬픈 사건에만 집중하는 모습을 보인다. 하지만 슬픔에 생각을 집중하는 것은 행복을 느끼는 것과는 전혀 상관이 없으며, 오히려 무력감과 절망감을 느끼게 만든다. 당신이 슬픔에만 집중하지 않도록 즐거운 일을 하는 것이 건강하게 집중을 분산시켜 스트레스를 해소하는 역할을 할 수 있다. 과학자들은 이 과정을 '흐름'이라고 부르기도 한다. 즉, 문제를 회피하는 것이 아니라 기분을 전환시키기 위해 시간과 장소를 잊고 다른 즐거운 활동으로 초점을 돌리는 것이다.

(6) 책 읽기

과거나 다른 세계에 빠져보도록 하자. 책은 우리가 자주 가지 않는 새로운 세계로 우리를 안내한다. 현실의 슬픔보다는 책 속의 로맨틱하고 모험으로 가득한 세계에 집중해 보도록 하자. 로맨스 소설도 좋고 대체 역사 소설도 좋다. 다른 생각으로 마음이 가득 차게 만드는 것이 목적이다.

2) 슬픔 평가하기

(1) 슬픔 이해하기

슬픔은 비탄을 포함하는 큰 범위의 감정이다. 슬픔은 일반적으로 외부의 요인에 의해 일시적으로 느끼는 고통스러운 감정이며, 이별, 싸움, 친구와 다퉜을 때, 가족과 떨어져 살 때, 사랑하는 사람을 잃었을 때 가장 먼저 마음속에 드는 감정이기도 하다. 슬픔은 모든 사람이 살면서 겪는 자연스러운 감정이다.

(2) 슬픔과 우울함의 차이 알기

슬픔이 우울함과 어떻게 다른지 이해하는 것은 매우 중요하다. 그 두 감정에 대한 치료법이 매우 다르기 때문이다. 슬픔과 달리, 우울함은 특정한 외부적 요인에 의한 것이 아니며, 단순히 마음속에 생겨나는 감정이다. 하지만 슬픔과 비교했을 때, 우울함은 더 심각한 문제를 야기할 수 있다.

(3) 자기감정 되돌아보기

최근에 당신의 감정을 돌아보게 만든 일이 있었는가? 이별을 했거나 가족 중 누군가와 사별을 했다면 그럴 가능성이 더 높다. 당신의 슬픔의 원인을 파악하는 것은 과거를 극복할 수 있게 도와준다. 또한, 슬픔의 원인이 되는 외부적 요소를 파악하는 것은 당신이 특정 사건에 대해 당연한 슬픔을 느끼고 있다는 것을 확인하게 해 준다.

3) 재미있는 활동 하기

(1) 운동하기

산책이나 조깅, 자전거 타기 등의 운동을 해 보라. 팀스포츠도 좋다. 당신을 자리에서 일어나 움직이게 만드는 활동이면 다 좋다. 운동은 엔도르핀을 분비시켜 기분을 좋게 만들어 주며 체내의 스트레스 수치를 줄여 준다.

(2) 건강한 간식 먹기

연구에 의하면 자신이 먹는 음식과 그 음식을 먹은 때가 기분에 영향을 준다고 한다. 슬픈 기분이 든다면, 저단백, 저지방, 고탄수화물 음식을 먹어 본다.

(3) 즉흥적인 행동 해 보기

매일 같은 행동을 반복하면 기분이 나아지기 힘들 것이다. 평소에 하지 않던 새로운 행동이나 활동을 즉흥적으로 해 보도록 한다. 새로운 일을 시도하는 것이 삶의 의욕을 불러일으킬 수 있다는 점을 기억하라.

(4) 취미활동 하기

당신의 부정적이거나 감당하지 못하는 감정을 다른 활동으로 해소시켜 볼 수 있다. 긴장을 풀어 주는 활동을 골라 해 보도록 한다. 잠시 즐거운 활동을 하는 것으로 자신을 강하게 만들어 슬픔을 견뎌낼 수 있게 하라.

(5) 샤워나 목욕하기

이런 단순한 행위가 당신에게 얼마나 많은 기쁨을 주는지 알게 되면 놀랄 것이다. 평소보다 차가운 물로 샤워를 해 보도록 한다. 차가운 샤워는 몸에도 좋고 정신도 치유해 준다. 차가운 샤워는 혈액순환을 도우며 스트레스와 긴장을 해소시켜 주는 효과가 있다.

4) 사회적인 활동하기

(1) 친구와 대화하기

사회적 접촉과 지지는 우리 삶의 행복을 지탱해 주는 주요 요소 중 하나다. 자기 내면의 슬픔 혹은 당신의 슬픔을 야기한 상황에 대해 친구에게 털어놓는 것은 당신과 당신의 감정을 사랑하고 신경 쓰는 사람이 있다는 것을 확인시켜 주는 행위로 당신의 고통을 경감시켜 주는 역할을 할 것이다. 또한, 크게 말하는 것은 자신의 감정을 '내보내고' 확실히 정의할 수 있게 도와준다.

(2) 나가서 사람들과 어울리기

친구들 혹은 가족과 함께 영화를 보거나 저녁을 먹고 자전거를 타 보라. 슬픔에서 주의를 돌려 사람들과 어울리는 것에 집중하게 되면 적어도 몇 시간은 슬픈 생각을 하지 않을 수 있을 것이다.

(3) 애완동물과 시간 보내기

다른 사람들과 어울리기 싫다면, 귀여운 애완동물은 어떨까? 당신이 좋아하는 동물을 귀여워하거나 쓰다듬는 것은 인간의 근본적인 외로움을 달래 주기 때문에 슬픈 기분을 낫게 도와준다. 개와 함께 시간을 보내는 것이 엔도르핀을 분비시키는 효과가 있다고 한다.

(4) 다른 사람들에게 집중하기

다른 사람들을 돕기 위해 시간과 기운을 쓰는 것은 당신이 슬픔을 느낄 시간이 없게 만들기도 하지만, 보람과 목적을 느끼게 도와준다. 또한, 현 상황 속에서 자신을 더 좋은 시선으로 바라볼 수 있게 해 주기도 한다.

참고문헌

강유정 · 배제현 · 윤호열 · 신연희(2019). 교육심리학. 서울: 동문사.

곽삼근(2006). 청소년 리더십 교육 프로그램 개발 기초 연구. 서울: 이화여자대학교 리더십 개발원.

국가정신건강정보포털. 질환별 정보 스트레스. http://www.mentalhealth.go.kr/portal/disease/diseaseDetail.do?dissId=30.

권석만(2008). 긍정심리학. 서울: 학지사.

______(2022). 젊은이를 위한 인간관계의 심리학. 서울: 학지사.

권연옥(1997). 인간관계론. 서울: 학문사.

권지성(1999). 자원봉사 참여 형태에 따른 대학생 자원봉사활동의 만족도. 서울대학교 대학원 석사학위논문.

김규태 · 강유정 · 강성복(2014). 교육행정 및 교육경영. 경기 파주: 양서원.

김수영 · 전제상(2005). 신 교육행정의 이해. 경기 파주: 양서원.

김은영(2019). 인간관계의 이해와 적용. 서울: 동문사.

김은영 · 이규은(2014). 인간관계론. 서울: 동문사.

김이영 · 배헌석 · 이우언(2015). 인간이해를 위한 심리학. 경기 파주: 양서원.

김정리(2003). 현대사회의 인간관계론. 서울: 학문사.

김정희 · 남기덕 · 박영호 · 송명자 · 송인섭 · 심응철 · 윤가현 · 윤영화 · 이철원 · 이현진(1996). 심리학의 이해. 서울: 학지사.

김종두(2017). 의사소통능력. 경기 파주: 정민사.

김종운(2021). 인간관계 심리학. 서울: 학지사.

김종운 · 박성실(2011). 인간관계 심리학. 서울: 학지사.

김종재(2006). 인간관계론. 서울: 박영사.

김진숙 · 김지은 · 연미희 · 이인수(2016). 인간관계와 의사소통. 서울: 창지사.

김창걸(1996). 교육행정학 및 교육경영신강. 서울: 형설출판사.

김춘경 · 이수연 · 이윤주 · 정종진 · 최웅용(2016). 상담학사전. 서울: 학지사.

김혜숙 · 박선환 · 박숙희 · 이주희 · 정미경(2008). 인간관계론. 경기 파주: 양서원.

______(2016). 인간관계론(제2판). 경기 파주: 양서원.

노안영(2018). 상담심리학의 이론과 실제. 서울: 학지사.

데이터솜(2020.). 직장인 가장 큰 스트레스는 업무 아닌 '인간관계'. http://www.datasom.co.kr/news/articleView.html?idxno=106924.

두산백과(2023). https://www.doopedia.co.kr.

민혜영 · 유은석 · 임경령(2018). 의사소통능력. 경기 고양: 지식공동체.

박양근 · 민경호 · 조국행(2016). 인간관계론. 경기 파주: 양서원.

박연호(2006). 현대인간관계론. 서울: 박영사.

박흥률(2023). 한 사람의 운명 좌우할 정도로 멘토 · 멘티 관계 중요. 한국일보, 2023.03.27.

서울대 철학사상연구소(2003). http://philinst.snu.ac.kr.

송인섭(1998). 인간의 자아개념 탐구. 서울: 학지사.

송화섭(1992). 교육행정이론과 경영론. 경기: 양서원.

신유근(1985). 조직행위론. 경기 파주: 다산출판사.

오기봉(2016). 인간관계의 이해. 경기 파주: 양서원.

오만록(2015). 교육사회학. 경기 파주: 정민사.

오세진 · 김형일 · 임영식 · 현명호 · 김병선 · 김정인 · 김한준 · 양병화 · 이재일 · 양돈규 · 최창호 · 이장한(1999). 인간행동과 심리학. 서울: 학지사.

원호택 · 박현순(1999). 인간관계와 적응: 삶을 위한 심리학. 서울: 서울대학교출판부.

위키백과(2023). https://ko.wikipedia.org.

위키하우(2023). 멘토를 구하는 법. https://ko.wikihow.com.

유덕진(2013). 인간관계론. 인천: 도서출판 의학서원.

유병준 · 전성민 · 석민성(2018). 멘토역량과 멘토링기능이 창업멘토링 만족도에 미치는 영향에 대한 연구: 창업가 특성의 조절효과를 중심으로. 벤처창업연구, 13(6), 15-25.

유수현 · 오수희 · 길귀숙 · 이재령 · 이재호(2009). 인간관계론. 경기 파주: 양서원.

윤재풍(1991). 행정학. 경기 파주: 박영사.

윤정일 · 송기창 · 조동섭 · 김병주(2009). 교육행정학 원론. 서울: 학지사.

이군현(1997). 교육행정 및 교육경영. 서울: 형설출판사.

이무근(1999). 직업교육학 원론. 서울: 교육과학사.

이병환 · 장기풍 · 김규태(2012). 교육행정 및 교육경영. 서울: 태영출판사.

이상기 · 옥장흠(2007). 교육행정 및 교육경영. 서울: 형설출판사.

이상노 · 이관용 역(1987). 성격의 이론. 서울: 중앙적성출판사.

이성태(2017). 인간관계론(3판). 경기 파주: 양성원.

이영균(2004). 스트레스의 원인과 대처방안에 관한 탐색. 한국정책과학학회보, 8(1), 45-66.

이은주(2018). 초등학교 멘토 교사와 멘티 교사의 멘토링 경험 연구: 임상장학과 교육실습을 중심으로. 이화여자대학교 대학원 박사학위논문.

이재창 · 임용자(1998). 인간관계론. 서울: 문음사.

이주희 · 최은정 · 최명선 · 박희현 · 진혜경(2015). 인간관계론. 경기: 공동체.

이한검 · 이수광(2000). 인간관계. 서울: 형설출판사.

이해선 · 김은미(2016). 인성과 자기계발. 경기 파주: 정민사.

이형득(1989). 인간관계훈련의 실제. 서울: 중앙적성출판사.

이홍기 · 홍용기(1998). 인간관계론. 서울: 한올출판사.

임규혁(2001). 교육심리학. 서울: 학지사.

임성은(2018). 인간관계와 휴먼커뮤니케이션. 경기 파주: 양성원.

임영제 · 김항곤 · 소재진 · 임진택 · 양기근(2007). 인간관계의 이해. 경기: 법문사.

임혜경 · 김송이 · 이금진 · 이현(2014). 인간관계론. 경기 파주: 양서원.

장광애(2017). 대인관계능력 향상을 위하여. 경기 고양: 지식공동체.

장성화(2009). 쉽게 풀어 쓴 인간관계론. 서울: 동문사.

______(2021). 대인관계와 의사소통. 서울: 동문사.

장인숙(2018). 멘티가 지각한 멘토의 공감적 이해가 멘토링 만족도와 멘티의 자아존중감에 미치는 영향. 충북대학교 교육대학원 석사학위논문.

정일환 · 김정희 · 정현숙(2013). 교육행정의 이해. 서울: 태영출판사.

정진선 · 문미란(2008). 인간관계 심리의 이론과 실제. 서울: 시그마프레스.

조경덕 · 장성화(2012). 대인관계와 커뮤니케이션. 서울: 동문사.

조남두 · 윤경원(2010). 인간관계론. 서울: 동문사.

조흥식 · 김혜래 · 신은주 · 우국희 · 오승환 · 성정현 · 이지수(2010). 인간행동과 사회환경. 서울: 학지사.

주삼환 · 천세영 · 김택균 · 신붕섭 · 이석열 · 김용남 · 이미라 · 이선호 · 정일화 · 김미정 · 조성만(2003). 교육행정 및 교육경영. 서울: 학지사.

주석진(2022). 인간관계론. 경기 고양: 공동체.

채성준(2020). 인간관계론. 서울: 동문사.

최승희 · 김수욱(1997). 심리학개론. 서울: 박영사.

한국고용정보원(2019). 2020 한국직업사전 통합본(5판). 충북: 한국고용정보원.

______________(2023). 2023 한국직업전망. 충북: 한국고용정보원.

한국심리학회(2014). 심리학용어사전. http://www.koreanpsychology.or.kr.

한양대학교 학생생활상담연구소(1997). 새 한양인의 생활.

홍경자(2007). 자기주장과 멋진 대화. 서울: 학지사.

황진우(1997). 공동체적 삶을 위한 인간관계론. 서울: 학문사.

Adams, J. S. (1963). Toward an Understanding of Inequity. *Journal of Abnormal and Social Psychology*, *67*, 422-436.

Alderfer, C. P. (1969). An Empirical Test of a New Theory of Human Needs. *Organizational Behavior and Human Performance*, *4*, 142-175.

Argyris, C. (1957). *Personality and organization; the conflict between system and the individual*. New York: Harper & Row.

Atkinson, J. W. (1964). *An introduction to motivation*. Princeton, NJ: Van Nostrand.

Avolio, B. J. (1994). The alliance of total quality and the full range of leadership. In B. M. Bass & B. J. Avolio(Eds.). *Improving organizational effectiveness through transformational leadership*. Thousand Oaks, CA: Sage.

Bandura, A. (1986). *Social Foundations of Thought and Action: a Social-cognitive Theory*. Englewood Cliffs. N.J.: Prentice-Hall.

Barnard, C. I. (1946). *Organization and Management: Selected Papers*. Cambridge, MA: Harvard University Press.

Bass, B. M. (1981). *Stogdill's Handbook of Leadership: A Survey of Theory and Research*. NY: The Free Press.

Beck, U. (2006). 위험사회: 새로운 근대(성)을 향하여(홍성태 역). 서울: 새물결. (원저는 1986년 출간).

Blake, R. R., & Mouton, J. S. (1991). *The Managerial Grid*. Houston. TX: Gulf Publishing Co.

Burns, R. B. (1979). *The Self-concept*. N.Y.: Longman.

Blau, P. M. (1964). *Exchange and Power in Social Life*. New York: John Wiley and Sons.

Cooly, C. H. (1910). *Social Organization: A Study of the Larger Mind*. New York: Scribrer.

Festinger, L. (1957). *A Theory of cognitive dissonance*. Stanford, CA: Stanford University Press.

Fiedler, F. E. (1967). *A Theory of Leadership Effectiveness*. New York: McGraw-Hill.

Ford, M. M. (1992). *Motivating humans: Goals, emotions, and personal agency beliefs*. Newbury Park: Sage Publications.

Gage, N. L., & Berliner, D. C. (1991). *Educational psychology*(5th ed.). Houghton Mifflin Company. 76-79.

Galton, F. (1869). *Hereditary Genius*. N.Y.: D. Appleton.

Goleman, D., Boyatzis, R., & Mckee, A. (2002). *Primal Leadership: Realizing the Paper of Emotional Intelligence*. Boston: Harvard Business School Press.

Henderson, N. D. (1982). Human behavior genetics. *Annual Review of Psychology*, *33*, 403-440.

Hersey, P., & Blanchard, K. H. (1977). *Management of organizational behavior*. Englewood Ciiffs. New Jersey: Prentice-hall, Inc.

__________________________ (1988). *Management of organizational behavior: Utilizing human resources*(5th ed.). Englewood Cliffs, New Jersey: Prentice-hall, Inc.

Herzberg, F. (1964). The Motivation-Hygiene Concept and Problems of Manpower. *Personnel Administrator*, *27*, 3–7.

__________ (1966). *Work and Nature of Man*. World Publication.

Hinkle, L. (1973). The concept of "stress" in the biological and social sciences. *Sci Med Man, Apr*, *1*(1). 31-48.

Homans, G. C. (1958). Social Behavior as Exchange. *American Journal of Sociology*, *63*, 597-606.

Hoy, W. K., & Miskel, C. G. (1987). *Educational administration: Theory, research, and practice*(3th ed.). New York: Random House, Inc.

_______________________ (1996). *Educational Administration: theory, research, and practice*(5th ed.). New York: Random House, Inc.

_______________________ (2005). *Educational administration: theory, research, and practice*(7th ed.). New York: McGraw-Hill, Inc.

_______________________ (2008). *Educational administration: theory, research, and practice*(8th ed.). New York: McGraw-Hill.

_______________________ (2013). *Educational administration: Theory, research, and practice*(9th ed). New York: Mcgraw-Hill.

Hull, C. L. (1943). *Principles of Behavior*. N.Y.: appleton-Century-Crofts.

Janis, I. L., & Mann, L. (1977). *Decision making: A psychological analysis of conflict, choice and commitment*. New York: Free Press

Jennings, E. E. (1961). The Anatomy of Leadership. *Management of Personnel Quarterly*, *1*. Autumn.

Jourard, S. M. (1971). *The Transparent Self: Self-disclosured and Wellbeing*(2nd ed.). N.Y.: Van Nostrand.

Katz, D., & Kahn, R. L. (1978). *The Social Psychology of Organizations*(2nd ed.). New York: John Wiley and Sons Inc.

Kretschmer, E. (1925). *Physique and Character*. N.Y.: Harcourt, Brace.

Lewin. K., Lippit, R., & White, R. K. (1939). Patterns of aggressive behavior in experimentally created 'social climate'. *Journal of Social Psychology*, *10*, 271-299.

Likert. R. (1961). *New Patterns of Management*. New York: McGraw-Hill.

Lindsley. (1957). *Psychophysiology and motivation*. In M.R. Jones(ed.), Nebraska symposium on motivation, Nebraska: University of Nebraska Press.

Lipham, J. M. (1964). Leadership and administration. In D. E.Griffiths(ed.). *Behavioral science and educational administration*. The 63th Yearbook of NSSE, New York: Macmillan.

Locke, E. A., & Latham. G. P. (1990). *A Theory of Goal Setting and Task Performance*. Englewood Cliffs, N.J.: Prentice-Hall, Inc.

Lunenburg, F. C., Ornstein, A. C. (1991). *Educational administration: Concepts and pratice*. Belmont. CA: Wadsworth Publishing Company.

____________________ (2000). *Educational administration: Concepts and pratice*(3rd ed.). Belmont. CA: Wadsworth.

____________________ (2008). *Educational administration: Concepts and pratice*(5rd ed.). Belmont. CA: Wadsworth.

____________________ (2012). *Educational administration: Concepts and pratic*e(6rd ed.). Belmont. CA: Wadsworth.

Maslow, A. H. (1970). *Motivation and Personality*. New York: Harper & Row

McGregor, D. (1960). *The Human Side of Enterprise*. New York: McGraw-Hill.

McDougall, W. (1960). *An Introduction to Social Psychology*(3rd ed.). London: Methuen & Co.

Millon, T., & Everly, G. S. (1985). *Personality and Its Disorders: A Biosocial Learning Approach*. N.Y.:

John Wiley & Sons.

Owens, R. G., & Valesky, T. C. (2011). *Organizational behavior in education: leadership and school reform*. 10th ed. N.J.: Pearson Education, Inc. 김혜숙, 권도희, 이세웅, 신경석, 전수빈, 이혜미, 손보라 역. (2012). 교육 조직 행동론–리더십과 학교 개혁–. 서울: 학지사.

Pavlov, I. (1927). *Conditioned Feflexes*(G. V. Anrep, Ed. and Trans). London: Oxford University Press.

Plomin, T., Coon, H., Carey, G., DeFries, J. C., & Fulker, D. W. (1989). *Parent-offspring and sibling adoption analyses of parental ratings of temperament in infancy and childhood*. Manuscript submitted for Publication.

Porter, L. W., & Lawler, E. E. (1968). *Managerial Attitudes and Performance*. Richard D. Irwin, Inc.

Pruitt, G., Dean, Z., & Jeffrey, Rubbin. (1986). *Social Conflict: Escalation, Stalemate, and settlenent*. NY: McGraw-Hill.

Robbins, S. P. (1983). *Organizational Behavior*. Englewood Cliffs, New Jersey: Prentice-Hall, Inc. 재인용. 송미섭 외(1991). 교육행정 및 교육경영론. 서울: 형설출판사.

Rogers C. R. (1951). *Client-Centered Therapy*. Boston: Houghton Mifflin.

Rosenhan, D. L., & Seligman, M. E. P. (1989). *Abnormal psychology*(2nd ed.). New York: W.W. Norton.

Rosenthal, R., & Jacobson, L.(1968). *Pygmalion in the classroom*. N.Y.: Holt, Rinehart and Winston.

Salas, E., Driskell, J. E., & Hughes, S. (1996). Introduction: The study of stress and human performance. In Driskell, J. E., Salas, E. (Eds.), *Stress and human performance*. pp.1-45. Mahwah, NJ: Lawrence Erlbaum.

Satir, V. (1988). *The New people making*. Palo Alto. CA: Science & Behavior Books, Inc.

Scott, R. W. (1974). *Theory of Organizations, in Handbook of Modern Sociology, ed*. Robert E. L Farris. Chicago: Rand McNally and Co.

Shavelson, R. T., Hubner, J. J., & Stanton, G. C.(1976). Self-concept: Validation of construct interpretation. *Review of Educational Research*, *46*, 407-441.

Sheldon, W. H. (1940). The Varieties of Human Physique. N.Y. - Harper & Bros. (1942). *The Varieties of Temperament*. N.Y.: Harper & Bros.

Skinner, B. F. (1953). *Science and Human Behavior*. N.Y.: Macmillan.

Steers, R. M., & Porter, L. W. (eds.). (1983). *Motivation and Work Behavior*(3rd ed), New York: Mcgraw-Hill.

Steers, R. M. (1984). *Introduction to Organizational Behavior*(2nd ed). Glenview, Illinois: Scott, Foresman and Company.

__________ (1988). *Introduction to Organizational Behavior*(3rd ed). Glenview, Illinois. :Scott, Foresman, and Company.

Stogdill, R. M. (1948). Personal Factors Associated with Leadership: A Survey of Literature, *Journal of Psychology*, *vol.25*.

Stogdill, R. M., & Coons, A. E. (1957). *Leader Behavior: Its description on measurement*. Columbus, Ohio: Bureau of Business, Ohio State University.

Sullivan, H. S.(1953). *The Interpersonal Theory of Psychiatry*. N.Y.: Norton.

Swensen, C. H. Jr. (1973). *Introduction to Interpersonal Relations, Glenview*. IL: Cott, Foreman.

Terry, G. R. (1960). *Principles of Management*(3rd ed). Homewood Ill.: Richard D. Irwin, Inc.

Thibaut, J. W., & Kelley, H. H. (1959). *The social psychology of groups*. New York: John Wiley & Sons.

Thomans, K. W. (1976). Conflict and conflict management. In: Dunnette, M. D.(ed.) *Handbook of Industrial and Organizational Psychology*. Rand Mcnally, Chicago, 889-935.

Vroom, V. (1964). *Work and motivation*. New York, NY: Wiley.

Wall, R. G., & Hawkins, H. (1964). *Requisities of Effective Leadership in H. Koontz and C. O'Donnell ed., Management*. New York: McGraw-Hill.

Watson, J. B., & Rayner, R. (1920). Conditoned emotional reactions. *Journal of Experimental Pshchology*, *3*, 1-14.

Wilson, J. (1983). *Social Theory*. New Jersey: Prentice-Hall, Inc.

Young, P. T. (1961). *Motives and Emotions, A Survey of the Determinants of Human and Animal Activity*. New York: Wiley.

Yukl, G. A. (1994). *Leadership in Organization*(3rd ed.). Englewood Cliffs, New Jersey: Prentice-Hill.

Zuckerman, M. (1991). *Psychobiology of Personality*. Cambridge: Cambridge University Press.

저자소개

강유정

계명대학교 사범대학 교육학과(문학사)

계명대학교 대학원 교육학과(문학석사)

계명대학교 대학원 교육학과(교육학박사)

현) 대구공업대학교 레저스포츠계열 교수

저서: 평생교육론(창지사, 2023) 외

장기덕

대구교육대학교 초등교육학과(교육학사)

계명대학교 교육대학원 교육학과(교육학석사)

계명대학교 대학원 교육학과(교육학박사)

현) 김천대학교 유아교육과 교수

저서: 교육심리학(수양재, 2018) 외

신연희

대구가톨릭대학교 사범대학 교육학과(교육학사)

계명대학교 대학원 교육학과(문학석사)

계명대학교 대학원 교육학과(교육학박사)

현) 가야대학교 교육혁신원 교수학습지원센터 연구교수

저서: 교육과정(창지사, 2020) 외

최성열

대신대학교 신학과(문학사)

계명대학교 대학원 교육학과(문학석사)

계명대학교 대학원 교육학과(교육학박사)

현) 경북과학대학교 유아교육과 교수

저서: 교육사회학(동문사, 2018) 외

인간관계론

초 판 1쇄 인쇄 2023년 8월 31일
초 판 1쇄 발행 2023년 9월 8일

지 은 이 | 강유정 · 장기덕 · 신연희 · 최성열
펴 낸 이 | 김기섭
편 집 인 | 이혜란
펴 낸 곳 | 창지사 www.changjisa.com
08589 서울시 금천구 가산디지털 1로 83 파트너스타워 1차 9층
전화 (02)719-2211~3
팩스 (02)701-9386
등 록 | 1977년 4월 28일 · 제1-421호

ISBN 978-89-426-1847-7 (93330)

값 20,000원